Tong Xin

Five years at Apple is a significant milestone. When you came here, you signed up to accomplish truly great things. Since then, you have brought passion, creativity, and tenacity—simply because that's what the pursuit of excellence requires. You have energized and inspired others through the standards you set for yourself. And you have made the kind of impact that changes people's lives. That is significant. Thank you—for all you have done and all you will do throughout your journey at Apple.

Tim Cook

Tim Cook, CEO

辛童,在苹果工作五年是个意义重大的里程碑。当你走过五年,意味着你已经真正成就了很多伟大的事情。从那一刻起,你带来了激情、创造力和坚韧——仅仅因为那是卓越所需的追求。通过你自己的模式和标准你激发并鼓舞了其他人,你发挥了你的影响力,改变了人们的生活。这是意义非凡的。感谢你——为你在苹果所做的一切和未来你在苹果的征途。

——蒂姆·库克(Tim Cook),现任苹果公司首席执行官

Tong Xin

Five years at Apple is a significant milestone. When you came here, you signed up to accomplish truly great things. Since then, you have brought passion, creativity, and tenacity — simply because that's what the pursuit of excellence requires. You have energized and inspired others through the standards you set for yourself. And you have made the kind of impact that changes people's lives. That is significant. Thank you — for all you have done and all you will do throughout your journey at Apple.

Tim Cook, CEO

亲爱的童欣，在苹果工作五年是个意义重大的里程碑。当你走进五年前，意味着你已经真正成就了很多伟大的事情。从那一刻起，你带来了激情、创造力和坚韧——仅仅因为那是卓越所需的追求。通过你自己的榜样和你树立的标准发并激励了其他人，你塑造了你的影响力，改变了人们的生活。这是意义非凡的。感谢你——为你在苹果所做的一切和未来你在苹果的征途。

——蒂姆·库克（Tim Cook），现任苹果公司首席执行官

采购与供应链管理
苹果、华为等供应链实践者

辛童 编著

化学工业出版社

·北京·

《采购与供应链管理：苹果、华为等供应链实践者》一书讲解了采购与供应链的认知、供应链的采购组织和流程、供应链的采购战略、供应商管理、生产外包管理、采购管控、仓储管理、物流运输以及采购模式的发展和协同管理十部分内容。全书对采购和供应链管理的知识框架与现实应用进行了较为完整的呈现。

《采购与供应链管理：苹果、华为等供应链实践者》一书不仅可供有一定供应链管理或者企业管理基础的人士阅读，更可供供应链管理的初学者学习和参考使用。

图书在版编目（CIP）数据

采购与供应链管理：苹果、华为等供应链实践者/辛童编著. —北京：化学工业出版社，2018.8（2025.4重印）
ISBN 978-7-122-32449-8

Ⅰ.①采… Ⅱ.①辛… Ⅲ.①采购管理②供应链管理 Ⅳ.①F25

中国版本图书馆CIP数据核字（2018）第135249号

责任编辑：陈　蕾　　　　　　　　　　　装帧设计：尹琳琳
责任校对：王素芹

出版发行：化学工业出版社（北京市东城区青年湖南街13号　邮政编码100011）
印　　装：河北延风印务有限公司
787mm×1092mm　1/16　印张18　字数413千字　2025年4月北京第1版第8次印刷

购书咨询：010-64518888　　　　　　　售后服务：010-64518899
网　　址：http://www.cip.com.cn
凡购买本书，如有缺损质量问题，本社销售中心负责调换。

定　价：68.00元　　　　　　　　　　　　　　　　　　版权所有　违者必究

前言

全球采购和供应链快速发展的今天，人工智能、大数据、工业机器人、物联网、互联网金融、区块链等新兴技术和概念层出不穷，令人应接不暇。身处其中的每个人都能感受到，如何在海量信息、碎片化信息和数据中获取对自身和所处行业有效的、系统化的信息？中国的制造企业跨越式发展，不管是主动还是被动地进入工业4.0和智能制造，如何用最先进的理论和实践进行指导？这些都是当今中国实体经济中的支柱——制造企业进行产业升级和内部增效最为重要的一个课题。

中国制造业的发展同时面临着人口红利消除、国际分工细化、高科技领域竞争加剧、全球原材料资源涨价等问题。很多在剧烈市场竞争环境里生存的大中型企业开始考虑优化和变革自己的采购与供应链管理体系。如何能够将原材料供应商至终端消费者整合起来，实现最少的库存、最精准的营销、最短的生产周期，获取生产效率的最优化和商业利益的最大化是这些企业目前亟待解决的问题。同时，这些问题也给当前中国制造业的供应链管理带来更高的要求。对于跨国制造企业，一直以来都非常重视供应链管理，美国、日本和德国的制造业在全球产业分工中处于产业链的最高端，处于非常有利的竞争地位，中国的制造业尤其需要向他们学习，学习先进的、科学的供应链管理，实现从追赶到超越的产业格局。

在全球化背景下，跨国制造企业的核心任务就是实施全球化战略，进行全球化采购和全球供应链资源整合，利用区域优势，在不同地域、不同文化和不同国家间运用其特有的竞争力，与全球供应商进行沟通和协作，提高全球采购的成本优势、响应速度和协同性。

拥有科学的采购与供应链管理思想是制造企业提高企业管理水平，改善质量、节约成本的基础。企业还需要建立一整套科学的采购与供应链管理系统，将采购管理的各项工作纳入到整个公司的内部管理体系中，保证采购过程中各环节间的信息通畅，提高企业内部各协作部门的工作效率。良好的采购与供应链管理，可以充分利用企业外部资源、利用供应商的运作来减少企业采购作业流程，让供应商对自己的产品负责，对物资的供应负责，减轻企业采购人员的工作负担和责任。在降低成本的同时提高效率，以实现企业与供应商的双赢。

然而，如何完善企业的采购与供应链管理体系，增强企业的管理实力，却并不是一件简单容易的事情，鉴于此，作者编写了《采购与供应链管理——苹果、华为等供应链实践者》一书，供读者参考使用。

本书主要从采购与供应链的认知讲起,分供应链之采购组织和流程、供应链之采购战略、供应链之供应商管理、供应链之生产外包管理、供应链之采购管控、供应链之仓储管理、供应链之物流运输、供应链之采购模式的发展、供应链之协同管理九个章节,采用图解的方式,通过专家提示、拓展阅读和案例分析对采购和供应链管理的知识框架和现实应用做出完整的呈现,不论是初学者还是采购老手,都可以学习参考和对照,希望此书能够给大家带来更多启迪和思考。

本书由在供应链和供应商管理方面富有实战经验、在多家世界500强企业有过从业经历的知名采购与供应链专家辛童老师主持编写,同时提供帮助和支持的还有王键、林红艺、林友进、刘艳玲、刘军、刘海江、江艳玲、江美亮、李光明、段青民、何立、卢桂林、叶坚镇、董超、吴荣铎、吴启家、唐琼、邹凤、马丽平、段利荣、贺才为、周亮、张保东、杨吉华、赵建学、齐小娟、匡仲潇、滕宝红等。

由于编者水平所限,不足之处敬请读者指正。

编著者

目 录

导读　采购与供应链的认知

一、什么是采购管理······2
二、什么是供应链管理······2
　　拓展阅读：十年来，iPhone对供应链的影响······7
三、采购与供应链的关系······9
　　拓展阅读：任正非对采购与供应链管理的要求······11
四、采购与供应链的协同管理······13
　　拓展阅读：苹果的供应链管理······14

第一章　供应链之采购组织和流程

第一节　采购组织的设计······18
　　一、分散型采购组织······18
　　二、集中型采购组织······19
　　三、混合型采购组织······20

第二节　采购组织的职能和分工······21
　　一、采购部门建立方式······22
　　二、采购部门职责的确定······24
　　　　拓展阅读：如何成为成功的采购大师······26

第三节　采购制度与流程设计······27
　　一、采购制度的类别······27
　　二、采购制度的设计······28

三、采购制度修订 ·· 28
四、采购流程的设计 ·· 28
五、采购流程设计要点 ·· 30
    拓展阅读：华为是如何做采购管理的 ································ 31

第二章　供应链之采购战略

第一节　采购战略认知 ·· 37
一、采购战略的概念 ·· 37
二、采购战略的范围 ·· 38
三、制定采购战略的基础 ·· 38
四、重视采购战略的意义 ·· 39
    拓展阅读：三星赢在战略的案例 ···································· 40

第二节　采购战略构思 ·· 40
一、业务回顾 ·· 41
二、供应市场分析 ·· 41
三、企业自身分析 ·· 48
四、制定采购和供应目标 ·· 49
五、制定采购和供应策略 ·· 50
六、监督策略执行和落实 ·· 51
    拓展阅读：全球半导体产业链的发展和竞争策略 ······················ 51

第三章　供应链之供应商管理

第一节　潜在供应商选择 ·· 56
一、选择供应商前的布局规划 ·· 57
二、潜在供应商资料的收集 ·· 57
三、真正了解供应商 ·· 60
四、对供应商进行分析 ·· 63

五、供应商评审·····64
　　　　拓展阅读：华为是如何审核供应商的·····66

第二节　合适供应商的认证·····68
　　一、样品试制认证·····68
　　二、中试认证·····70
　　三、批量认证·····71
　　四、供应商RoHS认证·····72

第三节　供应商交期管理·····73
　　一、确保交期的重要性·····73
　　二、供应商交货事前计划·····74
　　三、交期的事中管理·····76
　　四、交期的事后考核·····77
　　五、交期延误的对策·····78

第四节　供应商绩效评估和考核·····84
　　一、供应商评分总体架构·····84
　　二、交货品质评分指标的设计·····85
　　三、配合状况评分指标的设计·····85
　　四、管理体系评估指标·····86
　　五、负责供应商绩效考核的部门·····87
　　六、供应商绩效考核的步骤·····88
　　七、供应商绩效考核后的处理·····90
　　　　拓展阅读：苹果对供应链的全流程管理·····93

第五节　供应商风险管控·····97
　　一、供应商风险的类别·····98
　　二、供应商风险识别与评估·····98
　　三、供应商风险管控措施·····101

第六节　供应商社会责任·····103
　　一、供应商社会责任的起源·····103
　　二、供应商社会责任管理的意义·····103
　　三、供应商社会责任管理的范围·····104
　　　　拓展阅读：苹果的供应商行为准则·····104
　　四、供应商社会责任管理的措施·····109

第四章　供应链之生产外包管理

第一节　生产外包的认知 ·· 114
　　一、生产外包的概念 ·· 114
　　二、生产外包的动机 ·· 114
　　三、生产外包的优势 ·· 115
　　　　拓展阅读：一半苹果手机来自郑州富士康 ···································· 116

第二节　EMS制造服务 ·· 117
　　一、EMS的主要优势资源 ·· 117
　　二、EMS合作的方式 ·· 119

第三节　生产外包的管理 ·· 119
　　一、生产外包需具备的条件 ·· 120
　　二、生产外包的管理流程 ·· 121
　　三、生产外包的管理要点 ·· 121
　　四、生产外包的合作模式 ·· 123
　　五、生产外包的物料管理 ·· 125
　　六、生产外包的驻厂管理 ·· 126
　　　　拓展阅读：苹果的供应商驻厂管理 ··· 128

第五章　供应链之采购管控

第一节　采购价格控制 ·· 133
　　一、影响报价的因素 ·· 133
　　二、采购价格的调查 ·· 134
　　三、计算采购价格 ·· 135
　　四、分析处理供应商的报价 ·· 135
　　五、与供应商磋商采购价格 ·· 136

第二节　采购品质控制 ·· 137
　　一、品质的构成要素有哪些 ·· 137
　　二、建立采购品质管理制度 ·· 138

三、健全采购品质保证体系 ································· 138
　　四、控制供应商的品质 ····································· 139
　　五、与供应商签订品质保证协议 ····························· 142

第三节　采购成本控制 ·· 142
　　一、企业采购支出成本观 ··································· 142
　　二、采购价格成本观 ······································· 144
　　三、采购成本控制的基础工作 ······························· 145
　　　　拓展阅读：蜂巢成本节约思维模型 ····················· 147
　　四、控制采购成本的方法 ··································· 149
　　五、降低采购成本的策略 ··································· 154
　　　　拓展阅读：苹果的反腐败政策 ························· 158

第四节　采购库存控制 ·· 160
　　一、影响订购数量的因素 ··································· 161
　　二、运用定期采购控制法 ··································· 161
　　三、运用定量采购控制法 ··································· 162
　　四、选择合适的订购方式 ··································· 164
　　　　拓展阅读：苹果是如何做好存货管理的 ················· 164

第六章　供应链之仓储管理

第一节　仓储管理规划 ·· 168
　　一、仓储管理的内容 ······································· 168
　　二、仓库的设置 ··· 169
　　三、仓库的货位规划 ······································· 170
　　四、配备各种仓储设备 ····································· 173
　　五、仓库负责人 ··· 175
　　六、仓库管理的策划 ······································· 176
　　七、建立仓库管理系统 ····································· 176

第二节　物料储存保管 ·· 178
　　一、物料储存保管的基本原则 ······························· 178
　　二、物料堆放 ··· 179

三、温度、湿度控制 180
　　四、防锈除锈处理 181
　　五、防霉除霉处理 183
　　六、仓库虫害防治 183
第三节　仓库安全管理 184
　　一、仓库意外事故原因 184
　　二、库区安全管理 184
　　三、仓库安全作业管理 185
　　四、仓库储存物品的安全管理 186
　　五、仓库防盗管理 187
　　六、仓库消防管理 187
第四节　智慧仓储管理 188
　　一、智慧仓储的认知 188
　　二、智慧仓储管理的好处 190
　　三、智慧仓储技术的应用 191
　　四、智慧仓储体系建设 191
　　　　拓展阅读：华为的自动化立体仓库 192
　　五、智能机器人的应用 193
　　　　拓展阅读：京东建成全球首个全流程无人仓 195

第七章　供应链之物流运输

第一节　物流与供应链管理 198
　　一、物流的概念 198
　　二、物流在供应链管理中的地位 199
　　三、物流与供应链的关系 199
　　四、供应链管理环境下物流管理的特征 200
第二节　物流管理战略 201
　　一、物流管理战略的意义 201
　　二、物流管理战略的框架 202
　　　　拓展阅读：华为的SSH自动物流中心项目 204

第三节　物流运输形式···207
　　一、供应商直接送货···207
　　二、托运··207
　　三、自提··208
　　四、快递公司送货···209

第四节　新型物流模式··210
　　一、第三方物流···210
　　二、第四方物流···211
　　三、电子物流···212
　　四、绿色物流···213
　　　　拓展阅读：实施企业绿色物流供应链管理的意义···············215

第五节　智慧物流···216
　　一、智慧物流的概念··216
　　二、智慧物流的价值体现··216
　　三、智慧物流的功能··217
　　四、智慧物流的实施步骤··218
　　五、智慧物流系统核心应用技术··································220
　　　　拓展阅读：华为的智慧物流系统······························221

第八章　供应链之采购模式的发展

第一节　MRP采购··224
　　一、MRP采购的原理···224
　　二、MRP采购的目标···225
　　三、MRP采购的特点···225
　　四、MRP采购实施的要点···226

第二节　JIT采购··227
　　一、JIT采购的原理···227
　　二、JIT采购的特点···228
　　三、JIT采购与传统采购的区别···································228

四、JIT采购的实施条件 ……………………………………………………… 229
　　五、JIT采购的实施步骤 ……………………………………………………… 229

第三节　VMI采购 ……………………………………………………………………… 231
　　一、VMI的优点 ……………………………………………………………… 231
　　二、VMI的目标 ……………………………………………………………… 231
　　三、VMI的原则 ……………………………………………………………… 232
　　四、VMI的实施方法 ………………………………………………………… 232
　　　　拓展阅读：VMI的正确打开方式 ………………………………………… 233

第四节　数字化采购 …………………………………………………………………… 234
　　一、可预测战略寻源 ………………………………………………………… 234
　　二、自动化采购执行 ………………………………………………………… 236
　　三、前瞻性供应商管理 ……………………………………………………… 237
　　　　拓展阅读：数字化采购开启价值增长新时代 …………………………… 239

第五节　采购云平台模式 ……………………………………………………………… 241
　　一、采购云模式的概念 ……………………………………………………… 241
　　二、采购云模式的优势 ……………………………………………………… 241
　　　　拓展阅读：SAP Ariba云采购 …………………………………………… 241

第九章　供应链之协同管理

第一节　供应链协同认识 ……………………………………………………………… 245
　　一、供应链协同的概念 ……………………………………………………… 245
　　二、供应链协同的层次 ……………………………………………………… 245
　　三、供应链协同的重要性 …………………………………………………… 247
　　四、供应链协同的优势 ……………………………………………………… 247
　　　　拓展阅读：传统供应链管理的弊端 ……………………………………… 248
　　五、实现供应链协同的措施 ………………………………………………… 249
　　　　拓展阅读：利用互联网+让供应链协同更高效 ………………………… 250

第二节　供应链协同管理 ……………………………………………………………… 251
　　一、战略协同 ………………………………………………………………… 252

二、信息协同 ··· 253
　　拓展阅读：什么是"牛鞭效应" ································· 253
三、信任协同 ··· 255
四、业务协同 ··· 256
五、分配协同 ··· 257
　　拓展阅读：Zara——协同供应链管理的典范 ················· 257
六、文化协同 ··· 258
七、标准协同 ··· 260
　　拓展阅读：采购和供应链协同管理带来的好处 ··············· 260

附录　中英文对照表（按字母排序） ································ 262

参考文献 ·· 269

后记 ··· 271

导读
采购与供应链的认知

企业采购与供应链管理是企业内部管理系统的重要组成部分,是企业提高运营效率和质量、节约成本的关键。企业应以提高产品质量和效益为中心,打造大数据支撑、网络化共享、智能化协作的智慧供应链体系,从而提高采购方、上下游供应商及客户等多方的业务效率,实现信息的数字化、可视化,增强信息的准确性和实时性。

一、什么是采购管理

在企业的快速发展过程中,采购正在作为一个独立的行业走向市场的前台。高效的采购管理对于企业优化运作、控制成本、提高质量以及持续性盈利等方面至关重要。一般认为,采购是指企业在一定的条件下从供应市场获取产品或服务作为企业资源,以保证企业生产及经营活动正常开展的一项企业经营活动。

1.采购的范围

采购的范围是指采购的对象或标的,它涵盖了有形的物品及无形的劳务。

(1)所谓有形的产品,就是看得见、摸得着的,有物质实体的物品,包括原料、半成品和零部件、成品、维护和运营部件、生产支持部件、软件产品、设备等。

(2)无形的劳务,是指看不见、摸不着,但可以感受得到的满足人们需要的服务功能项目,如运输、仓储、售后服务、工程服务等。

2.采购管理的定义

所谓采购管理,就是指为保障企业物资供应而对企业采购进货活动进行计划、组织、指挥、协调和控制的管理活动。

3.采购管理的内容

一个完整的采购管理过程基本上包含图导-1所示的八大块内容。

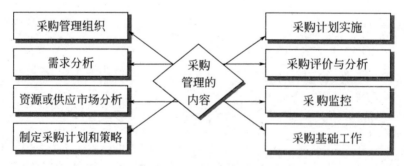

图导-1　采购管理的内容

二、什么是供应链管理

供应链是以客户需求为导向,以提高质量和效率为目标,以整合资源为手段,实现产品设计、采购、生产、销售、服务等全过程高效协同的组织形态。随着信息技术的发展,供应链已发展到与互联网、物联网、人工智能、大数据深度融合的智慧供应链新阶段。

1.供应链管理的概念

供应链网络是从产品到达消费者手中之前所涉及的原材料供应商、生产商、批发商、零售商以及最终消费者组成的供需网络，即由物料获取、物料加工，并将成品送到用户手中这一过程所涉及的企业和部门组成的一个网络。如图导-2所示。

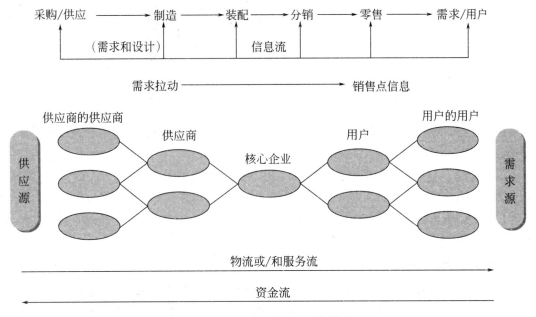

图导-2 供应链的网络结构模型

从图导-2中可以看出，供应链由所有参与活动的节点企业组成，其中有一个核心企业（比如产品制造企业或大型零售企业）与节点企业在需求信息的驱动下，通过供应链的职能分工与合作（寻源、采购、生产、分销、零售等），以资金流、物流为媒介实现整个供应链的不断增值。

由此可见，供应链管理是一种集成的管理思想和方法，它执行供应链中从供应商到最终用户的物料流程的计划和控制等职能。从单一的企业角度来看，是指企业通过改善上、下游供应链关系，整合和优化供应链中的信息流、物流、资金流，以获得企业的竞争优势。

2. 供应链管理的内容

按照国际供应链理事会（SCC）的定义，一个完整的供应链管理主要包括图导-3所示的几个方面。

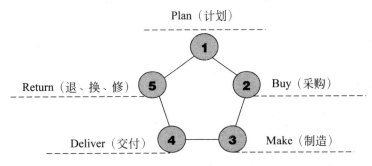

图导-3 供应链管理的主要内容

（1）计划。这里的计划是指规划"需求和供应"的计划。你需要有一个策略来管理所有的资源，以满足客户对你的产品或服务的需求。好的计划是制定策略并运作一系列的方法来监控和调整供应链环节。

比如，制定生产运营、运输和仓储、资产管理、库存管理等策略，满足市场的最终需求，使供应链能够有效、低成本地为客户递送高质量和高价值的产品或服务。

（2）采购。选择能为你的产品和服务提供货品和服务的供应商，和供应商建立一套定价、交付和付款、合作管理的流程，并创建方法监控和改善从报价到付款的所有管理流程和机制。

（3）制造。安排生产、测试、包装和准备送货所需的活动，是供应链中管理内容和管理细节最多的部分，包括质量、产量和效率等生产制造活动。

（4）交付。很多人认为是"物流"，实际是调整用户的订单收据、建立仓储机制、安排运输人员提货或送货到客户手中、建立收发货品系统、收付款系统、物权转移等活动。

（5）退、换、修。这是供应链中的问题处理部分。建立从客户端向企业端的逆向流程和体系，接收客户退回的次品和多余产品，并在客户应用产品出问题时提供支持。

3.供应链管理的意义

供应链通过资源整合和流程优化，促进产业跨界和协同发展，有利于加强从生产到消费等各环节的有效对接，降低企业经营和交易成本，促进供需精准匹配和产业转型升级，全面提高产品和服务质量。如图导-4所示。

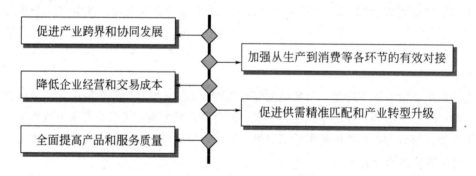

图导-4　供应链管理的意义

企业要以提高产品质量和效益为中心，加强供应链与互联网深度融合，以信息化、标准化、信用体系建设为支撑，创新发展供应链新理念、新技术、新模式，高效整合各类资源和要素，提升产业集成和协同水平，打造大数据支撑、网络化共享、智能化协作的智慧供应链体系。提高采购方和供应商双方的业务效率，实现信息的可视化，增强信息的准确性。

4.供应链管理的目标

供应链是一个包含供应商、制造商、运输商、零售商以及客户等多个主体的系统。供应链管理就是指对整个供应链系统进行计划、协调、操作、控制和优化的各种活动和过程，其目标是将客户所需的正确的产品，能够在正确的时间，按照正确的数量、质量和状态送到正确的地点，并使这一过程所耗费的总成本最小。

> **专家提示**
>
> 供应链管理是一种体现着整合与协调思想的管理模式,它要求组成供应链系统的成员企业协同运作,共同应对外部市场复杂多变的形势。

5.供应链管理的特点

供应链管理是一种先进的管理理念,它的先进性体现在是以客户和最终消费者为经营导向的,以满足客户和消费者的最终期望来生产和供应的。除此之外,供应链管理还有图导-5所示的几种特点。

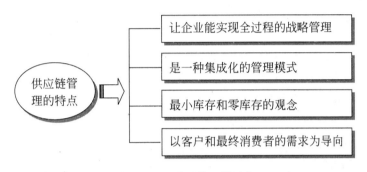

图导-5　供应链管理的特点

(1)让企业能实现全过程的战略管理。传统的管理模式往往以企业的职能部门为基础,但由于各企业之间以及企业内部职能部门之间的性质、目标不同,造成相互的矛盾和利益冲突,各企业之间以及企业内部职能部门之间无法完全发挥其职能效率,因而很难实现整体目标化。

而供应链是由图导-6所示的几个部分组成的网状结构,链中各环节不是彼此分割的,而是环环相扣的一个有机整体。

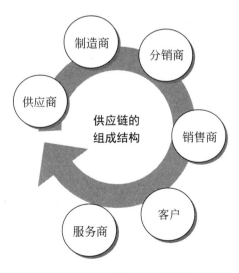

图导-6　供应链的组成结构

供应链管理把物流、信息流、资金流、业务流和价值流的管理贯穿于供应链的全过程。它覆盖了整个物流，从原材料和零部件的采购与供应、产品制造、运输与仓储到销售各种职能领域。它要求各节点企业之间实现信息共享、风险共担、利益共存，并从战略的高度来认识供应链管理的重要性和必要性，从而真正实现整体的有效管理。

（2）是一种集成化的管理模式。供应链管理的关键是采用集成的思想和方法。它是一种从供应商开始，经由制造商、分销商、零售商，直到最终客户的全要素、全过程的集成化管理模式，是一种新的管理策略，它把不同的企业集成起来以增强供应链的效率，注重企业之间的合作，以达到全局最优。

（3）最小库存和零库存的观念。库存是维系生产与销售的必要措施，是一种必要但又可以运用管理技术最小化甚至消除的成本。供应链管理使企业与其上下游企业之间在不同的市场环境下实现了库存的转移，降低了企业的平均库存成本。这就要求供应链上的各个企业成员建立战略合作关系，通过快速反应和信息共享来降低库存总成本。

（4）以客户和最终消费者的需求为导向。无论构成供应链的节点的企业数量有多少，也无论供应链节点企业的类型、层次有多少，供应链的形成都是以客户和最终消费者的需求为导向的。正是由于有了客户和最终消费者的需求，才有了供应链的存在。只有让客户和最终消费者的需求得到满足，才能有供应链的更大发展。

6.供应链管理的核心

完整的供应链闭环以市场和客户需求为导向，根据市场和客户需求，进行产品设计开发、计划、采购、生产、交付、仓储和物流。供应链管理涉及图导-7所示的六大核心管理模块。

图导-7 供应链管理的六大核心模块

（1）市场与客户管理。市场和客户需求应该始终作为整个供应链的开端和导向，客户关系管理的过程就是开发和维护与客户关系的过程。客户需求管理强调的是对客户个性化需求的管理，它能及时地把客户的当下需求和潜在需求及时反馈给设计、计划、生产部门，制造出使客户满意的产品。通过这个过程，管理者能辨认关键客户和客户需求，并把他们作为公司战略的一部分。

> **专家提示**
>
> 整个供应链的运作应以客户的需求拉动供需协调，各部门协同作业满足客户的需求。

（2）产品开发管理。产品的开发管理最需要避免的一个误区就是"闭门造车"。供应链管理的这个过程要和客户及供应商共同开发产品，最终将产品投放市场。负责产品的设计和商业化过程的团队应该和市场部门合作以确认客户精准需求，和采购团队合作来选择原材料和元器件供应商，和生产团队合作根据市场的需求来发展和应用新的生产制造和工程技术。

（3）计划与需求管理。需求管理是通过有预见性地预测，使需求和供给相匹配，并使计划更有效地执行。计划和需求管理不仅仅指下达订单指令，它还包括设计MOQ（最小订单量）或EOQ（经济订货批量），在最小化的配送成本的基础上满足客户需求等。这是一个平衡客户需求、生产计划和供应能力的过程，包括协调供给和需求、减少波动和减少不确定性，并对整个供应链提供有效支撑。

（4）采购与供应管理。供应商与制造商之间需要经常进行有关成本、作业计划、质量控制等信息的交流与沟通，以保持信息的一致性和准确性。同时，要实施供应商的有效激励和管理机制，对供应商的关键业绩指标进行评价，使供应商不断改进。

（5）生产与运营管理。生产与运营管理是指统筹组织工厂资源（布置工厂、组织生产线、实行劳动定额和劳动组织、设置生产管理系统等）、安排生产计划（编制生产计划、生产技术准备和生产流程、操作指导等）和生产控制工作（控制生产进度、生产库存、生产质量和生产成本等），以实现预期生产的品种、质量、产量和生产成本目标。

（6）仓储与物流管理。仓储与物流的日常管理活动主要包括进、出、存三个方面。在仓储和物流管理中，信息化和可视化的应用十分必要，如果信息不能及时被采集、整理、分析和使用，就会造成极大的资金浪费和库存积压。如何提高库存的周转率和资金利用率，降低原材料、半成品、成品的库存和流通费用，是仓储与物流管理日常解决的问题。

> **专家提示**
>
> 供应链管理不仅要关注产品在原材料采购、生产管理、质量管理、仓储物流、售后服务等方面的资源整合和配置优化问题，还要考虑核心企业与整个供应链上下游成员的合作关系。

十年来，iPhone对供应链的影响

2017年12月，有关方面综合苹果供应商的资料，给出了iPhone X的元器件供应商各国家及地区的占比统计分析，其中中国台湾占据52席、美国占据44席、日本占据41席、

中国占据19席……

供应商梳理方面,资料上列出了包括中国台湾、美国、日本、中国、欧洲国家、韩国、中国香港、新加坡及沙特阿拉伯等国家/地区共201家供应商。

具体如下:

(1)中国台湾厂商以52席占据了iPhone X元器件供应的绝对主力,包括A11芯片制造、大立光的镜片、电路板等。

(2)美国厂商总计占据44席,负责最精密、高端的部件,包括A11芯片的设计、Face ID的原深投影矩阵、高通/Intel的基带、西数的闪存等。

(3)日本厂商占据41席,供应包括高级材料、摄像头CMOS等。

(4)中国厂商占据19席,供应线缆、连接器、音频组建、电池等。

(5)此外,欧洲国家占据16席、韩国(三星的屏幕、闪存等)占据12席、中国香港占据9席、新加坡占据7席、沙特阿拉伯占据1席。

从供应商比例上看,中国台湾地区占比25.8%,美国占比21.8%,日本占比20.4%,中国占比9.4%。

整体而言,亚洲地区为iPhone X供应了70%左右的零部件/原料等,发挥了最主要的贡献,其中资料指出,中国供应商自2012年以来增加了一倍多,其他地区的百分比变化不大。而美国仍旧在最精尖的领域把持着。

十年来,iPhone对整个供应链产生了不小的影响:有些公司因为iPhone变得很富有,有些公司巨额亏损,甚至还有一家主要供应商落得了一个破产的结局。

提到苹果的供应商,大家首先想到的一定是富士康,它因苹果而日益壮大。

2006年,鸿海集团在即将发生巨变的消费电子行业中扮演了重要的角色,尽管当时这家来自于中国台湾的公司员工没有人会知道未来会发生什么。在接下来的十年里,iPhone将富士康的年营收从380亿美元提高到了1450亿美元,并且成为世界上员工数量最多的公司之一。

可以这样讲,iPhone重塑了亚洲科技产业的格局。如镜头供应商大立光电的年收入直接增长700%,成为中国台湾股价最高的公司之一;显示屏玻璃供应商蓝思科技市值直接翻了一倍,芯片供应商台积电净利润增长了三倍,扬声器供应商瑞声科技收入增幅达到了600%。

但并不是所有供应商都因iPhone而受益,还有一些公司受到了来自于iPhone很大的负面影响。

苹果在iPhone的身上集成了多种功能,包括摄像头、音乐播放器和游戏等,这些功能也对专门制造这些类型产品的专业公司产生了很大的影响。包括索尼、任天堂、东芝、佳能和尼康在内的日本传统电子产业公司都受到了不同程度的影响,只有索尼现在成为iPhone的摄像头传感器供应商。

还有人虽然赢得了苹果的大订单,不仅没有发财,甚至还陷入了危机,最终落到了破产的境地。

在苹果放弃使用胜华科技的技术之前,该公司曾是中国台湾主要的触控屏幕供应商,但该公司在2014年申请破产。胜华科技曾经拥有超过1000亿新台币(约33亿美元)年收入的业绩,但由于苹果在产品中转向使用更薄的In-Cell显示屏技术,导致胜华科技跟不上苹果的脚步最终被迫裁员4万人,并在2015年退市,而胜华科技的1700多家供应商也受到了直接的影响。

就像Imagination Tech后果一样,如果苹果突然改变了自己的策略,那么许多业务和技术甚至会在一夜之间消失。

业内人士表示,成为苹果的供应商意味着需要投入大量的资金、技术和新设备,但你不知道这些投入是否能使用在其他客户的身上。如果苹果一旦放弃你的技术或者选择与竞争对手合作,那就是致命的打击。

一些供应商现在已经开始担心智能手机业务的未来了。预计到2021年,全球智能手机市场增幅将缩小3%~4%,整个市场的潜力变得越来越小。

"整个产业将会发生改变,我们不会永远处于智能手机的时代。"和硕联合科技相关人士曾表示,"智能手机在过去十年里经历了一场大繁荣,但不断有人问我未来智能手机是否会像笔记本电脑一样开始衰退。"

值得注意的是,在新首席执行官库克的领导下,苹果供应商的数量已经增长了一倍。不过考虑到库克在供应链管理方面的能力与声誉,这样的结果并不让人意外,因为在某个部分选择的供应商越多,整个供应链的效率和可靠性也就越高。

三、采购与供应链的关系

采购既是企业内部供应链的起点,也是与外部供应链相联系的结点,企业通过采购与其上游供应商确立关系,经过询价议价、下达订单、过程管理、来料验收等采购基础工作,采购还要与供应商建立并维护良好的合作关系,以保障产品或服务的及时、准确供应。因此,采购是整体供应链管理中"上游控制"的主导力量,以及与供应链其他环节密切配合的协同推手。具体来说,采购管理与供应链管理的关系如图导-8所示。

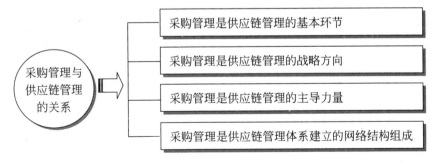

图导-8 采购管理与供应链管理的关系

注:本书中提及的苹果,是指美国的苹果公司(Apple Inc.)。

1. 采购管理是供应链管理的基本环节

在供应链管理中，采购板块是关系企业生产经营能否顺利执行的关键性因素。在企业供应链管理的理念中，其操作内容由图导-9所示的两个方向组成。

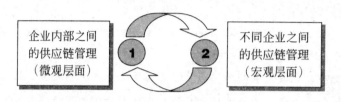

图导-9　供应链管理理念的组成

因此，采购管理是供应链管理模式中的基本环节，是其他生产经营活动赖以执行的基础。

在供应链管理模式下，采购管理从单纯的意向性采购向企业生产经营全过程管理采购转变。传统意义中，采购管理体现的是一种职能，而供应链管理中，采购管理体现的是一种企业优化资源配置的战略。

2. 采购管理是供应链管理的战略方向

在现代企业的生产组织行为中，采购管理不等同于传统意义的采购安排，而是企业有目的、有导向的供应链渠道协调。因而，供应链管理中的采购模块要从企业的经营战略出发，并进行战术性的管理方向调整。这样的组织化操作使得供应链管理下的采购管理本身就具有优化企业生产安排的目的。

> **专家提示**
>
> 从采购管理的战术性安排上来讲，供应链管理可以从企业经营全过程的需要进行有效的资源性内容协调。因此，降低成本、提高效率就成为采购管理最实际的工作需求。

3. 采购管理是供应链管理的主导力量

为了实现供应链利益最大化和企业间利益的双赢，供应链关系强调信息共享以及建立战略伙伴关系。采购在供应链关系中扮演了不可或缺的作用。任何企业的最终目的都是为了满足客户的需求并获得最大的利润，企业要获取较大的利润需要采取很多措施，如降低管理费用、提高工作效率、加快物料和信息的流动、提高生产效率、缩减交货周期等，降低库存量，因此，企业可充分发挥采购"上游控制"主导力量的作用，选择恰当的供应商，同时将供应商纳入自身的生产经营过程，将采购及供应商的活动看作是自身供应链的一个有机组成，形成合作伙伴关系，进一步实现信息共享策略。

4. 采购管理是供应链管理体系建立的网络结构组成

供应链管理贯穿于企业生产经营的全过程，并由相关的目标模块进行连接。对于企业来说，这就是各项功能组织模块的网状式布局和健全的过程。对于中间层企业来说，采购管理是上游企业的产品终结，但却是中间层企业生产的基础。一旦中间层企业的生产进行有序的执行之后，其下游的需求企业才会得到最基本的采购管理。

随着经济全球一体化的发展，供应链管理能够更好地协调生产经营企业各种资源的需求，并为下游企业提供必要的产品、服务支持。因此，基于供应链网络体系结构的采购驱动和协同管理是十分必要的。

任正非对采购与供应链管理的要求

2017年8月24日，在与华为的采购干部座谈时，华为总裁任正非提出了对采购工作和采购人员的期望和要求。全文如下。

一、采购要有战略纵深，理解行业趋势，掌握采购方向，走向科学性采购

第一，采购一定要有战略纵深，不要仅仅盯着供应商谈判等细节上。

一是要深入研发领域，加快对产品的熟悉。

二是看看世界级的科学论文、行业动向，增加对整个生态环境的理解以及世界未来发展趋势的预判，提前几年就有思想规划。

三是加强对生产和制程工艺的理解。采购人员要像"八爪鱼"一样，深入四面八方，具有广博的知识，触及的每个领域要博众家之所长。

第二，我们要实现科学性采购，继续提高计划性。采购的难点在于计划、平衡、选择等一系列复杂问题，希望大家学会在确定性工作中找到不确定性，在不确定性工作中找到确定性，这样采购才能做到心中有数，做好系统性规划。我们可以招进一些系统工程学、统计学、控制论、神经学……专业的优秀硕士、博士，让他们先在基层实践3～5年或更长时间，然后再分散到他们喜欢的工作岗位去，促进整个公司的工作更加具有计划性、合理性。

美国第一架航天飞机的计划是怎么做的？1969年，美国宇航局提出建造一种可重复使用的航天运载工具，运载火箭和卫星到太空，这个想法很好。1971年美国正式把研制航天飞机列入计划，开始系统性工程规划，涉及42万名工程师、数万项发明，其中有很多项还未发明出来。投入了100亿美金，影子都没有见到，美国国会又追加80亿美金，还是没有成功。经过十年的研制开发，总投资了250亿美金，"哥伦比亚号"终于建造成功。这就是计划。

第三，持续加强风险管理，任何情况下都要保障供应安全。前瞻性地识别风险，做好风险预案，端到端防范，对关键物料要有备份方案。加强对产品的归一化设计，同时持续加强对计划水平的提升，对于关键瓶颈物料及高风险物料，该储备的要储备，不要计较一时的储备成本，保障供应安全是第一位的。

第四，采购要与世界最优秀的供应商建立战略合作伙伴关系。未来的竞争是产业链和产业链的竞争，我们要持续加强产业链管理，掌控关键控制点，支撑产品相对竞争优势。竞争中有合作，合作中有竞争，科学地做好竞合管理。有效管理好产业链上的合作伙伴，维护良好的产业生态，我们要与产业链上下游协同，利用供应商优势资源，共建高质量，不搞低价同质竞争；也要与研发及相关业务部门紧密协同，端到端保障质量。

我们要团结一切可以团结的力量，和世界上最优秀的供应商、客户联合，形成最强大的伙伴关系。加强与战略供应商的合作，共同创新，共同进步，推动创新资源、最新技术、最新产品优先能为我所用，实现双赢。我们要给予供应商更多的信任、机会以及发展空间。在同等条件下优先用战略供应商，但是如果战略供应商比别人落后了，我们提醒他以后，仍然不进步，也只能放弃合作。

二、采购体系人员要苦练内功，踏实提升专业技能；开拓视野，不断提升战略洞察能力

采购人员要做到胸有成竹，除了踏踏实实提升专业技能，做精、做细，更要开拓视野，有意识地培养战略洞察能力和战役管控能力。无论硬性采购还是软性采购（主要指媒体传播、营销活动及人力外包方面的采购），都要清楚战略结构，明白你在干什么、买什么、行业是什么……我们不能改造世界，就要去适配行业、适配这个社会。每个人都要苦练功夫，胸怀全局，才能提升自己的能力。我们的队伍通过不断循环、不断锤炼，就能构筑整体竞争力。

第一，工程采购人员必须要具有工程项目经验，否则就不具备做工程采购人员的资质。

在华为，采购业务的传统范围包括生产采购、行政采购、工程采购，近年来随着消费者业务的崛起，软性采购开始大规模涌现。以前我们做工程分包、采购的人有2/3不懂工程，四百多亿美金的工程居然是亏损的。所以前两年我们提出，用3年左右时间，通过训战结合，把不明白人换成有工程经验的明白人，换下来的人员重新接受赋能，补齐工程经验。下一轮，我们将再用3~5年时间，把明白人换下来，换成项目实践中的优秀人员。总之，不明白就不准管了。这样公司就会形成一个强大的作战体系。我们要加强内行的采购队伍，只有业务非常熟练才可以做采购代表，不能单纯从价格的分包来确认产品质量。

我曾从一个小包工头那里学到很多，他拿一个几十万人民币的项目都能赚钱。我就问他："平时看你没几个人，怎么能一下找到两三百名砖工、木工、油漆工……你是怎么管的，如何去平衡他们的职级？"他说："我没有管。广东有一个村的人全是砖工，一个村全是石头工，一个村全是木工，一个村全是油漆工……全部专业化，他们内部有职级评定系统，职级是他们自己考的。如果我需要3个五级工、10个三级工、50个一级工，打电话就可以找到人。"这个包工头的工程做得很细致、高标准，价格不贵，他还能赚钱。德国也有很多这样专业化的村庄，有个村庄专业做玻璃杯，两个工厂的几代人竞争了上百年，已经形成了一种和谐的竞争关系，没有严格的区分老板与工人的概念。他们拿出表格来，关注的是占世界多少份额，而不是销售额。

第二，采购人员要深入现场了解业务，踏踏实实提高专业技能。

我们要看到苹果和三星的战略纵深，如果我们公司的采购以中国为中心，以中国人为中心，没有深入作战现场，没有在大的采购集散地建立能力中心，没有用多一些当地国家人，这样的采购是什么呢？苹果公司有驻厂代表深入到整个供应链条的企业中去，清楚掌握了行业动态，也清楚合作伙伴能拿多少利益，这样苹果就能做出世界上最好的产品。我们也要深入进去，而不是做表面功夫。我们有几个驻厂代表，其中有几个人清楚供应商的表格？没有表格，怎么知道他们"自来水"的含量是什么，多少钱一吨"自来水"，一个人一天喝多少"水"，"水"的消耗成本是多少？如果自己心里都没有底，如何跟别人谈判？你出的价格没谱，只会被对方嘲笑，认为你是外行而已。通过谈判达成的价格，刚好是贴近对方成本和让对方保持合理的利润水平，对方会认为你是高手，最后达成双赢的结果。

三、软性采购是基于信任，采购人员要放下精神包袱，将精力聚焦在技能提升上

软性采购本身就是基于公司的信任，不完全基于流程。要做到准确、审时度势地掌握好这个采购，非常难。

第一，采购人员一定要抛弃私心杂念，把精力聚焦在技能提升上。

我们要基于信任，每个人都值得信任，每个人都要改变采购的心理状态。放下压力，克服心理障碍，不要怕别人说什么，如果精神上背着沉重的包袱，技能是没有用的。华为公司未来的发展前景很好，而且我们的人力资源政策逐渐趋于完善，会让大家都得到合理报酬。可能有一时半会的委屈，但是可以用时间来解决，不可能永远都委屈你。

第二，赞成在战略预备队成立一个软性采购分队。

一方面可以向先进的单位学习，另一方面战略预备队有不同体系的同事在一起磋商，形成一种正气能量。天才成批来，把业务的运作方式和能力想明白，推进软性采购的进步。

美国参谋长联席会议主席约瑟夫·邓福德，三年内从一星准将升到四星上将；俄罗斯现任国防部长谢尔盖·绍伊古，由预备役上尉直接晋升为少将；中国的李作成也在二十多年时间从连长晋升到总参谋长。采购为什么就不能产生"邓福德""绍伊古""李作成"呢？应该是可以的。从来没有救世主，也没有神仙皇帝，全靠我们自己的努力。

谢谢大家！

四、采购与供应链的协同管理

采购与供应链的协同管理需要对供应链上各节点企业的合作进行管理，提高供应链的整体竞争力而进行的彼此协调和相互努力。

1.建立采购和供应链管理系统

建立企业采购和供应链管理系统,首先需要将涉及企业采购的各个环节纳入到整个供应链管理的系统中,保证采购过程中各个环节之间的信息畅通,提高工作效率。同时,通过信息共享,合理地利用和分配资源,为企业带来最大的效益。

2.采购与供应链协同管理的原理

采购与供应链协同,是通过将供应链上分散在各地的、处于不同价值增值环节(如资源提供、研究开发、生产加工、物流服务和市场营销等),具有特定优势的独立企业联合起来,以协同机制为前提,以协同技术为支撑,以信息共享为基础,从系统的全局观出发,促进供应链企业内部和外部协调发展,在提高供应链整体竞争力的同时,实现供应链节点企业效益的最大化目标,开创"多赢"的局面。

3.采购与供应链协同管理的措施

通过协同化的管理策略使供应链各节点企业减少冲突和内耗,更好地进行分工与合作。要实现供应链的协同运作,供应链各节点企业需采取图导-10所示的措施。

措施一	必须树立"共赢"的思想,为实现共同的目标而努力
措施二	必须建立公平公正的利益共享与风险分担的机制
措施三	必须在信任、承诺和弹性协议的基础上进行广泛深入的合作
措施四	必须搭建基于IT技术的信息与数据共享平台,实现及时相互沟通和快速决策
措施五	必须进行面向客户和协同运作的业务流程再造

图导-10 采购与供应链协同管理的措施

拓展阅读

苹果的供应链管理

苹果的供应链是苹果从世界各地的供应商那里购买原材料,组装成零部件,送到整机组装厂,由组装厂将产品通过顺丰/UPS/联邦快递等物流公司直接运往从苹果在线商店购买的消费者手中或美国加州的仓库。如下图所示。

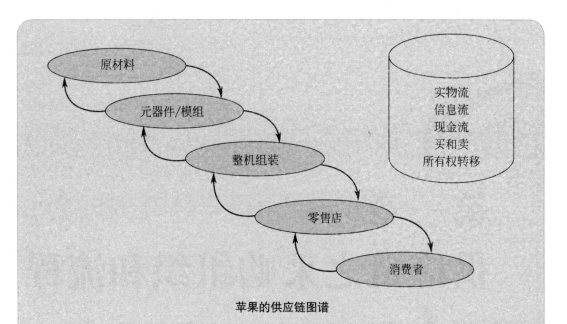

苹果的供应链图谱

对于分销渠道，如零售店和其他分销商，苹果公司在加利福尼亚州设有中央仓库，从那里运送产品到分销渠道。当有返修或退换的产品时，客户可将产品送回最近的苹果专卖店/维修中心，苹果会寄送到整机组装厂进行维修。

由此可以看出，苹果的供应链管理是围绕需求和供应之间（Demand VS Supply）的实物流+信息流+资金流来开展的。如下图所示。

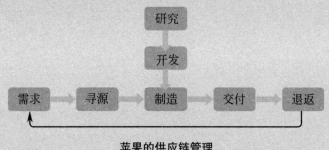

苹果的供应链管理

苹果在供应链管理中的关键技术是：可视、实时、数字化、高度协同。在不久的将来，采购和供应链管理越来越成为一种企业竞争的趋势。

第一章
供应链之采购组织和流程

情景导入

大家好!

在开启今天的内容之前,我想给大家讲一个故事,可能有人也听说过,就是关于寺庙里三个和尚喝水的故事:一个和尚挑水吃,两个和尚抬水吃,三个和尚没水喝。为了解决喝水问题,公司最高决策层不停招人、设定部门、设计流程、制度,慢慢地领导的文件和会议越来越多,工作越来越复杂,最后怎么样呢?庙黄了,和尚也没了。

根本原因是什么?其实就是顶层设计的问题,"简单问题复杂化"导致的结果。如果知道未来是这样的结果,那三个和尚还会没水喝吗?他们早就自觉自律,自己协调解决喝水问题,活得很滋润了。

同样的道理,如果那些倒下的、由盛而衰的巨无霸公司的创始人知道他们一手创办的公司因为成长而变得步履蹒跚、官僚臃肿、等级森严、因循守旧、沟通效率低下,那他们是不是在当初创建公司时就应该从顶层设计开始,策略性地规避这些阻碍公司发展的问题呢?

今天,我们就来讲一讲供应链组织和系统框架的顶层设计。大家都知道,组织的顶层设计、制度流程以及管理方法和工具都属于一种管理科学,而中国的企业家和职业经理人恰恰缺的就是管理科学,而不是管理哲学、理念和文化。

顶层设计,需要从全局和系统的视角去设计一个良好的制度框架,使得这个组织高效运转。对于一家企业而言,任何管理,包括采购管理,不是拍拍脑袋、动动嘴巴去指导,而是需要运用一种科学、系统、有效的管控方法,科学地采购,用科学的方法去指导、改善和实施企业的物资采购和资源调度,以促进研发、保障生产需求供应,为企业参与市场竞争获得持久发展提供动力。有了科学的方法论,理念和文化才可以复制,才可以重复,才可以延续,而科学的东西是没有国界的,不存在中国式管理科学,也不存在美国式管理科学。

我认为苹果是将管理哲学与管理科学有机结合的企业,更是顶层设计完美的企业。通过系统性思考的方法论,有效地解决了错综复杂的市场问题和企业内部的经营管理难题,为企业的长期可持续发展奠定了坚实的基础。

作为企业的创始人,在顶层设计之前,你需要列出:
- 你的经营理念是什么?
- 终极目标是什么?
- 你想向客户传递的产品和服务究竟是什么?
- 你的核心竞争力和竞争优势是什么?

把实现目标的关键要素和主要矛盾罗列出来,把潜在的问题和可预见的风险列出来,根据目标去配置资源,梳理出为实现目标必须要有的过程,然后去安排职能,使职能岗位上的管理者按照设计的分工扮演好自己的角色。

> 创造总是伟大的。管理高明不高明，流程是否精简，效率高不高，都会跟这种结构性的系统设计有关系。
>
> 事实上，在我们的工作实践中，公司与公司的差别就是这些组织设计和流程制度的差异，正如我们每个人有自己的生活方式和生活规律一样，企业作为另外一种社会关系的组合存在，也是如此。对于企业而言，没有绝对正确或世界大同的组织和流程，只有适合自己业务和目标的。
>
> 接下来我们开始讨论各种不同的组织形态和流程。

第一节 采购组织的设计

很多时候，采购组织的设计与规划跟企业创始人、负责人对采购职能的看法有关。若将采购看作是业务活动时，采购组织在企业中将会处于较低的地位。若将采购视为一个重要的竞争因素，并且对企业具有重要的战略意义，那么采购组织就处于较高的地位。

采购组织的基本类型有分散型采购组织、集中型采购组织、混合型采购组织。

一、分散型采购组织

1.组织特点

分散型采购是指与采购相关的职责和工作分别由不同的部门来执行。

比如，物料或商品需求计划可能由制造部门或者销售部门来拟定；采购工作可能由采购部门或者销售部门掌管；库存责任则可能将成品归属销售部门，在制品归属制造部门，原料或零件归属于物料或仓储部门。

如图1-1所示的就是分散型采购组织结构示意图。

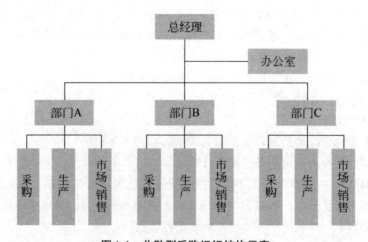

图1-1 分散型采购组织结构示意

2. 优点

分散型采购组织具有自主性、灵活性、多样性的特点，可在本地采购，受当地欢迎，有利于部门间竞争。

3. 缺点

（1）浪费资源。各部门之间有重叠的工作项目，例如追踪物料供需动态，与供应商交涉送货、退货，物料作业电脑化等，如果没有统一指挥的单位，管理工作更复杂，人力、设备的投资成本更高。

（2）权责不清。由于整个物料管理的功能细分，工作显得零乱复杂，个别部门之间的职责也变得不明确。例如交货期限的延误，原因在于采购作业效率太低，或是前一阶段的物料需求计划不当，或是后一阶段的催货不力，部门之间经常会因争议不休而互相推诿，几乎找不到负责解决问题的部门。

（3）沟通不畅，相互冲突。不同的经营单位可能会与同一个供应商就同一种产品进行谈判，结果达成了不同的采购条件。当供应商的能力吃紧时，经营单位相互之间又会成为真正的竞争对手。

4. 适用范围

分散型采购组织对拥有经营单位结构的跨行业企业特别有吸引力。每一个经营单位采购的产品都是唯一的，并且与其他经营单位所采购的产品有显著的不同。在这种情况下规模经济职能会提供有限的优势或方便。

二、集中型采购组织

1. 组织特点

集中型采购就是将采购相关的职责或工作，集中授予一个部门执行，这是为了要建立综合的物料体系，因而设立一个管理责任一元化的组织体系。这个体系称为物料管理部门或资材部，其主要工作包括生产控制（生产计划、物料控制）、采购（包括采购事务及跟踪和催货）及仓储（收发料、进出货、仓储、运送）等。

如图1-2所示的就是集中型采购组织结构示意图。

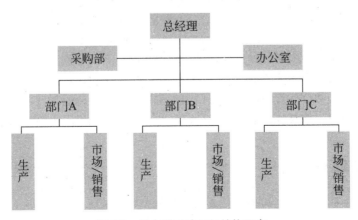

图1-2 集中型采购组织结构示意

2. 优点

通过采购协作可以从供应商处得到更好的条件（价格、成本、服务、质量方面），同时可促进采购朝向产品和供应商标准化的方向发展。

3. 缺点

单独的经营单位的管理层只对采购的决策负有限的责任。通常的问题是经营单位的管理人员相信他们能够靠自己达到更好的目标，并将单独行动；这样他们将逐渐削弱公司采购部门的地位。

4. 适用范围

这种结构适用于几个经营单位购买相同产品，并在同时对他们具有战略重要性的情况。

三、混合型采购组织

1. 主要特点

混合型采购是指在公司一级的层次上存在着公司采购部门，同时独立的经营单位也进行战略和具体采购活动。在这种情况下，公司的采购部门通常处理与采购程序和方针的设计相关的问题。此外，它也会进行审计，但一般是在经营单位的管理层要求它这样做的时候。

如图1-3所示的就是混合型采购组织结构示意图。

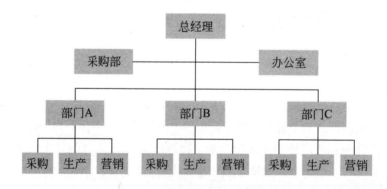

图1-3 混合型采购组织结构示意

2. 优缺点

中心采购部门会对战略采购品进行详细的供应市场研究。经营单位的采购部门可以通过公司中心采购部门定期发布的小册子、公告或局域网信息，加以利用这些研究结果。另外，公司的采购部门还可以作为促进或解决部门或经营单位之间协调的工具。但中心采购部门并不进行具体采购活动，具体活动完全由部门或经营单位的采购组织实施。

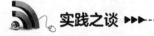 实践之谈 ▶▶▶

作为一家年销售额超过2000多亿美金的苹果公司，采购额超过千亿美金，苹果拥有全世界最强大、最完善的供应链体系，有近2000家AVL（入围或合格供应商名单），约

60%在中国和中国台湾,全球至少有超过120万人直接服务于苹果相关的产业。但是苹果的组织架构却是简单而扁平的,不同于其他大型500强跨国公司,他在用小公司的方式管理着巨无霸公司,只有一个利润中心,组织层级扁平简单,精干灵活,沟通和决策快速、高效且敏捷。

让我们来看看苹果的采购组织图:

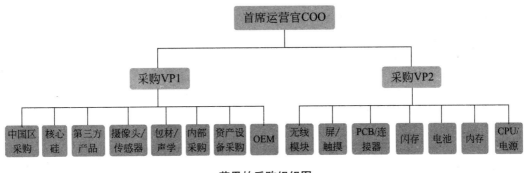

苹果的采购组织图

从2007年起,苹果就连续多年被美国Gartner(美国的一家信息技术研究和分析的公司)评选为全球供应链管理最佳实践企业。我认为苹果供应链管理成功的关键要素有以下几点。

(1)关注细节。

(2)全球化资源配置。

(3)产业链的掌控。

(4)专注且精益求精。

(5)极致体验。

(6)复杂问题简单化(奥卡姆剃刀原理)。

(7)紧密有效管控供应商。

(8)供应链高度协同。

在这里,我想表达的观点是,除了组织设计和流程制度是先天性的先进、高效、巧妙和优化,组织里更重要的是,要有很多聪明、能干、诚实且勤勉的人。在团队中拥有一流的组织成员,远比设计等级制度、业务流程、明确谁报告谁以及什么时候报告重要得多。毕竟是人在做事,而不是系统和流程。

第二节 采购组织的职能和分工

对于企业来说,组建采购部门,应结合自身实际情况和发展需求,来建立、健全采购部的组织结构,做到职责分工明确、人员配置优化,从而提高采购工作绩效。

一、采购部门建立方式

1. 按物品类别分类

依主原料、一般物料、机器设备、零配件、工程发包、修护与保养等类别,将采购工作分由不同单位的人员办理。此种组织方式可使采购人员对其经办的物料项目相当专精,比较能够发挥"熟能生巧"及"触类旁通"的效果。这也是最常见的采购部门建立方式,对于物料种类繁多的企业特别适用。

如图1-4所示的就是按物品类别分类建立的采购组织。

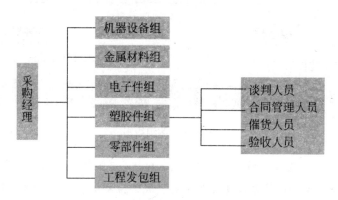

图1-4 按物品类别分类建立的采购组织

2. 按采购地区分类

依物品的采购来源分设不同采购部门,如国内采购科、国外采购科。这种工作划分方式,主要是基于国内、国外采购的手续及交易对象有显著的差异,因而对采购人员的工作条件要求也不同,所以分别设立部门以利管理;且上级管理人员必须就相同物料比较国内、国外采购的优劣,判定采购项目应该划归哪一部门办理。

如图1-5所示的就是按采购地区分类的采购组织。

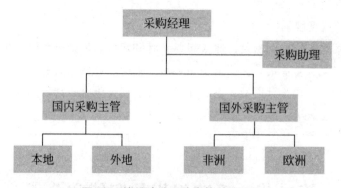

图1-5 按采购地区分类的采购组织

3. 按采购价值分类

采购次数少但价值高者,交予高层管理人员负责;反之,授予基层采购人员。这种建立采购部门的方式,主要让高层管理人员能够对重大的采购项目倾力处理,达到降低成本的目的；并让高层管理人员有多余的时间，对采购部门的人员与工作绩效加以管理。

如表1-1所示的就是按物料价值分工的采购组织。

表1-1　按物料价值分工的采购组织

物品	价值	次数	承办人员
A	65%	10%	经理
B	25%	25%	主管
C	10%	65%	采购员

4.按采购物品重要性分类

将策略性项目（利润影响程度高，供应风险高）的决定权，交予最高阶层（例如主管采购的副总经理）；将瓶颈项目（利润影响程度低，供应风险高）交予较高阶层（例如物流经理）；杠杆项目（利润影响程度低，供应风险低）交予中阶层（例如采购科长）；将非紧要项目（利润影响程度低，供应风险低）交予较低阶层（例如采购人员）。

如表1-2所示的就是按采购物品重要性分工的采购组织。

表1-2　按采购物品重要性分工的采购组织

类别 \ 考虑因素	利润影响程度	供应风险程度	采购承办人
策略性项目	高	高	副总经理
瓶颈项目	低	高	经理
杠杆项目	高	低	主管
非紧要项目	低	低	采购员

5.按采购功能分类

依采购过程，将询价、比价、议价、决策，分由不同人员负责，产生内部牵制作用。这种组织方式，以采购业务最庞大（每月可达数万件以上）的企业为宜；借此可将采购业务"分工专业化"，以避免由一位采购员担任全部有关作业可能造成的弊端。

如图1-6所示的就是按采购功能分类的采购组织。

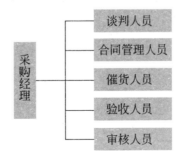

图1-6　按采购功能分类的采购组织

6.采购部门作业方式的比较

以上采购部门的组织，除第五种是按功能来建立，也就是按专业分工的方式将采购人员编组（即分段作业的采购方式）外，其余四种方式，是责成采购人员担任全部有关作业，包括开发供应商、询价、议价、订购、催货等工作，也是一贯作业的采购方式。

其优缺点如表1-3所示。

表1-3　采购部门作业方式的比较

作业方式	优点	缺点
一贯作业的采购方式	（1）一位采购人员可管理全部采购作业，责任分明 （2）符合规模经济的原则 （3）对维护供应商的关系比较有利 （4）由于对供应商有增减采购量的权力，故可要求及时交货及改善品质	（1）一位采购人员负责全部采购过程的各项作业，工作相当繁杂，且无专精 （2）采购项目从头至尾全由一人包办所有过程，使采购人员掌握生杀大权，难免滋生弊端
分段作业的采购方式	（1）每位采购人员只负责采购过程中的一部分，减少错误的机会，并提高办事效率 （2）一方面是分工合作，另一方面则是内部牵制，除非全体人员集体舞弊，否则勾串不易	（1）各自为政，无人负责，沟通联系困难 （2）采购过程由不同人员分段处理，发收转接手续较多，延误时效。因此，通常必须具备下列条件，才适合实施分段作业的采购方式：采购量巨大；采购过程复杂，且交期很长；采购部门人员众多

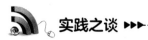
实践之谈

让我们来看看华为终端的采购组织结构图。

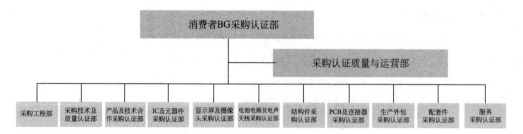

在上述这个采购认证的组织架构里，质量与运营部主要协助采购认证部的领导确保组织流程和IT流程的顺畅，以及向团队各部门提供协同服务和支援。

组织内的各部门团队，根据采购品类的不同，对不同产品和服务分别进行采购认证。

二、采购部门职责的确定

1.按作业功能划分

采购部门职责按作业功能划分，具体如表1-4所示。

表1-4 采购作业功能职责表

作业功能	具体职责
品质	能够明确说明规格；提供客观的验收标准给供应商；参与品质问题的解决；协助供应商建立品管制度；尊重供应商的专业技术
交货	给供应商正确而能达到的交期；提供长期的需求计划给供应商；使供应商同意包装及运输方式；协助供应商处理交货问题
价格	给供应商公平的价格；让供应商分享共同推行价值分析的成果；尽快付款
其他	对供应商的问题及抱怨尽快回应；提供技术或检测仪器，使供应商生产更佳产品；使供应商尽早参与产品的设计

2.按管理阶层划分

采购部门职责按管理阶层划分，具体如表1-5所示。

表1-5 采购管理阶层划分职责表

序号	管理阶层	具体职责
1	采购经理	（1）拟订采购部门工作方针与目标 （2）负责主要原料或物料的采购 （3）编制年度采购计划与预算 （4）签核订购单与合约 （5）采购制度的建立与改善 （6）撰写部门周报或月报 （7）主持采购人员教育训练 （8）建立与供应商的良好关系 （9）督导采购部门全盘业务及人员考核 （10）主持或参与采购相关业务的会议，并做好部门间的协调工作
2	采购主管	（1）分派采购人员及助理的日常工作 （2）负责次要原料或物料的采购 （3）协助采购人员与供应商谈判价格、付款方式、交货日期等 （4）采购进度的追踪 （5）保险、公证、索赔的督导 （6）审核一般物料采购单 （7）市场调查 （8）供应商的考核
3	采购员	（1）经办一般性物料采购 （2）查访厂商 （3）与供应商谈判价格、付款方式、交货日期等 （4）要求供应商执行价值工程的工作 （5）确认交货日期 （6）一般索赔案件的处理 （7）处理退货 （8）收集价格情报及替代品资料
4	助理	（1）请购单、验收单的登记 （2）订购单与合约的登记 （3）交货记录及稽核 （4）访客的安排与接待 （5）采购费用的申请与报支 （6）进出口文件及手续的申请 （7）电脑作业与档案管理 （8）承办保险、公证事宜

如何成为成功的采购大师

采购大师不仅能够有效推动自己公司的进步，还能够推动行业进步。顶尖的采购大师可以提供15∶1的投资回报率，有助于提升公司利润。

向采购大师学习可以带领您的公司走向战略采购的新高度。

1. 采购大师应具备以下的关键能力

（1）采购策略。

（2）采购寻源管理。

（3）P2P（Purchase to Pay）采购到付款。

（4）供应商关系管理。

（5）合同管理。

（6）采购人力资源管理。

（7）品类管理。

（8）采购洞察管理。

（9）风险管理。

（10）需求管理。

（11）财务和内控管理。

（12）生态系统管理。

（13）先进的数字技术。

以上（1）～（7）项为传统的采购能力，（8）～（13）项为差异化的采购能力。其中，需求管理、财务和内控管理、生态系统管理有助于通过对关键杠杆进行更严格的控制来实现投资回报最大化。而先进的数字技术，如机器人过程自动化、分析工具、工业物联网等，有助于战术活动自动化，触发自动下单的采购和预测供应商风险。

利用差异化的采购能力，可以提升采购的战略性价值，比如摒弃手动的运作性的事务，把重点放在高价值的决策上，将采购人员从运营中释放出来，释放更多的资源用于更战略性的内部活动。自动化采购减少手工处理时间，提高数据的准确性，释放采购团队的资源，从事务性任务中解脱出来。由此表现出较低的销管费用率和较高的利润率。

2. 未来的采购大师在追求采购成本方面应考虑的几点问题

（1）采购不是关于流程，而是关于实现更大的业务目标。聚焦在采购成本，扩大采购支出管理。

（2）外包与自动化，释放资源追求战略重点。利用合作伙伴生态系统来执行非核心活动，在数字技术的帮助下自动化执行战略性较次的活动。

（3）寻找盟友。通过第三方关系来培养和构建竞争优势。在今天的环境，公司已经不可能独自称霸。如果没有关键的技能，你需要在动态的生态系统中找到一个合适的合作伙伴为你所用。

（4）保持与先锋的采购大师们同行。你需要与先驱者竞争，但你必须要清楚地了解你与先驱者之间的差距，对标管理是让你进步的一个最快的途径。

第三节 采购制度与流程设计

制度是采购工作开展的前提，健全的制度能够对日常采购工作进行规范化处理。各级采购人员应按照制度的要求开展工作。采购流程则是采购工作开展的依据，只有按照流程来采购，才能确保采购工作顺利完成。

一、采购制度的类别

完善的采购制度可以规范采购人员的行为，规范采购作业流程，从而起到规范采购活动的作用。常见的采购制度包括办公用品采购管理制度、采购价格管理制度、采购进度及交期管理制度、采购招标管理制度等。

一般而言，采购制度包括表1-6所示的内容，但不止于以下内容。

表1-6 采购制度

序号	类别	内容要求
1	采购控制程序	采购控制程序的目的是使采购工作有所依循，完成5R的采购职能。其内容包括各部门、有关人员的职责；采购程序要点、采购流程图以及采购的相关文件、相关表格等
2	采购规范	采购规范是指采购人员的行为规范，包括道德要求、品质要求等
3	采购管理办法	采购管理办法是对公司采购流程每一个作业步骤的详细说明
4	采购作业制度	采购作业制度是指采购作业的信息收集、询价采购、比价采购或者是议价采购、供应商的评估和索取样品、选择供应商、签订采购合同、请购、订购、与供应商的协调沟通以及催交、进货验收、整理付款等的相关制度
5	采购作业指导书	采购作业指导书是指对各项采购作业进行指导的文件
6	物资与采购管理系统	这包括物资分类编号、存量控制、请购作业、采购作业、验收作业、仓储作业等的相关制度
7	物资验收管理办法	物资验收管理办法是指明确物资验收的标准、要求和作业程序。其目的是使物资的验收以及入库作业有所依据
8	解决采购争端的制度	解决采购争端的制度包括解决采购争端的要求、解决采购争端的常见方法等

专家提示

不同的公司对制度的叫法可能有些不一样，又因公司规模、采购种类、采购方式不同，而会制定繁简不一的制度。

二、采购制度的设计

采购制度通常由采购部门的主管人员,如采购经理,会同其他相关部门负责人组成的工作小组来完成,制度的制定是个要经过多次循环的过程,在颁布执行之前,还要经过各相关部门的认真讨论、修订。

采购制度设计流程大致如图1-7所示。

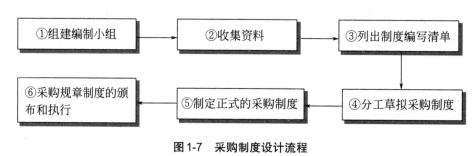

图1-7 采购制度设计流程

流程说明见表1-7。

表1-7 采购制度设计流程说明

流程名称	详细说明
① 组建编制小组	公司要组建采购制度编制小组,成员包括公司主管领导、采购部门负责人,还要有财务、销售等部门的负责人,必要时还可以邀请相关的专家、法律顾问、重要的供应商参加
② 收集资料	广泛收集相关的资料,包括国家政策、法规以及同行间的现成的政策、制度。收集公司内部相关的资料,包括现行的行政、财务、保管等方面的规章制度
③ 列出制度编写清单	在整理、分析手头收集资料的基础上,结合公司现状以及未来发展目标,列出制度编写清单,包括制度名称、适用范围、基本内容、编写分工及时间要求
④ 分工草拟采购制度	按照分工及时间要求,草拟出采购规章制度。组织公司内部各部门对草拟的采购规章制度进行讨论、修改,直到各方面都取得共识为止
⑤ 制定正式的采购制度	由公司高层和各部门负责人对采购规章制度草案进行最后的审查、修订
⑥ 采购规章制度的颁布和执行	按照一定的行政、组织程序,以公文或者其他方式颁布、执行

三、采购制度修订

任何一个制度的制定都不是一成不变、永远正确的,要随着公司目标的变化、执行过程出现的问题等,不断地进行评估和修订。

四、采购流程的设计

采购作业流程,会因采购的来源——国内采购、国外采购;采购的方式——议价、比价、招标；以及采购的对象——物料、工程发包等，在作业细节上有若干差异，但是基本的步骤则大同小异。

美国采购学者威斯汀（J.H.Westing）等所主张的采购作业基本流程，已被很多企业所采纳。其操作步骤如图1-8所示。

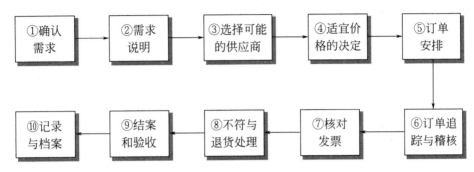

图1-8 采购作业基本流程

流程说明见表1-8。

表1-8 采购作业基本流程说明

流程名称	详细说明
① 确认需求	即在采购之前，应先确定买哪些物料？买多少？何时买？由谁决定等
② 需求说明	确认需求之后，对需求的细节，如品质、包装、售后服务、运输及检验方式等，均加以明确说明，以便使来源选择及价格谈判等作业能顺利进行
③ 选择可能的供应商	根据需求说明在原有供应商中选择成绩良好的厂商，通知其报价，或以登报公告等方式公开征求
④ 适宜价格的决定	决定可能的供应商后进行价格谈判
⑤ 订单安排	价格谈妥后，应办理订货签约手续。订单和合约均属于具有法律效力的书面文件，对买卖双方的要求、权利及义务必须予以说明
⑥ 订单追踪与稽核	签约订货后，为求销售厂商如期、如质、如量交货，应依据合约规定，督促厂商按规定交货，并予以严格验收入库
⑦ 核对发票	厂商交货验收合格后，随即开具发票。要求付清货款时，对于发票的内容是否正确，应先经采购部门核对后财务部门才能办理付款
⑧ 不符与退货处理	凡厂商所交货品与合约规定不符而验收不合格者，应依据合约规定退货，并立即办理重购，予以结案
⑨ 结案和验收	合格付款，或验收不合格退货，均须办理结案手续，清查各项书面资料有无缺失、绩效好坏等，并签报高级管理层或权责部门核阅批示
⑩ 记录与档案	维护凡经结案批示后的采购文件，应列入档案登记编号分类，予以保管，以备参阅或事后发生问题查考。档案应具有一定保管期限的规定

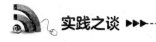 **实践之谈**

让我们来看看华为的采购流程图。

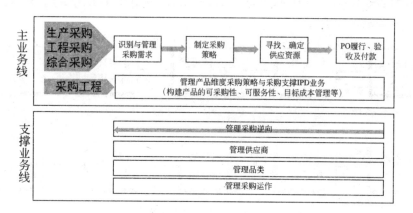

以上图里的主业务线：是指如生产采购、工程采购、综合采购等业务运作的基本流程。

而支撑业务线里，包括的角色和功能有：管理采购逆向的售后服务After-sale Service；管理供应商的SM（Supplier Management）；管理品类的CM（Category Management），还有管理采购运作的CEG（Commodity Expert Group）。

以我多年工作实践来看，我认为需注重以下几点。

（1）采购管理的每个环节都非常重要，都需要精细化管理。

（2）采购需要同时与计划、研发、制造、工程、品质、物流、仓储等部门高度协同，进行密切深入的跨部门合作才能取得好的绩效。

（3）策略采购是当下竞争市场中的企业最重要的一个课题，需要做出周密部署和安排，才能保持供应链的竞争优势，通过供应链的竞争力保持自身企业的市场不败之地。

五、采购流程设计要点

在设计采购作业流程时，应注意以下要点。

1. 采购结构应与采购数量、种类、区域相匹配

一方面，过多的流程环节会增加组织流程运作的作业与成本，降低工作效率；另一方面，流程过于简单、监控点设置不够等，将导致采购过程操作失去控制，产生物资质量、供应、价格等问题。

2. 先后顺序及实效控制

应注意其流畅性与一致性，并考虑作业流程所需的时限。

比如，避免同一主管对同一采购文件做数次的签核；避免同一采购文件在不同部门有不同的作业方式；避免一个采购文件会签部门太多，影响作业实效。

3. 关键点设置

为便于控制，使各项在处理中的采购作业在各阶段均能被追踪管理，应设置关键点的管

理要领或办理时限。

比如，国外采购、询价、报阶、申请输入许可证、出具信用证、装船、报关、提货等均有管理要领或办理时限。

4. 权责或任务的划分

各项作业手续及查核责任，应有明确权责规定及查核办法。比如，请购、采购、验收、付款等权责应予区分，并指定主办单位。

5. 配合作业方式的改善

比如，手工的作业方式改变为计算机管理系统辅助作业后，其流程与表格需做相应的调整或重新设计。

6. 采购流程应反映集体决策的思想

由计划、设计、工艺、认证、订单、质量等人员一起来决定供应商的选择。处理程序应合时宜，应注意采购程序的及时改进。早期设计的办理程序或流程经过若干时日后应加以检查，并不断改进与完善，以回应组织的变更或作业上的实际需要。

7. 避免作业过程中发生摩擦、重复与混乱

注意变化性或弹性范围以及偶发事件的处理规则。

比如，在遇到"紧急采购"及"外部授权"时，应有权宜的办法或流程来特别处理。

8. 价值与程序相适应

程序繁简或被重视的程度应与所处理业务或采购项目的重要性或价值的大小相适应。凡是涉及数量较大、价值较高或容易发生舞弊的作业，应有比较严密的处理监督；反之，则可略微放宽，以求提高工作效率。

9. 处理程序应适合现实环境

应注意程序的及时改进。早期设计的处理程序或流程，经过若干时间段以后，应加以审查，不断改进，以适应组织变更或作业上的实际需要。

拓展阅读

华为是如何做采购管理的

作为网络管理倡导者、实践者和领先者的华为技术有限公司为了建立国际竞争力，不惜高价从知名的跨国公司IBM请来顾问帮助建立起自己的采购系统，以求更好发展。

一、华为采购组织结构

华为采购部建立了物料专家团（Commodity Expert Groups，简称CEG），各CEG负责采购某一类或一族的物料满足业务部门、地区市场的需要。按物料族进行采购运作的目的是在全球范围内利用华为的采购杠杆。每个CEG都是一个跨部门的团队，通过统一的物料族策略、集中控制的供应商管理和合同管理提高采购效率。如下图所示。

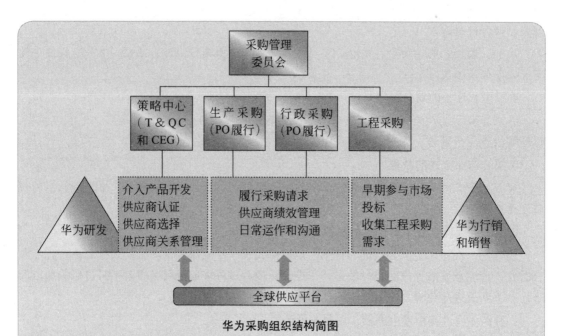

华为采购组织结构简图

二、介入产品开发和投标

CEG和华为的技术和认证中心,在华为研发和供应商之间架起了沟通的桥梁,推动供应商早期参与华为的产品设计,来取得双方的技术融合以及在成本、产品供应能力和功能方面的竞争优势。

华为的工程采购部(Customer Solution Procurement,简称CSP)与华为销售和行销一起积极地参与客户标书的制作。参与市场投标将使采购部了解到客户配套产品的需求,在订单履行过程的早期,充分了解华为向客户做出的承诺,以确保解决方案满足客户需求并能够及时交付。

三、采购需求履行

生产采购和行政采购负责日常采购运作以及与供应商和内部客户的沟通,及时处理采购请求和解决双方的问题,从而提高供应商的表现和内部客户满意度。同时华为也关注于不断提高采购履行流程的自动化程度,让采购执行人员有更多的机会积极地参与物料族采购策略的制定。

四、采购管理核心价值观

努力争取全面了解华为公司和供应商的能力、要求和需要;积极阐明华为公司和供应商的观点,促进各层面和各部门之间的沟通、诚信和团队精神。

在技术、价格、质量、交货、响应、速度以及创新等方面,努力获得竞争优势;不断提升和保护华为的利益;推动华为采购业务的持续改进和有效实施。

五、供应商认证流程

华为致力于向所有潜在供应商提供合理、平等的机会,让大家都能够展示自己的能力。潜在供应商各种方式的垂询都将转给采购部门进行回复。

如果华为和供应商都有意开拓业务关系，华为采购部会要求潜在供应商完成调查问卷。在接到调查问卷并进行评估后，华为将知会供应商评估结果。如果华为有兴趣和供应商进行合作，我们将启动后续的认证步骤。

后续认证可能需要和供应商面谈，讨论供应商对调查问卷的回复。根据面谈的结果，决定是否需要现场考察。然后可能需要进行样品测试和小批量测试，确保供应商的产品满足规格要求，产能满足需求。认证的结果将知会供应商。在发生采购需求时，通过认证的供应商将作为候选供应商进入供应商选择流程。

下图是供应商认证流程的简要图。

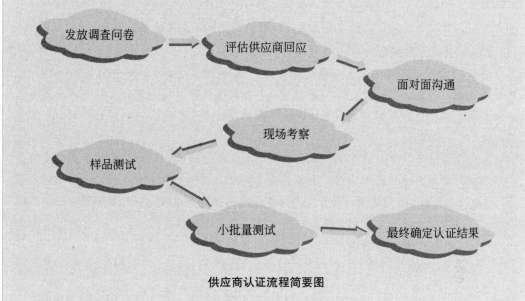

供应商认证流程简要图

六、供应商选择及评定

1.供应商选择的目标

负责供应商选择的主体部门是采购部各物料专家团（CEG）。华为采购部在向外部供应商采购物品、服务和知识资产时，有责任为华为获取最佳的整体价值。因此在选择供应商时CEG有两个主要目标：① 选择最好的供应商；② 评定公平价值。

2.供应商选择流程

华为制定了完善的供应商选择、公平价值判断流程，以确保华为选择最符合华为利益的供应商，采购获得最公平的价值，同时保证华为向所有供应商给予平等赢得华为生意的机会。该流程的基本原则是公平、公开和诚信，并由以下机制保证。

（1）采购集中控制。采购是公司内部唯一授权向供应商作出资金承诺，获得物品或服务的组织。除此以外的任何承诺都视为绕过行为，视为对公司政策的违背。

（2）供应商选择团队。供应商选择将由相关专家团主任组建团队来进行，成员包括采购和内部客户的代表。小组的使命是制定RFQ/RFP（报价或采购问询)，确定能够按照华为要求提供所需产品或服务的现有合格供应商名单。这个团队管理供应商选择流程，参与评估供应商的回复以及选择供应商。

（3）供应商反馈办公室。如果供应商在与华为的交往中有任何不满意的地方，有专门的帮助中心负责收集供应商的反馈和投诉。

七、供应商绩效评估

华为采购部制定了供应商评估流程，定期向供应商提供反馈。该流程包括相关专家团正式的绩效评估。供应商的绩效将从技术、质量、响应、交货、成本和合同条款履行这几个关键方面进行评估。评估流程的目的在于给双方提供开放沟通的渠道，以提升彼此的关系。同时，华为鼓励供应商向华为反馈，站在客户的角度他们如何评价华为，这些评估信息将用于改善彼此的业务关系，和改善华为内部的业务运作。

八、着手电子化交易

电子化交易就是"在网上进行买卖交易"，其内涵是：企业以电子技术为手段，改善经营模式，提高企业运营效率，进而增加企业收入。电子化交易可以让企业得到更多的供应商资源，充分了解供应市场状况，更好地收集市场信息，使采购策略立足于事实基础上。

华为正在着手实现从"采购请求"到"付款"全流程的自动化。希望供应商支持这一行动，并参与电子采购的使用，将其作为主要的沟通和交易平台。此外，华为还在预测/订单状态、RFI/RFQ/RFP、供应商评估等方面与供应商进行电子化的合作。这给华为和供应商双方带来收益，有助于提高效率和降低交易运作成本。

九、华为的业务行为准则

1. 诚信和道德标准

华为的政策是与供应商和其他任何有业务关系的客户进行公平往来，遵守商业道德。任何时候如果供应商感觉到该政策的执行打了折扣或背道而驰，请将您的担忧向华为供应商反馈办公室反映。华为将本着尊重事实、谨慎周密的原则进行调查处理，并替反馈人保守秘密。

2. 保密

采购部会保护华为自身的机密信息或与供应商/客户签署的保密协议所涉及的保密信息。华为与每个供应商和潜在供应商的关系，在华为看来都是仅限于双方之间的事务。华为会负责地对待从供应商处获取的信息，华为的员工必须避免因为疏忽大意获取或透露另一方的保密信息。

十、与供应商之间的沟通

华为相信，只有良好的沟通才能培育出良好的合作关系。华为提供多样化的沟通渠道，以便华为和供应商进行开放的对话和讨论。

1. 单一接口

每个物料专家团内部都有供应商接口人，负责与供应商的接口和沟通，处理供应商与华为来往过程中可能碰到的任何问题和疑问。相应的，也要求供应商通过这一单一的接口与华为接触。通过这一渠道，专家团会将所有可能影响到供应商业务的采购策略和计划，传达给供应商。

2.供应商反馈受理

华为设立供应商反馈办公室，主要是为了处理所有与采购相关的问题，包括供应商针对华为员工或某部门的不公平行为和不道德行为的投诉等，供应商可以坦诚地让华为知悉自己的顾虑，同时也帮助了华为遵守其诚信的承诺，此举目的在于促进与供应商更为开放、有效的关系。

第二章
供应链之采购战略

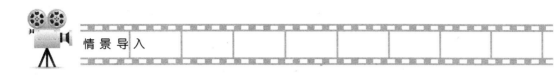

情景导入

大家好！今天很高兴有机会跟大家分享一下我对采购战略的理解和心得。

作为一个高级采购，在座的各位可能是公司的高级领导，或者未来是公司的最高层领导。作为采购一把手或负责人，必须要具有战略思维，每个专业采购都必须会做采购战略，配合公司的经营战略，制定采购部门的战略和战术。

先给大家热个身吧。我给大家讲一个案例，就是——华为P10闪存门事件。

2017年4月14日，媒体曝光华为P10手机用了3种不同品牌和规格的闪存Nand flash，就是高规格和低规格的闪存混用在P10手机中，3种闪存在使用体验上有所区别，实际测试中读取速度不同，分为三个档次，分别是200 MB/秒，500 MB/秒，700MB/秒。消费者买手机要碰运气，可能花了同样的钱却买了低速度的闪存，于是有消费者要求维权。

大家知道这背后的原因吗？

对。是华为的供应链出了问题，闪存Nand Flash缺货。上游供应商基本被三星、东芝、SK海力士垄断，产能有限，而三星作为华为的竞争对手和供应商，限量供货；苹果早就锁定产能，做了战略储备，用现金购买，提前备足了库存，以确保供应。每年中国市场要消耗全球55%的存储芯片产能，但在Nand Flash领域，中国没有任何一家公司能够供应，这是让国人非常遗憾的一件事。

如何才能"未雨绸缪""防患于未然"呢？

对于华为而言，华为需要对供应市场做详细分析，做好战略采购和战略储备，抢占有限的供应市场资源。

对于国家而言，中国政府需要有国家战略，做出战略布局，在CPU、存储、屏幕、电池、摄像头等众多领域克服技术瓶颈，自主创新与研发，解决由国外公司控制和垄断供应的问题。

今天我们要讨论的话题，就是采购战略，主要侧重于采购战略方法论的分享。

第一节 采购战略认知

现代企业的竞争就是供应链的竞争，战略采购和采购战略显得尤为重要。在全球化市场经济中，更需要有全球化的思维和全球化的竞争策略。

一、采购战略的概念

采购战略，英文翻译为Procurement Strategy或者是Purchasing Strategy，它隶属于企业

的供应链战略并最终服务于企业的顶层战略,它为企业的采购组织提供具有指导性、全局性、长期性的纲领和规划。如图2-1所示。

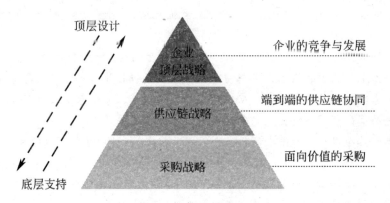

图2-1　采购战略的含义

二、采购战略的范围

一个采购战略,应当包含以下六个方面的基本内容:采购的组织和人才发展战略、采购资源开发和供应商发展战略、采购的风险和合规战略、采购的信息化战略、采购的社会责任战略以及其他相关战略(取决于企业采购部门的管理范畴和边界)。如图2-2所示。

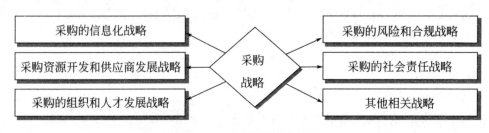

图2-2　采购战略的范围

三、制定采购战略的基础

在制定采购战略的开始,企业需要重新评估赋予采购部门的使命,以往强调的单纯的成本降低和质量的提高已经不能完全反映采购部门的价值。在一个要求管理精细化的新时代,对总体拥有成本(TCO,Total Cost of the Ownership)的要求是最能反映客观情况的指标,所以企业制定采购战略也可以以TCO为目标来解决遇到的问题。

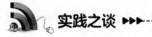

一家优秀的企业,在制定采购战略的问题上,首先应当拥有全球化的视野。无论是顾客、企业发展方针、产品质量还是供应商,都应当被涵盖在内。

此外,在物料采购方面,企业需要的是通过灵活机动的策略,搭建全球性的覆盖网络；在企业特色方面，通过实施创新、吸取消费者意见、定期举办供应商介绍会、细分市场等措施，可以有效地帮助企业调整战略并改进产品。但仅仅是企业自身的积极作为和顾客第一的理念仍然不够，供应商的选择同样至关重要。

下面我们来看看iPhone的供应链图谱：

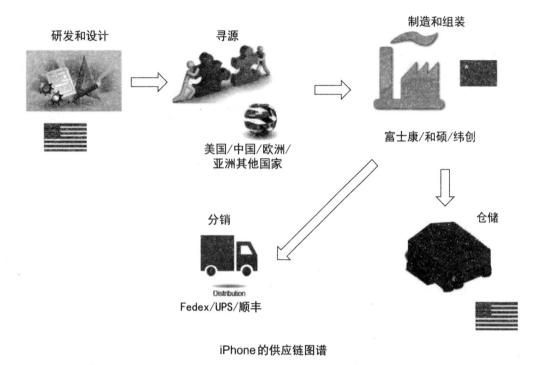

iPhone的供应链图谱

你可能不知道，在用户拿到苹果产品之前，它已经游历了大半个地球了：其产品设计在美国，关键零部件的生产在日本，韩国制造核心芯片和显示屏，中国台湾厂商供应另外一些零部件，然后在中国富士康的工厂内组装完成，最后卖到世界各地。

全球化的寻源和资源配置，是苹果获得商业成功的关键要素之一。

希望每一个高级采购能够对供应市场做出精准分析和预判，做好采购战略和战略储备，"防患于未然"，最终赢在战略。

四、重视采购战略的意义

在目前的企业采购中，采购的战略地位并没有得到重视。大多数企业采用的一般采购流程就是生产部门根据生产的需要填写申购单，然后由行政部门审批后，交给采购部门。采购部门的责任就是根据申购单上填写的内容，去找供应商。日常工作中采购部门的任务就是等待生产部门和其他物资需求部门的申购单，然后再到市场上去寻找。目前的市场对于大部分商品来说是买方市场，因而从常规状态下来看，采购部门的工作非常轻松，所以在国内很多公司，对于采购部门的重视程度远不如销售等其他部门，总认为采购部门是一个花钱的部门，采购工作很容易，在这样的背景下，重视采购战略的企业很少。

采购的作用真的如此不重要吗？其实不然，虽然采购成本在不同行业中的比例是不同的，但总体来说，采购成本是非常高的。根据有关数据统计，降低1%的采购成本相当于增加10%销售额。而把销售额增加10%，对于一个成熟的市场来说，是很难的事情。但把采购成本降低1%，对于目前社会平均采购水平来说，是比较容易做到的。这就要求企业把采购管理提升到战略的高度，制定对应的采购战略。

拓展阅读

三星赢在战略的案例

三星在OLED上通过控制上游产业链，把控关键制程、设备和材料，打压竞争对手苹果、华为，成为OLED市场的绝对垄断者。三星的采购战略"一箭双雕"，既保护了自己，也打击了竞争对手，是供应市场采购战略部署的经典案例。

三星竞争优势的获得完全取决于三星对供应市场的充分研究和分析，对趋势的预判能力，眼光独到，料敌机先，透过关键制程，抢先买断关键设备，找到最强的公司全力扶植。

三星的主要举措有以下几点。

（1）让对手做不出来，独家供应。

（2）让对手良率低，做不好。如LG、Sharp、京东方。

（3）让对手做得慢，产出少。

（4）让对手做了也不赚钱，用倾销价压市场。

三星掌握了蒸镀机的蒸镀制程，而制程关键要素就是：高良率和高分辨率。

关键设备由Canon Tokki提供，一年只能产9台，是100米长的生产隧道，售价1.14亿美元/每台。三星率先买断机器，抢占产能布局。

不仅如此，三星还买断关键材料：膜和金属。日立金属也是独家供应。

第二节　采购战略构思

构思采购战略，需要从图2-3所示的六个方面进行。

图2-3　构思采购战略的步骤

一、业务回顾

在业务回顾和总结中,需要包括你在过去一年中采购工作所取得的成绩以及不足之处。

(1)对采购额、数量、品类、成本节约等做趋势分析、归因分析,可通过如图2-4所示的柱状图、曲线图、饼图、面积图等呈现出来,能够比较清晰地看出趋势和变化。

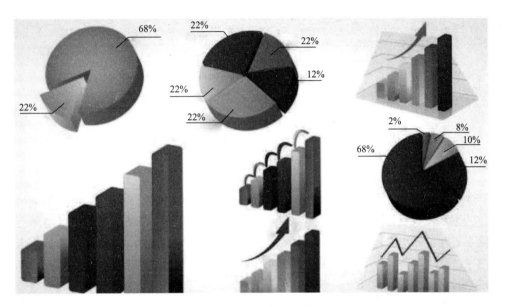

图2-4 各种呈现趋势分析的图形

(2)对质量、交付、成本、技术、工程等供应商绩效进行分析。除了在纵向上对某供应商的出货数量、金额、成本情况做出分析外,还需要将供应商在不同维度进行横向比较和分析,包括质量绩效、准时交付绩效、技术能力、工程能力、成本差异,按月或按季度,用柱图和曲线得出结论,哪个供应商绩效最佳,哪个供应商最差。

(3)罗列出过去一年所发生的重大事故,以及对公司而言是里程碑式的重大成就。

(4)对目标与计划达成的Gap(差异)进行分析。年初制定的计划与实际结果总是有差异,可能更好可能更糟。不管是好还是糟,都需要找出真正的原因,是否可以避免下次再犯,或者向公司高层做出合理解释。

二、供应市场分析

正如市场销售对目标市场进行市场和需求分析一样,采购也同样需要对上游供应市场做出详细而精准的分析。

在对供应市场进行分析时,需要对行业、现状、品类和风险进行分析,同时还要考虑到这个供应市场中的供应商、客户、竞争对手、替代者等,如图2-5所示。

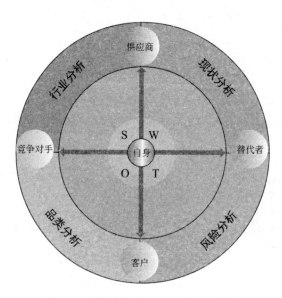

图2-5 对供应市场分析应考虑的因素

1.行业分析

作为采购,最根本的问题就是解决供应和交付问题,同时帮助企业省钱以增加企业利润;除了省钱,还得构建采购的竞争优势,不仅要解决当下的问题,还得想办法在未来打败竞争对手,通过战略采购和采购战略,通过供应链的竞争优势赢得市场。因此,企业在构思采购战略时,就要对供应市场的外部环境进行分析。通常,在分析外部宏观环境时会采取图2-6所示的PEST分析模型来进行分析。

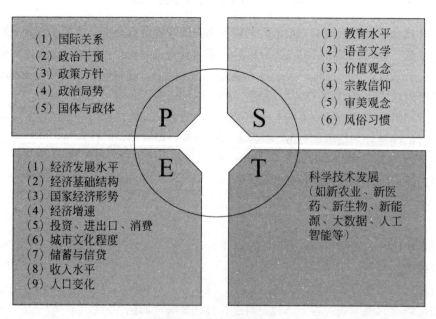

图2-6 PEST分析模型

企业通过对宏观环境的分析，可以找到哪些因素对战略目标和战略制定产生影响，从而制定出适合本企业的采购战略。

 实践之谈 ▶▶▶

在这里，我认为有以下几个重要理念需要掌握。

（1）趋势为王，"猪站在风口上也能飞"。对行业的未来发展和供应市场的预判预测会决定现在你采取什么样的采购策略，解决你现在和未来的供应问题。

（2）"知己知彼，百战不殆"。看看你的竞争对手是怎样的采购策略，他们是怎么找供应商的，找的哪些供应商。你是否可以制定相应的策略打击他、防范他。

（3）"马太效应"，赢家通吃。行业玩家很可能是行业垄断者，对市场供应有话语权和价格控制权。你需要迎合他，否则你将失去资源和供应支持。

2. 竞争分析

企业在进行市场竞争分析时，可以采取图2-7所示波特五力模型来操作。

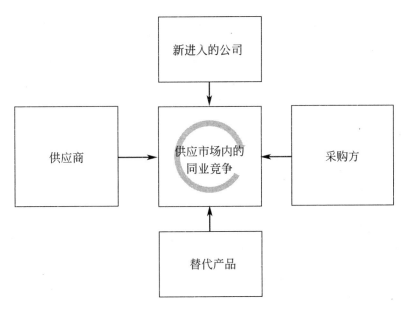

图2-7　波特五力模型

通过这五种竞争力量的分析，可以得出以下几点。

（1）哪些力量在发生作用？

（2）哪些驱动因素对这一细分市场的供应商影响最大？

（3）这一市场上的成功竞争对手具备怎样的特点？

（4）如何令供应市场动态为我所用？

3.现状分析

供应市场现状分析包括供求关系分析和供需平衡分析两个方面。

（1）供求关系分析。任何企业可能既是供应方又是需求方，不论作为供应方还是需求方，需要做表2-1所示的分析。

表2-1　供求关系分析

项目	供应方（Supplier）	需求方（Buyer）
现状	（1）厂家数量和盈利状况（是否亏损） （2）竞争状况 （3）业界总产能	（1）大客户状况，各家需求如何 （2）新客户的需求状况 （3）估算总需求量
外部因素	（1）大经济形势（发展/萧条）的客户变化、供应变化 （2）供/需方策略变更导致供应/需求变化 （3）技术因素：升级、颠覆或者淘汰 （4）被动因素：劳动力流失或其他灾害等	
未来趋势	（1）供应/需求趋势，扩产还是维持，还是减少 （2）关、停、并、转对产能影响 （3）技术走势，供需双方的变更迭代节奏是否匹配 （4）供需导致的价格趋势	

（2）供需平衡分析。企业通过供需平衡分析，需要得出以下几点。

① 是否存在总量失衡？总量失衡是属于供不应求还是供大于求？
② 是否存在结构性失衡，哪些物料供大于求，哪些物料供小于求？
③ 资源获取和需求匹配关系分析，以时间轴为基准进行判断，给出预测状况。
④ 市场供求变动因素研究。

如图2-8所示的是××企业对市场进行的供需平衡分析结果。

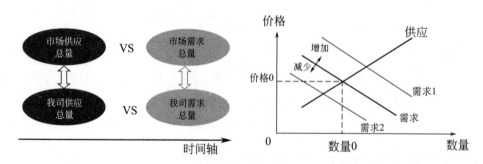

图2-8　××企业的市场供需平衡分析

4.供应商分析

对供应商的分析包括以下三个方面。

（1）市场占有率分析。如图2-9所示的是××企业对供应商的市场份额占有率分析。

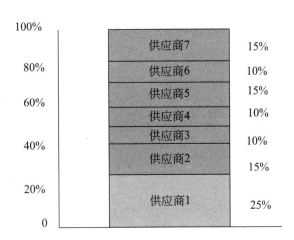

图2-9 ××企业对供应商的市场占有率分析

通过图2-9的分析,可以发现主要玩家,市场前三名或前五名,并根据份额的变化判断市场走势。

市场越集中,供应商的议价能力越强。供应商份额升降表明供应商业绩、市场策略调整,是选择主流合作伙伴的重要参考。

(2)供应商利润和合作关系分析。如图2-10所示的是××企业对供应商的利润分析。

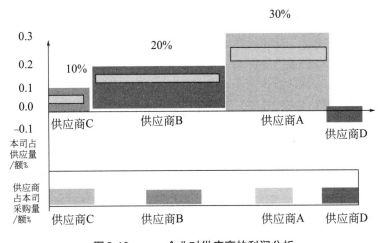

图2-10 ××企业对供应商的利润分析

通过图2-10的分析,可以识别出高利润供应商,作为谈判空间参考;同时需要留心财务业绩低于平均水平的供应商,制定风险计划,甚至避开合作。找到自己企业与这些行业领导者之间的关系,如自己企业占这些供应商的份额(数量和金额);这些供应商占自己企业供应商池里的份额(数量和金额),对未来的合作做出基本判断。

(3)现有供应商的分析。企业可按表2-2所示的方法对现有供应商进行分析。

表2-2 现有供应商分析法

项目	供应商A	供应商B	供应商C
规模			
国际化程度			
研发和工程			
市场地位			
主营产品			
价格和利润			
质量控制			
主要客户			
资源可获取性			
合作意愿			

通过对现有供应商池中供应商的优劣势分析,可以找出哪些供应商可以为我所用,哪个供应商可以建立战略联盟,哪个供应商要防范或淘汰。

如果现有供应商池是零散的、多而杂、小的低成本供应商,需要对供应商体系做出梳理,梳理出少而精的优质供应商,这样对企业来说,具有以下好处。

① 建立少数长期战略合作供应商,以增强合作关系和凝聚力。
② 集中采购,获得更多的议价权。
③ 更好更精细地管理供应商和控制质量标准。

5. 竞争对手分析

找出最直接的竞争对手,即在最终市场与你直面相争的企业,进行以下分析。
(1) 竞争对手的市场地位。竞争对手是跟你旗鼓相当,还是力量悬殊?
(2) 竞争对手的供应商选择和合作策略。可以参考使用或者避开防范。
(3) 竞争对手的采购供应(保障)策略。

专家提示

直面竞争对手,针对竞争对手的策略,制定出防范或抑制方案,牵制其资源的获取。同时,对标行业领导者的采购供应策略,采取紧密跟随策略。

6. 替代者分析

对替代者的分析应包括以下内容。
(1) 替代者的发展趋势和市场地位。
(2) 威胁因素是什么。
(3) 打压抑制或顺应的策略。

7. 品类分析

对采购产品或服务做归类分析,可以按照产品或服务的具体使用功能来分类,对于物料也可以根据器件的功能来加以区分和归类。

（1）ABC分类法。将BOM（物料清单）和对应的成本打开，成本=用量×单价。

其中，累计成本占总成本的80%的物料划分为A类；累计成本占总成本15%的物料划分为B类；累计成本占总成本5%的物料划分为C类。

> **专家提示**
>
> 字母A、B和C代表不同的分类且其重要性递减，选用这三个字母并没有特别的意义。ABC分类法常常用于优化库存管理。

（2）按交期分类。按照物料不同的长短交期进行物料分类，通常用于采购管理。

（3）按资源可获取性的难易程度分类。按独家供应（Single Source）、关键物料（Key Components）、策略器件（Strategic Parts）来进行分类，这种分类通常用于战略寻源。

8.风险分析

确定减少的成本收益权衡方案和决定采取的行动计划（包括决定不采取任何行动）的过程称为风险管理。风险管理包括风险识别、风险分析、风险应对和风险监控这四个方面的内容，如图2-11所示。

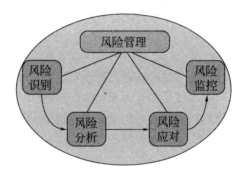

图2-11　风险管理的内容

（1）风险识别。风险管理必须识别风险。风险识别是确定何种风险可能会对企业产生影响，最重要的是量化不确定性的程度和每个风险可能造成损失的程度。

（2）风险分析。风险分析即评估已识别风险可能的后果及影响的过程。风险分析可以选择定性分析或者定量分析方法，进一步确定已识别风险对企业的影响，并依据其影响对风险进行排序，确定关键风险项，并指导风险应对计划的制定。

（3）风险应对。风险管理要着眼于风险控制，公司通常采用积极的措施来控制风险。通过降低其损失发生的概率，缩小其损失程度来达到控制目的。

（4）风险监控。风险管理要学会规避风险。在既定目标不变的情况下，改变方案的实施路径，从根本上消除特定的风险因素。

> **专家提示**
>
> 控制风险：一方面做到应急，另一方面就是预防。制定切实可行的应急方案，编制多个备选的方案，最大限度地对企业所面临的风险做好充分的准备。当风险发生后，按照预先的方案实施，可将损失控制在最低限度。另外，在平时的日常管理中，将风险预防纳入主要管理工作，经常性的检视风险项，提前解决风险，预防风险的发生。

三、企业自身分析

采购部门与其他部门合作时,可能会有不少问题。此时,采购部需要从内部各合作部门搜集到大家的诉求,辨认识别出公认的痛点问题。对此,企业可采取如图2-12所示的SWOT分析法来进行企业自身分析。

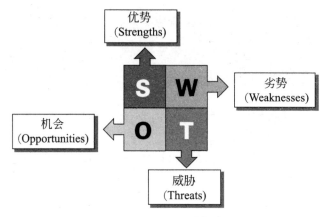

图2-12　SWOT分析法

企业通过SWOT分析法对自身进行分析的目的是要解决以下问题。
(1) 搜集内部诉求和痛点问题。
(2) 最终客户的主要需求是什么。
(3) 未来目标市场发展趋势是什么。
(4) 公司的经营目标是什么。
(5) 公司的战略机会在哪里。

通过内部的检视和详细分析,对照企业战略,确定采购和供应链如何协同实现企业战略的方法。如图2-13所示的是××企业对自身做出的SWOT分析。

图2-13　××企业自身SWOT分析

四、制定采购和供应目标

"以终为始,以始为终"。采购千万不要忘记自己的使命,一定是帮助公司实现公司的经营目标和战略目标。对照公司的中长期经营目标和对采购的要求,制定出采购和供应链管理部门的近期、中期和远期目标。包括图2-14所示的内容。

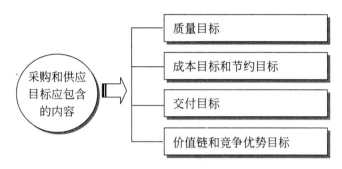

图2-14 采购和供应目标应包含的内容

1.质量目标

为保证企业采购目标达成,企业应将采购工作指标量化公开,引导采购部全体员工在日常工作中为实现采购目标而认真、负责、努力工作,提高供应商所供产品和服务质量,促进供需双方共同发展。

2.成本目标和节约目标

为配合公司的经营战略,采购部必须制定出满足公司战略和市场需求并且满足既定利润率的成本目标;同时参照历史经验,为公司制定出成本节约的目标。在销量增加、性能更佳的前提下,做到成本不呈线性增加,不增反降就是一个好的成本节约目标。

> **专家提示**
>
> 现实的采购业务工作中,成本节约涉及许多方面,企业应根据自己的能力和实际情况灵活实施、开展采购成本控制策略。

3.交付目标

实现按时交付是标准的采购目标。假如延迟交付货物或材料,或者未能按期完成工作,那么销售就会失败,生产就会停滞。确保供应商了解并完全清楚按时交付是实现按时交付至关重要的一步。

4.价值链和竞争优势目标

企业与企业的竞争,不只是某个环节的竞争,而是整个价值链的竞争,整个价值链的综合竞争力决定企业的竞争力。

对于一个生产企业来说,其价值链中包括为其提供原材料的供应商、企业自身的各个业务部门,同时也包括销售企业产品的营销网络、销售渠道以及最终购买产品的消费者。价值链中任何一个组成部分的变化都会引起企业竞争力和战略定位的变化,所以企业进行采购战略构思时,应该将价值链作为一个整体加以分析。

> **专家提示**
>
> 对于任何一个企业来说,在考虑企业的竞争战略时,不能仅仅只考虑企业自身,还应该考虑与企业密切相关的价值链,考虑产业环节以及竞争对手的情况。

五、制定采购和供应策略

对以上内外部环境和要素做出全面分析以后,你基本可以制定出你的采购供应策略了。采购供应策略实际上就是采购供应保障或供应安全策略,包括图2-15所示的内容。

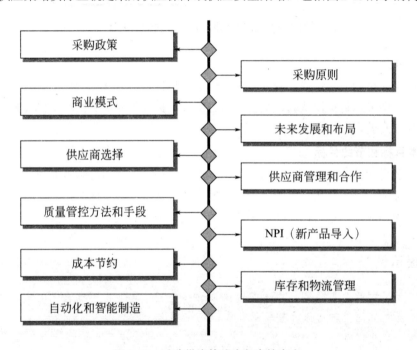

图2-15 采购供应策略应包含的内容

企业在制定采购供应策略时,可参考表2-3所示的角度来制定。

表2-3 制定采购供应策略的参考角度

序号	策略内容	制定角度
1	采购政策	将采购作为公司核心竞争力;内部资源向采购倾斜
2	采购原则	质量优先还是成本优先?阳光采购?保密?战略供应商?
3	商业模式	ODM/OEM,外包还是自制?物料用Turn Key或Consign还是Buy/Sell?
4	供应商选择	"门当户对"的匹配原则,"白富美"通常看不上"矮矬穷"

续表

序号	策略内容	制定角度
5	供应商管理和合作	可以精准对位，建立战略合作伙伴关系；驻厂全流程管理；绩效评估和管理
6	NPI导入	什么时候与工厂合作？怎么合作？各做哪些工作？
7	成本节约	建立成本模型，供应商如何报价？
8	自动化和智能制造	减少对人力的依赖

六、监督策略执行和落实

策略制定完成后，不能停留在"纸上谈兵"和"空中楼阁"，还需要将策略转化成行动方案，指定责任人和完成期限。

（1）如果涉及跨部门的，需要合作支持部门的负责人监督执行和落实。

（2）如果涉及团队能力，你还得帮助制定出能力提升计划，以确保策略的执行能够得到有效保障和执行。

（3）对于不能落地或有困难的策略执行方案，还需要提供赋能方案，研究并制定对团队的能力提升计划，或外聘，或培训，提供方法论的指引。

拓展阅读

全球半导体产业链的发展和竞争策略

半导体是工业整机设备的核心，普遍应用于计算机、消费类电子、网络通信、汽车电子等核心领域。半导体主要由四个部分组成：集成电路、光电器件、分立器件、传感器，其中集成电路占到80%以上，因此人们通常将半导体等同于集成电路。

目前半导体产业链的国际分工格局大致如下图所示。

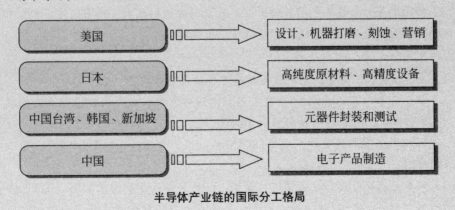

半导体产业链的国际分工格局

综上可以看出，高精尖的核心技术仍把持在美国、日本、韩国手上，中国尚驻足在门槛低、附加值低的整机组装阶段。

随着制造业的发展和市场的变化，半导体产业链在全世界范围内不断发生产业转移，具体如下图所示。

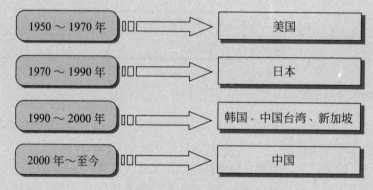

半导体产业链的产业转移

这种变迁可以说是半导体行业发展驱动力的变化。我们不难看出：1970～2000年，是以PC个人电脑为代表的计算机信息设备；2000～2020年，是以手机为代表的智能终端；2020年以后，很可能是物联网、VR/AR、大数据、自动驾驶。

随着中国的崛起，中国市场的迅猛成长和发展，原先的利益既得体国家都在采取不同的策略发展自己，防范或遏制中国。

1. 美国策略

短期政策上遏制中国，长期产业技术上创新突破。

（1）抑制中国半导体行业的创新，维持美国军方优势，拥有竞争对手不具备的半导体技术。

（2）改善商业环境，以创新的竞争优势跑得更快，聚焦在先进制程；美国政府帮助美资企业对抗中国企业，执行有利于美方的贸易协定和裁决。

（3）推动半导体的技术创新转移，如发展最新的传感技术、绝密通信技术，开发高性能架构，发展量子计算，解决化学与材料学的难题。

2. 日本策略

在产业链上前移，延伸至材料，承续半导体的昔日辉煌。

（1）由于日本没有抓住以PC为代表的信息设备发展机遇，在DRAM方面的技术优势逐渐丧失，成本优势被韩国和中国台湾取代。

（2）1998年韩国取代日本，成为DRAM第一生产大国，全球DRAM产业中心从日本转移到韩国。

（3）日本企业在行业细分领域保持垄断，如半导体设备制造的TEL、日立；半导体硅片材料的信越、JSR、Sumco等。目前，日本在半导体材料上占据了全球66%以上的市场份额，技术也远超其他企业，因而拥有行业定价权。

3. 韩国策略

（1）Samsung、Hynix 不断升级自己的制程工艺和设备，增强产能，减少生产成本，提升产品性能。

（2）拥有价格控制权，不断降价，打压日系供应商，逼迫日系厂商退出 DRAM 市场。

由于 DRAM 被 Samsung、Hynix、Micron 等寡头垄断，在移动 DRAM 市场，Samsung、Hynix 占据了 80% 以上的市场份额。

Nand Flash，由韩国、美国、日本的 Samsung、Sandisk、东芝 Toshiba、美光 Micron 各分天下。

4. 中国台湾策略

台积电是全世界最大的晶圆代工厂之一，还有其他在封测产业的联电、矽品和日月光等，无一不是行业内名列前茅的代表。

5. 中国策略

中国的消费电子制造商目前尚处于制造和组装的低附加值的产业链位置，为了维持生存，只能扩充产能维持获利。一旦市场萎缩，产品价格下降，销售不再增长，马上面临经营危机。所以，电子制造企业，必须加快技术升级和商业模式转型，才能在全球产业链分工的微笑曲线上占据有利位置。

此外全球芯片 Top20 的供应商占有了全球 83% 的产能，且不断整合重组形成寡头垄断局面，从而提升了行业定价权。一旦发生水灾、火灾、地震等自然灾害，寡头供应商就会借机涨价。

由于人民币贬值、半导体产业链技术不断升级，CPU、内存、屏幕、CMOS sensor 等电子元器件常常会进入缺货周期。中国制造厂商会陷入非常被动的局面，被上游供应商卡住脖子，或花高价买或得不到供应。

面对关键物料的涨价，不论是苹果还是三星，都有自己的应对策略，使自己在市场上立于不败之地。如苹果会采用新技术同步上涨产品的零售价，抵消成本的提高；而三星自销自用，占有绝对的优势领先市场。

中国是芯片需求大国，有全球最大的电子产品制造工厂群和大众消费市场，集成电路需求占全球的 1/3，但产值不到全球 7%。

让我们看一下最新的 2017 年中国集成电路的进出口数据。

进口 2601 亿美元，同比增长 14.6%；出口 669 亿美元，同比增长 9.8%；贸易逆差 1932 亿美元，出口额占进口额的 25.7%，四分之三依赖于进口。由此可以看出，集成电路成为制约中国未来发展和战略安全最重要的生产物资。

对此，中国必须降低半导体芯片等战略物资的对外依存度。

（1）国家意志，即国家战略。制定从 2015—2020—2030 三步走的目标，构建芯片—软件—整机—系统—信息服务生态链，实现十年内 70% 自主供应，且 IC 产业链主要环节达到国际领先水平的目标。

（2）成立产业基金。2014年9月国家集成电路产业投资基金由15家机构成立，基金总规模近1400亿元，扶持重点企业和重点项目。

（3）通过资金投入、设备投入，加大技术研发力度，用创新的制度吸纳国际领军人才。

（4）对产业链进行全球布局。

（5）依托市场优势，培养一大批优势企业进入国际第一梯队，扶持中芯国际、紫光集团、华为、小米等优秀民族企业，缩短中国制造工艺和国际先进水平的差距，最终实现超越。

第三章
供应链之供应商管理

情景导入

今天我给大家分享的是——供应商的选择、认证和管理。

通过多年管理苹果供应商的实践，我得出的经验就是——苹果与供应商的关系好比老师和学生，当然也有所谓的潜规则。

学习能力强，学习态度好的学生，老师自然会重点培养。很多公司就是这样被苹果在三年内带入上市公司的行列的。

学习能力强，态度不好，苹果有时也拿他们没办法，大家是一条船上的，只好配合他，并伺机换掉他。

学习能力差但态度好、听话，愿意接受改造，苹果也会尽力培养。但要付出很大代价和时间，这也常常会惹得整个项目团队的抱怨。时间长了，如果是扶不起的阿斗，苹果也会换掉他。

今天，采购与供应商管理是密不可分的。作为一个专业的采购，你必须具备选择好、管理好、驾驭好你的供应商的能力。

好的采购人员，找供应商就好比我们每一个人找适合自己的长期生活伴侣，需要多维度考察，从价值观、经营理念、运营能力、技术壁垒、市场优势、资本实力等多方面进行。而苹果作为业界领先的企业，他寻找的供应商一般是业界前三名，在中国一般选择的以上市公司为主，毕竟中国证监会已经将大量企业做了初步筛选。在北美、欧洲、日本、韩国、中国台湾，基本也是选择行业知名企业，或者在某个领域有独特技术和优势的企业。毕竟一个优秀的骑手在一匹健壮有力的好马身上更能发挥自己的能力和优势。

对供应商的认证，除了正常的品质系统、环境认证外，还有非常严格的信息安全和社会责任的认证和稽核。

至于选择和管理好供应商，又好比组织人事部门的用人策略，需要"知人善任"。不同的供应商有不同的能力和优劣势，需要在供应商中间形成互补和竞争关系。这也是很大的一门学问。苹果会对供应商进行大量背景和实战调研，并邀请各相关部门综合评价评级，在新产品开发阶段一般会选择三到四个，最终会淘汰为两个，尽量避免独家供应商，以构成充分竞争关系，降低供应风险。

接下来逐一讲解。

第一节 潜在供应商选择

当今社会，企业之间的竞争逐渐转化为企业供应链之间的竞争。而供应商是整个供应链的"龙头"，供应商在交货、产品质量、提前准备周期、库存水平、产品设计等方面都影响着下游制造商的成功与否。因此,供应商的选择就显得尤为重要。

一、选择供应商前的布局规划

企业为了长远的发展或在供应链上更有保障,往往会对供应商的地理位置布局、各行业供应商的数量、各供应商在其本行业中的大小、供应商性质等内容做一份详细的规划,以便于采购工作更有方向和目标。具体的规划内容如图3-1所示。

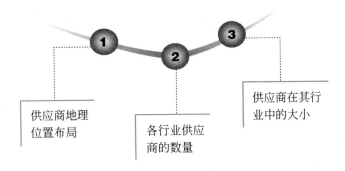

图3-1 供应商选择之前布局规划的内容

1. 供应商地理位置布局

供应商地理位置布局是指企业与供应商在地理上的分布状态。一般来说,供应商的生产基地最好在企业的附近;若较远,一般可以与供应商协商沟通,让其在企业附近设一个仓库。

2. 各行业供应商的数量

各行业供应商的数量是指在具体的各种材料中,其供应商的数量需要多少个,如一般用得较多的材料,为了可以形成良性的竞争机制,一般要选择三个以上的供应商。在做规划时一般要对本企业的材料进行分析,对每一类材料在一定时期内选定几个主要的供应商,其他供应商也要下一些订单,以用来维持关系,同时还可以备急用。

3. 供应商在其行业中的大小

在选定供应商的规模时,一般也讲究"门当户对",即大企业的供应商最好也是相对大型企业,至少也不能小于中型企业;而中型企业的供应商一般都为中小企业,如选择相对大型的企业,则不利于企业对供应商的方针与策略的实施,但也不宜选择"家庭作坊"式的企业,这样难以保证品质。

二、潜在供应商资料的收集

1. 资料收集的途径

由企业采购部门收集所需产品的供应商名单及其产量、质量、价格等有关历史背景材料。寻找供应商,可由表3-1所示的途径来进行。

表 3-1 资料收集的途径

序号	收集途径	具体说明
1	利用现有资料	在管理上比较正规的企业里，常常建立合格供应商的档案或名册。因此企业不必舍近求远，应该从现有的供应商中甄选，分析或了解他们是否符合要求
2	公开征求方式	这种方式政府采购用得比较多，企业通常比较少用此种方式，因为这是被动地寻找供应商。换言之，若最适合的供应商不主动来投标，也就失去公开征求的目的
3	通过同业介绍	所谓"同行是冤家"，是指业务人员之间因为彼此间竞争客户，尔虞我诈。反之，同行的采购人员之间倒是"亲家"，因为彼此可以联合采购或互通有无。采购人员若能广结善缘，同业必乐于提供供应商的参与名单，因为"于己无害，于人有利"，何乐而不为
4	阅读专业刊物	企业可从各种专业性的杂志或报章获悉许多产品供应商信息，也可以从"采购指南""工商名录""工商黄页"、电话分类广告等，获得供应商的基本资料
5	工会或采购专业顾问公司	企业可以商请拟购产品的同业工会提供其会员厂商名录，此外也可询问采购专业顾问公司，了解特别是来源稀少或取得不易的物品，例如精密的零件或管制性物品
6	参加产品展示会	企业应参加有关行业的产品展示会，派人收集适合的供应商资料，或者当面洽谈

在全球化的市场环境下，供应商的寻源寻找不应局限于本地或本国，应该利用外地或国外的资料来源。

2.资料收集的内容

选择供应商，应着重收集以下方面的资料。

（1）管理能力。对于管理能力，主要了解表 3-2 所示的几个方面。

表 3-2 了解管理能力的几个问题

序号	应了解的问题	具体说明
1	供应商的管理者如何？工作是否有效？对企业的合作是否感兴趣？	要了解一个供应商可以通过给他们寄询问表，征求他们的意见，同时，限他们在规定的时间段内回复。那些对企业的提议感兴趣的供应商就会在短期内给企业答复函，同时还会有高级经理的亲笔签名。而那些对企业不感兴趣的供应商会拖得很晚才给企业一个答复，而且随便签上一个助手的名字便打发了事
2	供应商的组织结构如何？是否存在一个质量管理实体？质量经理对谁负责、向谁汇报工作？注意，质量经理以前是不是生产部经理？质管人员会像保护他们自己公司那样维护客户的利益吗？	如果能到供应商的公司参观一下，那一定要留意管理者的办公环境。如果文件在桌子上和椅子上堆得高，如果办公室总是不断地有喧闹和混乱的场面，可以肯定，你的合同也会遭受到相同的命运

续表

序号	应了解的问题	具体说明
3	管理者的经验如何？他们在签错文件的时候是不是很慌乱？或者他们能够直截了当地面对问题并很好地解决它们吗？	这需要花上一段时间和他们相处，否则将很难直接作出判断
4	管理人员的态度如何？他们是否相信犯错误是不可避免的？他们能向客户证明"没有一家店可以保持一尘不染"吗？或者他们是否能证明自己的大脑中有"缺陷预防"的理念？他们是否赞同零缺陷的工作哲学？	如果供应商的管理人员是积极的，认为履行合同应以一定数量的花费为限，应照原定进度进行，同时仍然能够生产出符合要求的产品，那么这个供应商是可以考虑的

（2）对合同的理解能力。只有一种方法能保证签订合同的双方都能对合同有恰当的理解：双方同时坐下来逐字逐句地研究，每一项规格要求、每一类装运要求、每一种单据要求都应该进行讨论，这样才能达成双方真正意义上的意见一致。

买卖双方必须建立一种适宜的沟通渠道，一切相关事宜最好都以书面形式表达出来。因为双方的人员都会有所变化和流动，所以书面文件更显得重要。

（3）设备能力。在为企业生产产品时，供应商将会使用什么设备？机器或工艺程序是否已具备？它们会不会同时短缺？这一切考察者都有权知道。

（4）过程能力。许多企业都已经制定并验证了文件化的过程，核心的问题是必须掌握过程策划能力。

过程策划应该包含一些小的事件，应该具有能够解决许多小问题的秘诀，这些小问题虽然单独看来似乎无足轻重，合在一起却往往决定计划的精确度。

专家提示

采购方要确认供应商对每一个过程在付诸使用以前，证明它是否能够让质管部门满意；是否有持续的评审流程，以确保该过程不经过相似的证明不得有所改变。

（5）产品衡量和控制能力。在供应商的工厂中，产品不符合要求的程度是什么样的？是否知道问题出在哪里？是否能预测下一批产品的情况？

错误的代价是金钱。返工和报废最终将由企业承担，所以唯一的答案在于"缺陷预防"。即使有时候不能预防一个缺陷的首次出现，但仍可以确切地预防它的再次发生。

一家等到产品已经下线才去衡量其符合标准的程度或表现的工厂，并不是管理有道的工厂。当然，起码应该有一个记录检验和测试机构用来发现不符合项，通过针对生产缺陷来消除问题和错误，工厂便可以用较小的成本生产出符合标准的产品，而且，这种随时记录的方法也便于不断地检查。

（6）员工技术能力。技术工人，就是能通过某种方式证明自己具有干某项工作能力的人。确定企业的供应商是否有合格技术工人的最好方法，是要求他指定一些代表人物，然后与这些人进行谈话并检查他们的工作,观察他们怎样操作工具,以及怎样对待工作环境的。这将使你对他们在车间工作的能力有一个大体的了解。

（7）采取纠正措施的能力。直接面对供应商,询问他们发现一些事情做错时如何处理的方法。他们如何能使这类事件不再发生?他们是否真正在意这些事件?

（8）以往绩效的记录能力。企业以前和他们做过生意吗?他们的经营状况如何?造成不良绩效的原因是什么?再回过头去,检查曾经引发问题的地方,看是否已经采取了改正措施。

如果采购方按上面这几个步骤对一些备选供应商进行评估,将很快在头脑中形成对他们能力的评价。

此外,考察供应商需要投入人力,因此,就会增加产品成本。不过,如有图3-2所示情况的企业可不必对供应商进行多次考察,可以简化流程,直接录取。

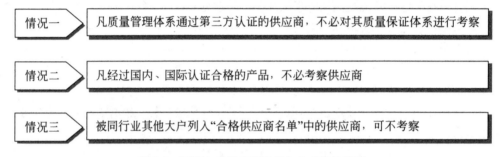

图3-2　可不必对供应商进行多次考察的情况

三、真正了解供应商

1.研究供应商提供的资料

每一家供应商都想尽快把自己推销出去。作为企业宣传策略的一种,供应商会印制一些宣传资料,通常都是一些精美的图表画册。为了获得更多的订单,供应商会把介绍自己的资料提供给有采购意向的企业。这样,企业就会拥有大量的相关资料。企业应指派相应人员仔细研究各个供应商提供的宣传材料,大致确定可以进一步接触的供应商。

2.向有意向的供应商发放调查问卷

调查问卷是一种应用范围很广又很有效的调查工具,只是应用起来比较烦琐,需要耗费大量的人力、物力和时间。企业可根据本身所处行业物品供销情况,设计出详细的调查问卷,发放给有意向的供应商,并根据调查问卷的回复来确定被调查的供应商的实力如何。但是,如果只向供应商发放调查问卷,则所获得的信息不能确保其真实性。有些供应商为了凸现自己或是为了获得订单,并不如实回答问卷,从而使获得的信息失真。在这种情况下,就要将这种方法与其他方法结合起来使用,或者向与供应商有接触的其他合作企业发放问卷请求合作,如表3-3、表3-4所示。

表3-3 供应商调查表

致：	发出：	调查编号：	表格编号：
公司名称：		调查人员及职位：	
地址：		邮编：	
电话：		传真：	
创立时间：		厂房面积：	
总人数：		管理人员数：	
技术人员数：		品管人员数：	
主要客户：			
生产能力：			
计量或仪器较正情况：			
新产品开发能力： □能自动设计开发　　　□只能开发简单产品　　　□没有自行开发能力			
品质系统已建立如下条件： □品质手册、程序书　　□指导书　　□检验标准　　□工程图纸			
采用并已认证的国际安全标准：			
采用的工艺标准：			
员工培训情况：　　　□经常正规地进行　　　　□不经常开展培训			
交货品质出现异常时联系人：　　　　　品质最高管理负责人：			
公司其他优点：			
可以提供的文件： 　　　□ISO认证书　　□安规证书　　□品质手册 　　　□程序书　　　　□指导书　　　□检验标准 　　　□组织架构图　　□检验设备汇总　□检验指导书			
调查方式： 　　　□现场检验　　□电话查询　　□邮件查询回复			
公司负责人签名：　　评估结果：□合格　　□不合格　　填写人签名： 日期：　　　　　　　PU签名：　　　　　　　　　　　　日期：			

表3-4 供货商调查评估表

| □初评 | □复评 | | 编号： |

| 供货商名称： | | 评估日期： | |

电话		电邮	
地址			
负责人			

| 营业/生产项目 |

调查项目	调查内容	劣 1~3分	可 4~6分	佳 7~10分	评分
设备	设备是否自动化、合理化				
	是否建立保养设备制度				
产能	能否配合公司需求的潜在能力				
	每日产量如何，生产管理是否适当				
交期	达标率是否符合要求				
	对公司急货要求的达标率是否符合				
协调性	对公司质量要求及品管程序指导是否接受				
	对公司质量异常反馈是否接受				
质量系统性	是否有进料、制程、成品检验				
	是否有仪器检校制度及文件管制（测量系统分析）				

总评：□ 合格
　　　□ 不合格
　　　□ 试行交货三个月及辅导改善三个月再复评

评审小组： 　资材： 　品管： 　品管审核： 　工程核定： 　工程：

3. 实地考察供应商

为了更好地了解供应商的情况，如果有可能的话，企业应该实地考察一下供应商。这种做法的主要目的有两个，如图3-3所示。

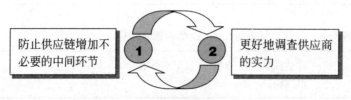

图3-3 实地考察供应商的目的

4. 向其他相关人员了解

企业还可以充分利用拥有的人力资源向曾经供职于供应商但现在已经离开的员工进行了解，向他们了解供应商的实际情况。这种方法所获得的信息甚至比实地考察更有价值，但是该方法的使用要避免触犯法律，避免被人起诉进行不正当竞争。

四、对供应商进行分析

对供应商分析是指选择供应商时对许多共同的因素，如价格、品质、供应商信誉、过去与该供应商的交往经验、售后服务等进行考察和评估的整个过程。

1. 分析供应商应考虑的因素

对供应商进行分析时，考虑的主要因素如表3-5所示。

表3-5　对供应商进行分析时考虑的主要因素

序号	因素	具体说明
1	价格	连同供应商提供的各种折扣一起考虑，它是最为显而易见的因素，但也并不是最重要的
2	品质	企业可能愿意为较高品质付较多的钱
3	服务	选择供应商时，特殊服务有时显得非常重要，甚至发挥着关键作用
4	位置	供应商所处位置对送货时间、运输成本、紧急订货以及加急服务的回应时间等都有影响。当地购买有助于发展地区经济，形成社区信誉
5	供应商存货政策	如果供应商随时保有备件存货，将有助于设备突发故障的解决
6	柔性	供应商是否愿意及能够回应需求改变，接受设计改变等也是需要重点考虑的因素

2. 对供应商进行比较

对纳入考察的供应商进行比较，比较的内容包括：单价、交期、付款方式、工艺水平、品质保证能力、服务质量、财务状况、技术水平等，可以运用表3-6所示的格式。

表3-6　供应商考察表

材料名称：_____　　规格：_____　　单位：_____　　日期：

项目＼供应商			
单价			
交期			
发货地点			
付款方式			
包装方式			
不良品处理			

续表

供应商项目			
品质保证能力			
工艺水平			
服务质量			
财务状况			
技术水平			
总评	□ 采用 □ 列入考虑 □ 不予采用	□ 采用 □ 列入考虑 □ 不予采用	□ 采用 □ 列入考虑 □ 不予采用
备注			

编制：　　　　　审核：　　　　　批准：

五、供应商评审

企业需要组织相关人员对供应商进行评审。

1. 成立评审小组

供应商的评审，第一步应该是成立评审小组，对合格供应商的各项资格或条件进行评审。小组的成员可包括采购部门、工程部门、生产部门、品质保证部门、财务部门及公共关系部门等。必要时还可以成立供应商评审委员会。

2. 决定评审的项目

由于供应商之间的条件可能互有雷同，因此，必须有客观的评分项目，作为选拔合格供应商的依据。评审项目如表3-7所示。

表3-7　采购评审项目

序号	评审项目	具体内容
1	一般经营状况	(1) 企业成立的历史 (2) 负责人的资历 (3) 登记资本额 (4) 员工人数 (5) 完工记录及实绩 (6) 主要客户 (7) 财务状况 (8) 营业证照
2	供应能力	(1) 生产设备是否新颖 (2) 生产能量是否已充分利用 (3) 厂房空间是否足够 (4) 工厂地点是否与买方邻近

续表

序号	评审项目	具体内容
3	技术能力	(1) 技术是自行开发或依赖外界 (2) 有无国际知名机构技术合作 (3) 现有产品或试制样品的技术评估 (4) 技术人员人数及受教育程度
4	管理制度的绩效	(1) 生产作业是否顺畅合理,产出效率如何 (2) 物料管制流程是否已电脑化,生产计划是否经常改变 (3) 采购制度是否能确实掌握物料来源及进度 (4) 会计制度是否对成本计算提供良好的基础
5	品质能力	(1) 品质管制制度的推行是否落实,是否可靠 (2) 有无品质管制手册 (3) 是否定有品质保证的作业方案 (4) 有无政府机构的评鉴等级

3. 设定评审项目的权数

针对每个评审项目,权衡彼此的重要性,分别给予不同的权数。不过,无论评审项目多少,各项目权数的总和必定是100%。

每个评审项目的权数,在评选小组各组员之间,必须按其专业程度加以分配。比如以技术能力而言,生产人员所占的该项权数的分配比率,应该比其他组员为高。

评选小组决定了供应商的评审项目及权数后,可将供应商调查问卷送交相关供应商填写,然后进行访谈或实地调查,并定期召集评选会议,按照供应商资格评分表进行评定的工作。

4. 合格供应商的分类分级

合格供应商分类是按各供应商的专业程度予以归类,分级是将各类的合格供应商按其能力划分等级。分类的目的是避免供应商包办各种采购物件,预防外行人做内行事;分级的目的是防止供应商大小通吃,便于配合采购的需求,选择适当的供应商。

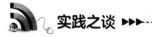
实践之谈 ▶▶▶

通常,企业最不欢迎"什么都能交(物料),什么都做(工程及维修)"的供应商。因为他们通常都不是专业供应商,只是到处承揽业务的"掮客",对物料的性质或施工技术并不十分熟悉,且多在拿到订单后,才寻找来源。一旦交货有问题或品质出错,经常缺乏能力解决,且极力逃避责任。也就是说,在高度分工专业化的时代,每一个供应商应有其"定位"——最专精的产品或服务,因此,供应商的分类及分级,可以避免"鱼目混珠",以达到寻求最适当供应源的目的。

华为是如何审核供应商的

1. 供应商审核的步骤

考察供应商,首先要明确审核的目的:是为了引进新供应商还是为了督促某个环节的改善。

供应商审核主要包含以下几件事。

(1)明确所考核的产品。是材料还是设备或者兼有,不同的产品有不同的考核方式,考核关键点也不一样。

(2)提前了解产品的制程(生产工艺),找出关键质控点。

(3)了解公司对于所考核产品的标准(采购、质量、体系等所有涉及考核的标准)。

(4)提前准备审核的相关表格。

(5)到现场之后,按照考核标准进行审核,比如:生产能力,生产工艺,客户群体,资金周转情况,供应体系是怎么样的,出现问题的响应时间,影响产品交期的关键材料等。

(6)拍照记录,便于回公司整理汇报和存档。

(7)填写评估表单,确定对于供应商的进一步管理方法。

(8)供应商审核资料整理、归档。

2. 供应商审核有哪些表单?

表单各个公司名称不同,但主要内容相差不大,主要有《供应商基本信息调查表》《供应商审核表》和《供应商评估表》。

(1)《供应商基本信息调查表》所涵盖的信息主要包括:供应商的名称、地址、法人名称、法人联系方式、不同模块业务对接人(质量、销售、技术、物流)、业务对接人联系方式、生产能力简介、可供应产品简介、主要客户以及生产所使用的主要设备和产能。分清供应商不同部门决策人很重要,主要便于后续不同环节出现问题,可以掌握解决问题的主动权——直接找到决策人解决,当然前提是直接联系人解决不了的情况下。

(2)《供应商审核表》一般是以公司内部对供应商的评判标准为基础,汇集采购、质量、体系以及相关涉及考核标准的部门的考核要点而成。实地考察时,根据实际情况进行评分填写或者描述,并考核供应商对人、机、料、信息的管理办法,比如生产设备的操作手册,生产工艺流程卡,操作规程制度,岗位培训文件,产品或者公司获得的证书查看,物料供应渠道的了解和文件管理体系的抽查等。

(3)实地考察结束之后,对于供应商的考核需要做一个评估,确定供应商是否有资格进入供应体系。这时候需要用的表单是《供应商评估表》或《新供应商引进评估表》,此表单是需要由参与供应商审核的人员共同填写,并对供应商是否符合公司标准给出评估意见。供应商管理专职人员最终汇集多方意见确定是否可以引进此供应商。

3.供应商现场考察中需要评价的因素

需要评价的因素包括如下几项。

（1）设备。需要考察的项目包括设备的使用期、现状、整洁性和布局、在生产的原料数量、设备能力、当前的作业水平。

（2）设备管理能力。设备管理能力是企业管理能力的一种重要体现。比较设备管理能力的最好方法是观察两个供应商生产同一个产品时的情况，设备管理能力会影响质量和效率。有时候，非常好的企业也会由于业务的突然变化或者紧急订单而变得管理混乱。

（3）技术能力。供应商的研究和发展潜能如何？能对客户服务水平提供哪些有力的支持？工程能力如何？

（4）业务流程和物流。高效的业务流程和物流是保持供应商竞争力的必要元素。业务流程和物流效率低下时，通过及时改进可以帮助双方降低成本并且可以使供应商更具竞争力。

（5）员工士气。员工的工作感受是什么？他们对管理的理解是什么？因为员工士气最容易受到高层管理者的影响，在任何企业中总是存在"不满"的员工，不过在一个真正好的企业中，员工会感觉他们被公正地对待和组织对他们的关怀。员工的士气会对质量、及时交货和效率等作业产生很大的影响，士气还表现在员工是否愿意花费额外的精力来取悦客户。采购方必须知道供应商大的管理变动及其对员工的影响。

（6）流程控制。供应商的系统采用什么方式来计划和控制流程？系统是否能快速确定订单的位置和状态？用什么标准来确定订单的优先级？如何保障存货和订单的准确性？有多少能力可用于处理目前的订单？比如，目前的生产能力利用率是否能保证订单及时满足需求？

（7）质量控制。供应商是否有质量功能？如何进行质量报告？流程控制系统是否恰当？谁来维护该系统？在整个流程中，企业是否定期地使用统计流程控制工具？

（8）采购。供应商是如何组织采购过程的？人员数量是否足够？与当前的供应商的关系如何？供应商在采购方这里的信用排名是多少？

（9）供应商承诺。供应商对采购方的交易是否感兴趣？高层管理者关注的交易作业有哪些？高层管理者对质量和客户服务的投入是多少？

（10）技术。供应商的处理技术有多新？信息技术是如何使用的？供应商是否具有电子商务处理能力？用于产品/服务改进和设计的技术水平如何？供应商是否拥有技术研发计划？

一般实际现场审核时候，都是由采购、质量、研发、供应链管理等相关部门的人一起参与。采购人员除了关注自己模块内的问题，还应倾听其他部门的提问以及提问的理由和对应的答案。了解提问的理由，是最快的学习方法。

第二节 合适供应商的认证

正确考察评估、认证选择供应商是供应商管理的关键环节,供应商的优秀与否在很大程度上决定了采购的成功与否,选择合格供应商,不但可以很好降低企业的成本,而且还会提高企业的业绩。

一、样品试制认证

样品试制认证是供应商认证中必不可少的一个步骤。其主要内容有签订试制合同、向初选供应商提供认证项目试制资料、供应商准备样品、对过程进行协调监控、调整技术方案、供应商提供样品、样品评估、确定项目样品供应商和落实样品供应商等几个步骤,如图3-4所示。

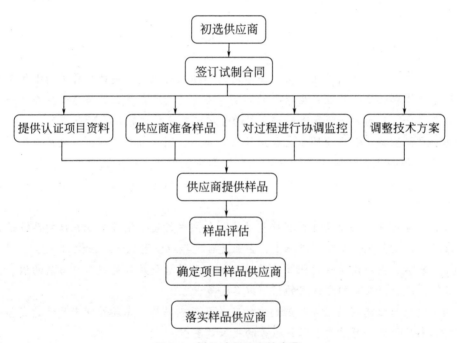

图3-4 样品试制认证的步骤

1. 签订试制合同

与初选供应商签订试制合同,目的是使初选供应商在规定的时间内提供符合要求的样品。合同中应包括保密内容,即供应商应该无条件地遵守企业的保密规定。试制认证的目的是验证系统设计方案的可行性,同时达成在企业与供应商之间的技术折中方案。

2. 向初选供应商提供认证项目试制资料

签订试制合同后,企业将向供应商提供更为详尽的资料,并发出如表3-8所示的"样品试制通知书"。在此期间内,所提供的资料可能会包括企业的一些机密材料,其内容的泄露可能会给企业带来不可估量的损失。因此,这一过程中保密条款的规定是非常重要的,决不能忽视。

表3-8 主副材料及成品的样品试制通知书

编号:

名称			☐主材 ☐副材 ☐成品	
供应商			料号	
希望完成日期			确认日期	
应用产品			试验负责人	
资料	(1)成分表: (2)型号目录:		(3)评分: (4)抽样:	
说明:				
本表流程	工程部		试验部门	
	经办	主管	经理	经办	主管	☐试验报告 ☐经理 ☐发行

3.供应商准备样品

供应商获得试制资料以后就开始着手进行样品试制的准备工作。样品试制的准备并不是一项简单的工作,对于那些要求较高或者根本就是全新产品的样品试制的准备往往需要几个月甚至一年的时间,而对于那些只是稍作改动的产品,其样品试制的准备则需要的时间较少。一般来说,同样情况下,电子元器件、机械零件的准备周期相对较短,而组合设备的准备周期相对较长。

4.对过程进行协调监控

对过程进行协调监控,这一要求一般是对于那些准备周期比较长的认证项目来说的。对于这些认证周期比较长的认证项目,应该对其过程进行监控、协调,以便在遇到突发事件时能够及时提出解决对策。

5.调整技术方案

在有些情况下,企业与供应商之间可能会进行技术方案的调整。因为随着环境的变化或是知识的增加,设计人员的设计方案与加工过程出现要调整的地方,这也是很正常的现象。有时技术方案是由采购方提出的,有时则是由供应商提出的。当后一种情况发生时,不能因为技术方案进行调整而怀疑供应商的能力。技术方案的调整是不可避免的,只有经过多次调整后的技术方案才能更加完善。

6.供应商提供样品

供应商把样品试制出来之后,应把样品送交给认证部门进行认证。体积比较小的样品随身携带即可,体积巨大的样品则可通过其他方式进行查看。

7.样品评估

样品送到认证部门之后要进行的工作就是样品评估。一般需要参加评估的人员包括：设计人员、工艺人员、品管人员、采购人员、计划人员等，其工作内容是对样品进行综合评估。评估内容包括样品的性能、质量、外观等，评估的基准是样品检验报告、原物料（样品）试验报告等。最后对样品是否确认要以书面的形式确定下来，在一些企业有样板确认书、样品承认书等叫法。

8.确定项目样品供应商

经过以上各项工作的流程，就可以由集体决策，确定样品供应商并报上级主管批准。

（1）对于那些技术要求简单，能够轻易完成样品的产品来说，为了保证供应商之间的竞争，同时也为了保证所采购产品的质量，一般要选择三家以上的样品供应商。

（2）对于那些复杂的采购项目，由于样品试制成本太高，因此一般只选择一家供应商。

二、中试认证

经过试制认证之后，接着进行的就是采购认证的下一个步骤，即中试认证。中试认证一般包括图3-5所示的八个方面的内容。

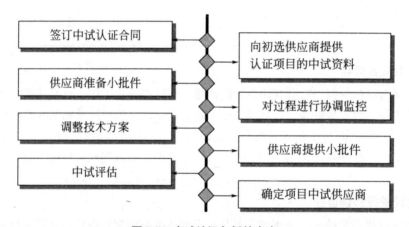

图3-5 中试认证包括的内容

1.签订中试认证合同

样品试制过程结束以后，需要与供应商签订中试合同，让供应商在规定的时间内提供符合中试要求的小批件。中试认证的目的就是使得系统设计方案具有批量生产的可能性，同时寻求成本与质量的折中方案。

2.向初选供应商提供认证项目的中试资料

同前一过程一样，签订中试合同以后就需要向供应商提供项目中试资料。项目中试资料是经过试制以后修改了的试制项目技术资料，如经过修改的机械图纸、电子元器件参数、软件方案等。

3.供应商准备小批件

准备小批件需要一个周期。一般来说，小批件的生产周期要比样品周期短。因为供应商经过试制过程之后，在技术、生产工艺、设备、原材料等方面都有一些积累和经验。但是在有些情况下（如目前技术条件还不具备批量生产），小批件的准备周期要比样品准备周期更长，企业所承担的风险也就更大。

4. 对过程进行协调监控

在中试过程中，采购方对过程仍需进行跟踪和协调监控，可以和供应商一起研究如何提高质量并且降低成本的方法，使批量生产具有可行性并最大限度地带来收益。有时，采购企业的技术人员也要加入到跟踪协调的队伍中来。

5. 调整技术方案

中试技术方案一般不会马上就达到最佳状况，需要经过多次的实验和对比才能确定性价比最优的方案，如元器件的性价比、加工装配调试的性价比等。

6. 供应商提供小批件

供应商把试制的小批件送交到生产或者是认证部门。有时小批件需要送到生产组装现场，有时则需上门验证。

7. 中试评估

对小批件进行综合评估，其评估的内容包括质量、成本、供应情况等。进行中试评估时，还应协调其他部门共同制定认证项目的中试评估标准。参加评估的人员包括：设计人员、工艺人员、采购人员和计划人员等。

8. 确定项目中试供应商

中试认证的最后一步是确定物品项目的中试供应商。中试认证的要求比样品试制认证要高，因此通过中试认证确定的供应商成为最后赢家的可能性比较大。

三、批量认证

批量认证主要包括图3-6所示的几个方面的内容。

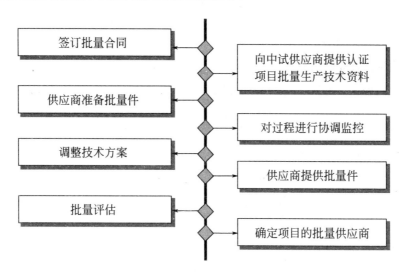

图3-6 批量认证包括的内容

1. 签订批量合同

采购方与选定的中试供应商签订批量合同，使中试供应商能够在规定的时间内提供符合批量认证要求的批量件。批量认证的目的是使系统设计方案具有大规模生产的可能性，同时寻求产品质量稳定性和可靠性的解决方案。

2. 向中试供应商提供认证项目批量生产技术资料

同中试项目资料一样，项目批量生产资料是经过中试期间修改的技术资料，如可以大规模投放生产的机械图纸、电子元器件参数、软件方案等。

3. 供应商准备批量件

准备批量件需要一定的时间，供应商要想生产批量件就要提高自动化水平，配备相应的批量生产机械，如机械行业中的冲床、专业机械，电子行业的自动化设备，软件行业的大型拷贝机等。有些产品批量生产的技术要求很高，需要进行大量的技术攻关和试验才能成功。企业在开始这种项目的生产时，要做好充分的风险评估和必要的心理准备。

4. 对过程进行协调监控

同上述过程一样，批量过程也需要进行跟踪，应随时跟踪生产中可能出现的异常情况。

5. 调整技术方案

大规模生产追求的目标是系统的稳定性和可靠性，否则便失去了批量认证的意义。认证机构不是官方部门，应该对产品的稳定性和可靠性负责。因此，及时跟踪技术方案的实施情况，根据实际情况对技术方案进行适当的修改，是十分必要和正常的。

6. 供应商提供批量件

供应商把生产的批量件送交到生产部门，有时批量件也需要运送到生产组装线。

7. 批量评估

采购方组织协调相关部门的人员对批量件进行综合评估，并制定出批量评估标准。评估内容包括：质量、成本、供应、售后服务、稳定性。参加评估的人员应该包括：设计人员、工艺人员、质量管理人员、采购人员、计划人员等。

8. 确定项目的批量供应商

经过以上几个环节的工作，采购方所得出的物品批量供应商，是批量物品合格的供应商。

四、供应商RoHS认证

RoHS是由欧盟立法制定的一项强制性标准，它的全称是《关于限制在电子电器设备中使用某些有害成分的指令》（Restriction of Hazardous Substances）。该标准已于2006年7月1日开始正式实施，主要用于规范电子电气产品的材料及工艺标准，使之更加有利于人体健康及环境保护。该标准的目的在于消除电器电子产品中的铅、汞、镉、六价铬、多溴联苯和多溴二苯醚共6项物质，并重点规定了铅的含量不能超过0.1%。

第三节　供应商交期管理

交期是指从采购订货日开始至供应商送货日之间的时间长短。基于时间竞争的供应链管理已成为企业的主导战略,供应链的响应能力和反应速度取决于供应链各环节间的交货时间。压缩交期已成为供应链管理和企业运作关注的焦点。

一、确保交期的重要性

适当的交期是指制订采购计划到货时间与生产材料的调配、制造、运送时间及采购人员选定适当的交易对象、购买以及议价所必要的时间。如果无视制造业的客观进度,一味强调交货日期很短的订货,必然无法期待以"适当的价格"取得"良好的货品"。因此,采购人员需要经常和请购部门接触,在友好而协调的气氛中根据双方的情况以设定适当的交货日期。

具体来说,确保交期的重要性体现在以下两个方面。

1.交货延迟会增加成本

确保交期的目的,旨在将生产活动所需的物料,在必要的时候切切实实进货,从而以最低的成本来完成生产。

此处所称的"必要的时候",是指为了以最低的成本完成生产任务,预先所计划好的物料进货时期。所以,迟于该时期固不用说,早于该时期也非适宜,确保交期的重要性就在于此。

有可能延迟交货的物料,应予早期发现,从而防止其发生,同时也应抑制无理由的提早交货。

交期的延迟,毫无疑问会妨碍生产活动的顺利进行,对生产现场及其有关部门将带来有形、无形的不良影响,具体如图3-7所示。

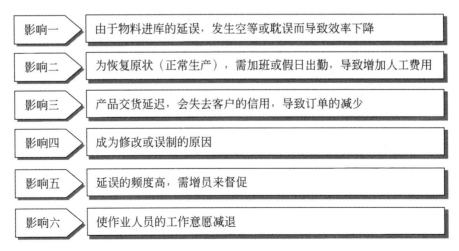

图3-7　延迟交货的不良影响

2. 提早交货也会增加成本

一般人总以为：提早交货的不良影响不如延迟交货。实际上，两者都会成为增加成本的原因。以下两点为其主要理由。

（1）允许提早交货则会发生交货的延迟（供应商为资金调度的方便会优先生产价格高的物料以提早交货，所以假如允许其提早交货，就会造成低价格物料的延迟交货）。

（2）不急于要用物料的交货必定增加存货，导致资金运用效率的恶化。

因而能否确保交货日期，对经营效果有很大影响。

二、供应商交货事前计划

要做好交货管理，企业应有"预防重于治疗"的观念，事前慎选有交货意愿及责任感的供应商，并安排合理的购运时间，使供应商从容履约。

1. 确定合适的交期

对交期的控制和管理可从图3-8所示的交期组成公式中寻求空间。交期条款对产品总成本将产生直接或间接的影响。

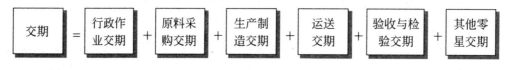

图3-8 交期的构成

（1）行政作业交期。行政作业所包含的时间是采购方与供应商之间共同为完成采购行为所必须进行的文书及准备工作，具体如图3-9所示。

图3-9 行政作业交期

（2）原料采购交期。供应商为了完成客户订单，也需要向他自己的下一级供应商采购必要的原材料，如塑料、金属原料、纸箱等，需要花费一定的时间。

在订单生产型模式中，产品的生产是等收到客户订单之后才开始的。依订单生产的形态，原料的采购占总交期时间相当大的比例。在组合生产型模式中，产品的组合生产也是等收到客户订单后才开始的，所不同的是一些标准零件或组装已事先准备妥当，主要零配件、材料和次组装已在接到订单之前完成，并放入半成品区。一旦接到订单，即可按客户的要求从标准零配件或次组装中快速生产出所需产品。而在存货生产型模式中，产品在收到客户订单前已经被制造并存入仓库。这种形态的生产对原料采购交期的考虑一般很少，通常下了订单后就可安排运送并知道到货时间。

(3)生产制造交期。生产制造交期是指供应商内部的生产线制造出订单上所订产品的生产时间,基本上包括生产线排队时间、准备时间、加工时间、不同工序等候时间以及物料的搬运时间;其中非连续性生产中,排队时间占总时间的一大半。

在订单生产型模式中,非加工所占时间较多,所需的交期较长;而在存货生产型模式中,因生产的产品是为未来订单作准备的,采购交期相对缩短;组合生产型模式中,对少量多样的需求有快速反应的能力,交期较存货生产型模式长,较订单生产型模式短。

(4)运送交期。当订单完成后,将产品从供应商的生产地送到客户指定交货点所花费的时间为运送交期。运送时间的长短与供应商和客户之间的距离、交货频率以及运输方式有直接关系。

(5)验收与检验交期。验收与检验交期主要包括图3-10所示的内容。

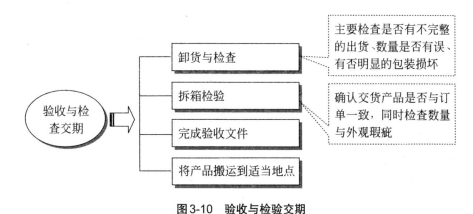

图3-10 验收与检验交期

(6)其他零星交期。此外,还包括一些不可预见的外部或内部因素所造成的延误,以及供应商预留的缓冲时间。

2. 确定供应进度监视的方法

采购方早在开立订单或签订合约时,便应决定如何监视进度。倘若采购产品并非重要项目,则仅作一般的监视便已足够,通常只需注意是否能在规定时间收到验收报表,有时可用电话查询。但若采购产品较为重要,可能影响企业的经营,则应考虑另作较周密的监视。

3. 审核供应商供应计划进度

采购方应审核供应商的供应计划进度,并分别从各项资料获得供应商的实际进度。

比如,供应商的流程管理资料、生产汇报中所得资料、直接访问供应商工厂所见,或供应商按规定送交的定期进度报表。

4. 规定供应商应编制预估进度表

如果认为有必要,采购方可在采购订单或合约中明确规定供应商应编制预估进度表。预估进度表应包括全部计划供应作业的进程,如企划作业、设计作业、采购作业、工厂能力扩充、工具准备、组件制造、次装配作业、总装配作业、完工试验及装箱交运等全部过程。此外,应明确规定供应商必须编制实际进度表,与预估进度表对照,并说明进度延误原因及改进措施。

5. 准备替代来源

供应商不能如期交货的原因颇多,且有些是属于不可抗力,因此,采购方应未雨绸缪,多联系其他来源;工程人员也应多寻求替代品,以备不时之需。

6. 加重违约罚则

在签订采购合约时,应加重违约罚款或解约责任,使得供应商不敢心存侥幸。不过,如果需求急迫时,应对如期交货的供应商给予奖励或较优厚的付款条件。

三、交期的事中管理

下面依照执行过程,说明交期事中管理的方法。

1. 订购信息的处理

订购信息的范围应包括订单内容、替代品、供应商等级及生产能力等相关资料。基本上,资料的分类可以依照交易对象、能力、产品等加以区分,其目的都是为了得到正确的信息。因此,订购信息处理得恰当与否,将影响整个交期。

2. 主动查核

(1) 查核的时机。采购方在订购产品后,应主动监督供应商备料及生产,不可等到已逾交期才开始查询。

所有的产品几乎不可能在交货日期一次制造完成,因此,未能准时交货的情形通常都发生在此前的生产过程中,其计划进度与实际进度发生偏差所致。所以下订单后,采购方要积极地进行查核。查核的目的是在尚有余裕时间可以想办法时确实掌握生产状况,以便采取必要行动。

(2) 查核的主要内容。查核的主要内容如图3-11所示。

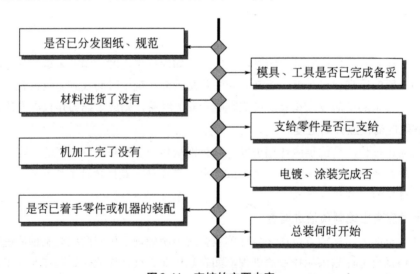

图3-11 查核的主要内容

3. 工厂实地查证

对于重要产品的采购,采购方除了要求供应商按期递送进度表外,还应实地前往供应商的工厂访问查证。但此项查证应在合约或订单内明确，必要时要求专人驻厂监视。

4. 加强供需双方信息的沟通

关于供应商准时交货的管理，还有双方的"资源共享计划"。供需双方应有综合性沟通系统，使采购方的需要一有变动立即可通知供应商，供应商的供应一有变动也可随时通知采购方，交货适时问题即能顺利解决。

5. 销售、生产及采购单位加强联系

由于市场状况变化莫测，因此生产计划若有调整的必要，必须征询本企业采购部门的意见，以便对停止或减少送货的数量、追加或新订的数量作出正确的判断，并尽快通知供应商以减少可能的损失，提高其配合的意愿。

6. 收货要严格控制

在收货的管理方面，应做好图3-12所示的两项工作。

抑制提早交货	提高验收速度
提早交货不仅会使库存增多，而且扰乱遵守交期的做法，因此，必须规定明确的容许范围，严格加以限制，尤其要避免提前付款	对于收到的货品必须迅速进行验收工作。验收的迟滞不仅会使供应商遵守交期的意识降低，而且占用验收场地，有时候还可能由于生锈或腐蚀等而引起货品品质劣化的情形，因此须明确规定验收作业的程序及时限

图3-12　收货管理应做好的两项工作

一旦某供应商发生交货迟延，若非短期内可以改善或解决，应立即寻求其他供应商的货品来源，避免更大的损失。

四、交期的事后考核

1. 建立绩效指标

企业可以设定指标据以考核交期管理的绩效。以下是几种常见的绩效指标。

交货迟延率（%）＝（每月延迟总批数÷每月交货总批数）×100%

迟延件数率（%）＝（每月交期延迟件数÷每月订单件数）×100%

迟延日数率（%）＝（自订购日起至实际交货日止的日数÷自订购日起至合约交期止的日数）×100%

2. 日常交期资料的记录与统计

对供应商的交货状况平常要做好记录，这可以通过一些制式的表格来实现，如表3-9所示。

表3-9 交货达成管制表

订购日期	供应商	品名	规格	数量	应交日期	追踪管制				实交日期	备注
						1	2	3	4		

制表：   审核：

3.定期对供应商交期进行考核

按企业规定的期间对供应商进行考核。考核的指标、方法及处理措施可在合同中写明，考核的结果也要通知供应商，让其核实。

4.执行供应商奖惩办法

对交期履行不好的供应商，采购企业要发出改善通知，积极寻求改善办法，如果实在改善不了，那就选择放弃；而对于交期管理好的优良供应商则可与其签订长期合约，并采取一些奖励措施。

五、交期延误的对策

1.分析供应商交期延误的原因

如果供应商交期延误的事情常常发生，采购方则要积极检讨供应商交期延误的原因，并探讨解决延误的办法。

至于供应商不能如期交货的原因，可从以下三方面去分析。

（1）供应商的原因。由于供应商而引起交期延误的原因有许多，具体说明如表3-10所示。

表3-10 供应商的原因

序号	原因	具体说明
1	超过生产能力或制造能力不足	超过生产能力或制造能力不足是指出于供应商的预防心理，其所接受的订单常会超过其生产设备的能力，以便部分订单取消时，尚能维持"全能生产"的目标。有时，供应商对采购方的需求状况及验收标准未详加分析就接受订单，最后才发觉力不从心，根本无法制造出符合要求的产品
2	转包不成功	转包不成功是指供应商由于受设备、技术、人力、成本等因素限制，除承担产品的一部分制造过程外，有时另将部分制造工作转包他人。由于承包商未能尽职责，导致产品无法组装完成，就会延误交货的时间
3	制造过程或品质不良	制造过程或品质不良是指有些供应商因为制造过程设计不良，以致产出率偏低，必须花费许多时间对不合格制品加以改造；另外，也可能因为对产品质量的管理欠佳，以致最终产品的合格率偏低，无法满足交货的数量

续表

序号	原因	具体说明
4	材料欠缺	材料欠缺是指供应商也会因为物料管理不当或其他因素造成材料欠缺，以致耽搁了制造时间，延误了交货日期
5	报价错误	报价错误是指如果供应商因报价错误或承包的价格太低，以致尚未生产即已预知面临亏损或利润极其微薄，因此交货的意愿不强，或将其生产能力转移至其他获利较高的订单上，也会延迟交货时间
6	缺乏责任感	缺乏责任感是指有些供应商争取订单时态度相当积极，可是一旦得到订单后，似乎有恃无恐，往往在制造过程中显得漫不经心，对如期交货缺乏责任感，视延迟交货为家常便饭

（2）采购方的原因。由于采购方而引起交期延误的原因有许多，具体说明如表3-11所示。

表3-11 采购方的原因

序号	原因	具体说明
1	紧急订购	紧急订购是指由于人为的因素（如库存数量计算错误或使库存材料毁于一旦）因此必须紧急订购，但是供应商没有多余的生产能力来满足临时追加的订单，导致停工断料一段时间
2	低价订购	低价订购是指由于订购价格偏低，供应商缺乏交货意愿，甚至借延迟交货来要挟采购方追加价格，以致取消订单
3	购运时间不足	购运时间不足是指由于请购单位提出请购需求的时间太晚，比如国外采购在需求日期前三天才提出请购单，让采购单位措手不及。或由于采购单位在询价、议价、订购的过程中花费太多时间，当供应商接到订单时，距离交货的日期已不足以让他有足够的购料、制造及装运的时间
4	规格临时变更	规格临时变更是指制造中的物品或施工中的工程，如突然接到采购方变更规格的通知，物品就可能需要拆解重做，工程也可能半途而废，重起炉灶。若因规格变更需另行订制或更换新的材料，也会使得交期延迟情况更加严重
5	生产计划不正确	生产计划不正确是指由于采购方产品销售预测不正确，导致列入生产计划的产品已缺乏需求，未列入生产计划的产品市场需求反而相当急切，因此需要紧急变更生产计划。此举会让供应商一时之间无法充分配合，产生交货延迟情形
6	未能及时供应材料或模具	未能及时供应材料或模具是指有些物品是委托其他供应商加工，因此，采购方必须供应足够的装配材料或模具；采购方若采购不及，就会导致承包的供应商无法进行工作
7	技术指导不周	技术指导不周是指采购的物品或委托的工程有时需要由采购方提供制作的技术，采购方指导不周全，会影响到交货或完工的时间
8	催货不积极	催货不积极是指在市场出现供不应求时，采购方以为已经下了订单，到时候物料自然会滚滚而来。未料供应商"捉襟见肘"，因此"挖东墙补西墙"，谁催得紧、逼得凶，或是谁价格出得高，材料就往谁那里送。催货不积极的买主，到交货日期就可能收不到采购物品

（3）其他因素。除了供应商与采购方的因素外，还有许多其他因素，具体说明如表3-12所示。

表3-12 其他因素

序号	原因	具体说明
1	供需双方缺乏协调配合	任何需求计划，不应只要求个别计划的正确性，更须重视各计划之间的配合性。各计划如未能有效配合，可能会造成整体计划的延误。因此，交期延误的防止，必须先看本身计划是否健全，然后看供需双方计划或业务执行的联系
2	采购方法欠妥	以招标方式采购虽较为公平及公正，但对供应商的承接能力及信用等均难以事先有彻底了解。中标之后，中标者也许无法进料生产，也许无法自行生产而予以转包；更为恶劣者，则以利润厚者或新近争取的客户优先，故意延误。因此，要避免供应商造成的交期延误，应重视供应来源的评选，即凡有不良记录的应提高警觉，特别在合约中详加规定交货办法、逾期交货的管制，如要求供应商提出生产计划进度、履约督导或监督办法。签约后，供应商必须依照承诺生产交货，否则除合约被取消外，还要承担因延误交货发生的损失
3	偶发因素	偶发因素多属不可抗力，主要包括战争、罢工、自然灾害、经济因素、政治或法律因素等

2. 引起双方协调不畅的主要原因

追究交期延误的原因时，发现大多来自供应商与采购方之间的协调有差距或隔阂。其主要原因有许多，具体如表3-13所示。

表3-13 引起协调不畅的主要原因

序号	原因	具体说明
1	未能掌握产能的变动	未能掌握产能的变动是指供应商接受了超过产能以上的订单，却由于订货骤增，或作业员工生病，或有人退休而致人手不足不能完成任务等。但供应商却不坦白告知采购方这一原因
2	未充分掌握新订产品的规范、规格	未充分掌握新订产品的规范、规格是指供应商尽管想知道更加具体的内容，却担心会被采购方认为啰唆而不给订单，以至于在未充分掌握规范、规格的情况下进行生产
3	未充分掌握机器设备的问题点	未充分掌握机器设备的问题点是指设备为了定期点检而需停止操作，或由于故障而需维修之类的事情，确实不是采购方所能了解的
4	未充分掌握经营状况	由于供应商资金短缺而导致无法批量购进材料之类的事情，就属此种情况
5	指示联络的不确切	指示联络的不确切是指关于图纸的修订、订货数量的增加、交期的提前等信息未能详细传达给能够处理这些问题的人。除了口头说明之外，事后的补送书面资料也极为重要
6	日程变更说明不足	日程变更说明不足是指无论交货日程的提前或延后，假如不将真实意图传达给对方，使其充分了解从而获得协助，也会造成差错
7	图纸、规范的接洽不充分	图纸、规范的接洽不充分是指有的人视对方的询问、接洽为麻烦，不认真对待，所以会出问题
8	单方面的交期指定	单方面的交期指定是指未了解供应商的现况，仅以采购方的方便指定交期的情形

3. 货期集中到某一时刻的情形

（1）供应商的优先顺序。供应商通常在一定的期间要生产许多订购的物品。许多货品的交货日期可能重叠，也可能集中于某些机器设备上。遇到这种情形，供应商要排出先后缓急的生产优先顺序，如表3-14所示。

表3-14 供应商的生产优先顺序

序号	项目	序号	项目
1	该工作被拒就会很糟	8	依存度高的货品
2	付款条件良好的	9	想提高依存度的货品
3	价格高的	10	催货很紧的
4	工作很熟识的	11	交期麻烦的
5	工作较熟识的	12	有材料的
6	能提高作业效率的	13	已来订单的
7	数量多的	14	支给品价格高的

（2）供应商的产能实况。如果要看出供应商所提出的产能与实际产能之间的差异，最好采购方能派人亲自到供应商的工厂去了解其实际的生产状况。

4. 解决货期延误的对策

一般来说，解决货期延误的对策如表3-15所示。

表3-15 解决货期延误的对策

序号	解决对策	具体说明
1	向适当的交易对象下订单	在充分了解采购产品或外包加工产品内容的前提下，将适当、适量的货品向适当的交易对象下订单
2	确立调度基准日程	关于调度所需要的期间，要与生产管理部门取得共识，要得到生产管理、设计、制造、技术部门等的帮助，以便对外包加工产品设定调度基准日程，据此确定适当的交期
3	建立交期的权威，以提高交期的诚信度	首先基于采购方与供应商双方的信赖来设定交期；其次，使交期的变更或紧急、特急、临时订货之类的事情减少，以建立交期的权威，提高诚信度，从而提高对交期的遵守
4	依订货批量适当生产或订购	使采购方及供应商双方都能接近的最经济的数量
5	确立支给品的支给日程并予以遵守	应该避免"支给慢了，但是交期要遵守"之类不合理的要求
6	管理供应商的产能、负荷、进度的余力	掌握供应商的产能、生产金额或保有员工数以行使其余力的管理
7	手续、指示、联络、说明、指导的便捷化	比如，交货地点变更、图纸改版的指示、不易懂的图纸的说明、品质管理的重点应放在哪里的指导等均属此类

续表

序号	解决对策	具体说明
8	发生交期变更或紧急订货时,正确掌握其影响度	采购的某一货品虽已确保,但要妥为处理,以避免因其他货品欠缺的原因而延迟,否则将引起恶性循环
9	加以适当的追查	当还有宽裕时间处置的时候,应确认其进行状况
10	分析现状并予以重点管理	用ABC分类分析法,找到对目的影响最大的是哪个,重点管理

5.建立加强交期意识的制度

(1)异常发生报告制度。异常发生报告制度是指对供应商提出异常发生报告的要求。

比如,当机器、设备、模具、治工具(夹具)发生故障或不良,对出现交期延迟的原因等及时提出报告。如图3-13所示建立加强交期意识的制度。

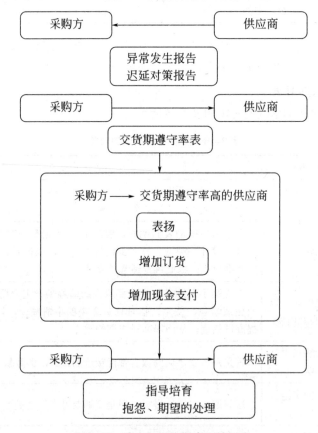

图3-13 建立加强交期意识的制度

通过这一报告采购方能预知交期的延迟,也可未雨绸缪早作安排。该项制度远比交期延迟发生后才来研讨对策更加有效。

(2)延迟对策报告制度。延迟对策报告制度是指除了对供应商提出异常发生报告制度要求,使供应商延迟原因明确外,对其改善的对策也应提出报告要求。

(3) 交期遵守(延迟)率公告制度。企业要制定每月编制供应商交期遵守(延迟)率并公告的制度。交期遵守(延迟)率可以按照下列算式计算。另外,也可对每一品种掌握其延迟日数,以便掌握总延迟日数。其计算公式为:

$$交货期遵守率 = \frac{交货期遵守件数}{交货期延迟件数+交货期遵守件数} = \frac{交货期遵守件数}{交货期到货件数}$$

$$交货期延迟率 = \frac{交货期延迟件数}{交货期到货件数}$$

(4) 表扬与激励制度。表扬制度是指对交期遵守情形良好的供应商,分为每年、上(下)半年、每季等给予表扬和激励,如表3-16所示。

表3-16 各公司的表扬和激励制度

方法 公司名	次数			表扬者(奖状具名人)		纪念品	奖金 (一等)	对象 公司	表扬的 目的
	每年一次	每半年	每季	总经理	采购经理				
A									
B									
C									
D									

(5) 与订货量联结的制度。与订货量联结的制度是指视交期遵守的程度而采取以下措施。

A级→增加订货量。

B级→订货量不变。

C级→减少订货量。

D级→停止订货。

但是,该供应商的品质与价格比其他供应商优异时,应另作考虑;还有,必须预先向供应商说明,以避免由于减少或停止订货所引起的纠纷。

(6) 与支付条件联结的制度。与支付条件联结的制度是指视交期遵守的程度,以下列方式改变付款方式。

A级→全额付现。

B级→现金2/3,支票1/3。

C级→现金1/2,支票1/2。

D级→现金1/3,支票2/3。

另外,假如因资金调度困难而采取上述对策时,应注意是否会因此丧失双方长年所建立的信赖关系。

(7) 指导、培育的制度。指导、培育的制度是指比如开展经营者研讨会、供应商有关人员的集中教育、个别巡回指导等。

（8）抱怨、期望处理的制度。抱怨、期望处理的制度是指要诚恳听取供应商的抱怨、期望，并迅速加以处理、回复。

比如，某企业在公司内设置"供应商会谈室"之类的场所，用于对供应商的指导、培育及期望的处理。

第四节　供应商绩效评估和考核

供应商供应绩效考核是在已经认可的、现有的供应商中进行实际表现的考核，考核的主要目的是了解供应商的表现，促进供应商改进，并为供应商奖励、供应商优化提供依据。

一、供应商评分总体架构

不同行业的供应商，其评分体系也不完全相同，但通常都有交货品质评分、配合状况评分、供应商管理体系评分三个主项，再加上其他评分项目，组成供应商评分总体架构。

在实际运作过程中，可设置不同的项目，对其评分时间和次数也可根据情况来设计。

比如，交货品质可根据具体的交货状况分为每批评估一次和每月或每季评估一次；配合状况一般为每季评一次；管理体系评估一般是根据目前ISO 9000的要求，在初次成为合格供应商之前评估一次，以后每半年或每年评估一次，再就是在出现重大质量问题时评估一次；其他项目评分则视具体内容而定，若把价格因素纳入，且价格是每个季度重审一次时，则就需要每个季度评一次。

为了管理和运算的方便，在总体评分架构上，通常设定总分为100分，各主项的权重（或称为比重）用百分比来设定，如图3-14所示。

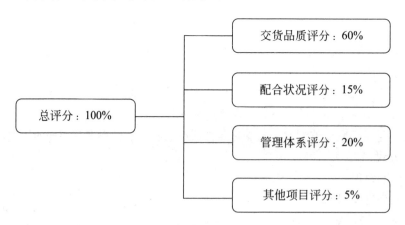

图3-14　各项评分的权重

总评分等于各项的得分状况乘以权重，其计算公式为：

总评分＝（交货品质评分×60%）＋（配合状况评分×15%）＋（管理体系评分×20%）＋（其他项目评分×5%）

二、交货品质评分指标的设计

交货品质评分,是指对供应商交货时的品质状况进行评分,通常包括单批交货品质、批次交货品质、追溯品质三个方面进行评分。为了管理和实际运作上的方便,通常将该项评分总分设为100分,然后将各个项目定义为100分,并设定它们各自的权重,如图3-15所示。

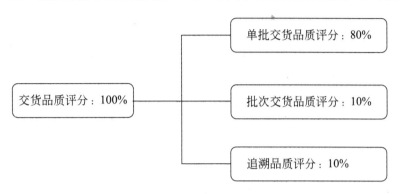

图3-15 交货品质评分的权重

其计算公式为:

$$交货品质评分=单批交货品质评分\times 80\%+批次交货品质评分\times 10\%+追溯品质评分\times 10\%$$

三、配合状况评分指标的设计

配合状况评分是指对供应商响应企业的各种要求所做的配合事项进行评分,通常包括沟通状况和品质投诉处理两项。

当然,不同的企业应根据企业现状、供应商现状、供需关系状况设立不同的比重,如企业本身规模较小或新成立不久,则沟通状况和抱怨处理应占较大比重;如企业规模较大且成立很久,则改善状况所占比重应相对较高。

在整个配合状况评分的架构下面,企业最好一个月评一次。

1.沟通状况评分指标

沟通状况评分是指对企业与供应商之间联系沟通事项处理状况,如联系效率、约定事宜处理率等的评分。

该项目评分通常由与供应商有直接联系的人员来评,一般是采购人员及IQC人员,而且应一个月评一次或一个季度评一次,最多半年评一次,但不能一年评一次。因为企业对供应商通常每年或每半年会作一次管理体系的评分,配合状况应有多次评分的状态下做较好。

(1)联系效率。联系效率是指企业要联系供应商时的方便性与快捷性。

(2)约定事宜处理率。约定事宜处理率是指供需双方协商好的事宜在约定时期内处理的效果与速度。评分项目通常包括处事时效性与有效性两项,而时效性又包括急件和普通件。权重通常为有效性占60%～70%,时效性占30%～40%。

2. 投诉处理评分

投诉处理通常是指发生品质问题或其他客户反映的问题时，企业对供应商作出问题描述并要求改善。对供应商的投诉处理评分，可以用来评价供应商的负责态度。

该项评分很重要，如果评分低于60分（满分100分），可以考虑降级处理。投诉处理评分通常又包括处理的补救措施、时效性、月投诉次数三项。

（1）补救措施。补救措施是指企业发出投诉单后，供应商采取的处理方案及效果状况能否令企业满意。该项评分由发出投诉的人员来做（通常为IQC人员、IQC主管、品管部主管）。

（2）时效性。时效性是指企业发出投诉单后，供应商在多长时间内给企业一个处理答复，同样也是由发出投诉的人员来评分。

（3）月投诉次数。月投诉次数是指企业对某个供应商在一个月时间内发出投诉的次数评分。

四、管理体系评估指标

管理体系评估是指对供应商的管理运作体系进行评估，主要评估其管理体系是否完整、有效，是否具备合理性、健全性、高效性等运作机制，通常包括相关认证评估、内部管理评估两部分。

相关认证评估计分占15%～30%，管理体系评估计分占70%～85%。

1. 相关认证评估

相关认证评估需要根据不同行业的供应商来具体进行。目前流行的主要认证体系包括：ISO 9000、QS 9000、TL 9000、ISO 14000、OHSAS 18000、AS 9000和各种安规认证等。

（1）ISO 9000是一种质量标准化体系，是目前最通行的认证之一，适用于各种组织与团队，也是目前及今后商务运作的最基本通行证。

（2）QS 9000是汽车制造行业的通行证。

（3）TL 9000是通信行业的通行证。

（4）ISO 14000是环境保护认证体系，也是政府要求的体系之一。

（5）OHSAS 18000是劳工安全的认证体系，也是政府要求的体系之一。

（6）AS 9000是航空行业的通行证。

（7）安规认证是指产品的安全保证体系，目前在不同的国家有不同的具体要求，如美国有UL、中国有GB或3C、加拿大有CSA等。

> **专家提示**
>
> 企业对供应商具体要求哪些认证，需要根据企业产品的特点、原材料特点、产品销售特点等因素来确定，其中ISO 9000是目前及今后商务运作中最基本的认证体系之一。

2. 内部管理评估

内部管理评估是指采购方企业定期在供应商现场审核管理体系的完善性和有效性之后，回到企业后作出的评估。对供应商内部管理体系评估通常每半年或一年进行一次，也可以是数个月分单项评核一次，还可能是发生了多次品质抱怨无改善或发生重大品质问题后，对供应商作一次完整及全面的评估。

在对供应商内部管理体系评估时，因受时间及采购方企业内部管理成本的影响，每次评估都很难将所有问题核查到，只能凭评核者的经验与能力，找人询问、查阅程序书、分析统计报表、查看原始表单等方式，随机或根据某一数据的线索逐一查下去。每次评估还应采用不同的方式，以尽量避免供应商的"弄虚作假"。

对供应商内部管理体系评估，通常由采购方企业的品管部门主持，组织各相关部门的工程师或以上级别的人员组成小组，再分别到各供应商现场评核。品管部通常由品管主管或来料检验主管和品管工程师、专门的SQA（供应商品质保证）等人员参加。一个小组成员一般为3～4人，其中品管部门2人，其他部门人员1～2人。如果供应商很多，一个小组忙不过来，还可成立多个小组，按供应商行业类别进行评估。

3. 按ISO 9000或QS 9000条款评估

具体的操作可按ISO 9000或QS 9000体系去评估供应商内部管理体系，这也是目前最流行和应用最广泛的方式。因为它是目前国内、国际上统一的标准系统，具有广泛的基础，供应商也较乐意接受和沟通。

五、负责供应商绩效考核的部门

供应商绩效考核是一个非常复杂的过程，涉及品质数据、交货数据和成本数据等各种数据的采集，数据采集之后还要进行大量的计算。此外，考核项目中还涉及主观项目的评分，需要跨部门不同的人员共同打分。所以一定要明确供应商绩效考核的部门和责任人员。

一般来说，供应商绩效考核由采购部主持，组织品管部、仓储部及相关专业技术人员进行评价和选择，并对重要采购产品实施现场评定。各个部门的评价内容不一样，具体说明如表3-17所示。

表3-17 各个部门的评价内容

序号	部门	评价内容
1	采购部	（1）文件控制。指管理制度、办法，文件的保管及发放，文件更改的控制，现场使用的文件情况 （2）包装、储存及交货。指在库品的管理、仓库条件、包装及防护、交货的及时性及服务质量 （3）供应商信誉及产品信誉。指质量历史及产品信誉，企业对重大问题（如质量事故）的分析、控制
2	品管部	（1）质量保证体系。体系结构的完善性，体系文件、记录的完整性和可靠性，全员质量意识和质量教育开展情况，体系运作的有效性 （2）产品设计开发能力、管理 （3）过程控制。工序控制办法，工艺文件，关键工序和特殊工序的控制，产品批次控制，生产人员素质，生产环境，不合格品的控制，生产设备的维护和保养 （4）检验。检验机构、人员，检验依据文件，检验设备，检验过程控制，检验环境，检验设备的校准，检验记录，成品检验
3	仓储部	主要负责协助对交货的及时性和服务质量的评价

六、供应商绩效考核的步骤

供应商绩效考核是供应链管理的基础,也是供应链风险控制的重点。在现代企业中,对供应商的管理不仅仅是与物料、服务、采购有关的交易,还应包括对供应商考核体系的构建和及时的动态评价。对供应商进行绩效考核的目的在于站在提高企业竞争力的角度,动态地、适时地依据考核体系确定的指标和分配分值对供应商进行考核、分级、奖惩等,确定其是否实现预期绩效;通过考核形成相应的文件,为管理者提供必要的对供应商决策的依据。

1. 确定考核策略,划分考核层次

对供应商绩效考核的一般做法,是划分出月度考核、季度考核和年度考核(或半年考核)的标准和所涉及的供应商。

(1)月度考核一般针对核心供应商及重要供应商,考核的要素以质量和交期为主。

(2)季度考核针对大部分供应商,考核的要素主要是质量、交期和成本。

(3)年度考核(或半年考核)一般针对所有供应商,考核的要素包括质量、交期、成本、服务和技术合作等。

进行分层次考核的目的在于抓住重点,对核心供应商进行关键指标的高频次评估,以保证能够尽早发现合作过程中的问题。对于大部分供应商,则主要通过季度考核和年度考核来不断检讨,通过扩充考核要素进行全面的评估。

2. 供应商分类,建立评估准则

确定考核策略和考核层次之后,接下来要对供应商进行分类,进一步建立评估细分准则。这一阶段的重点是对供应商供应的产品分类,对不同类别的供应商建立不同的评估细项,包括不同的评估指标和每个指标所对应的权重。

举例来说,某电子制造企业在供应商月度评估时,对IC类供应商和结构件供应商进行考核。对于IC类供应商,供货周期和交货准确性是关键的评估指标;而对于结构件来说,供货弹性、交货准确性和质量是关键的评估指标。

进行供应商考核一般采取平衡记分卡工具。

比如,某制造企业于2017年第二季度针对某结构类供应商进行季度考核,考核表设定了成本、质量、交期和服务四个主要评估要素,然后对每个要素设定了相应的权重;针对每个主要评估要素,又分别设定了具体的评估指标,以及相应的权重。

> **专家提示**
>
> 需要特别指出的是,考核策略需要根据不同层次、不同供应商类别,结合企业具体的管理策略进行定义。

3. 搜集供应商信息

供应商信息的搜集,主要是收集供应商为企业提供物品供应过程中所产生的各种信息,包括质量、价格、交货的及时性、包装的符合性、服务与工作配合等。

4. 划分绩效等级,进行三个层次的分析

采用平衡计分卡工具对供应商的每一项指标进行具体考核后,接下来要对供应商的绩效

表现划分等级，比如将供应商绩效分成五个等级。依据等级划分，可以清楚地衡量每家供应商的表现。

掌握了每家供应商的表现之后，要对考核结果有针对性地分类，采取不同的处理策略。首先进行供应商的绩效分析。具体来说，可从图3-16所示的三个层次进行。

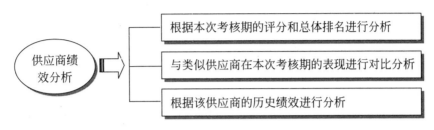

图3-16　供应商绩效分析

通过这些不同维度的分析，可以看出每家供应商在单次考核期的绩效状况、该供应商在该类供应商中所处的水平、该供应商的稳定性和绩效改善状况等，从而对供应商的表现有一个清晰全面的了解。

5.建立二维分析图，定位新的采购策略

根据供应商的绩效表现对供应商进行重新分类后，可以有针对性地调整采购战略。以供应商绩效和考核期所采购金额为轴，绘制二维分析图，X轴表示供应商绩效，Y轴表示本期采购金额。图中的每一个圆代表一家供应商，圆的半径则表示企业同该供应商的采购数量，如图3-17所示。

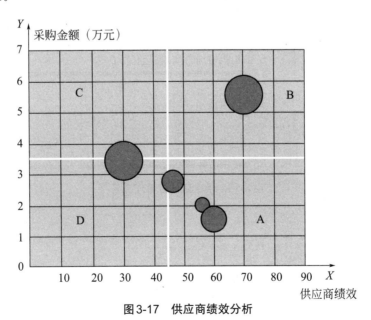

图3-17　供应商绩效分析

图示说明：

把图3-17分成A、B、C、D四个象限。比如说，在A、B两个象限中，供应商绩效表现相对良好，因此，无论向该供应商购买多少金额，都可以暂时不用太多关注。

处于C象限表示向该供应商购买的金额很大，而该供应商的绩效表现并不好，这是最需要研究的部分。针对这一部分，要根据实际情况尽快作出决定，是寻找替代供应商还是采取措施要求供应商进行改善。

处于D象限的供应商，绩效表现不好但采购金额不大。通常处于这一部分的供应商都不是一些关键供应商或不可替代的供应商，完全可以采用更换供应商的策略以作调整。

6.设定改善目标，督促供应商进行改善

把供应商分类之后，对于希望继续合作但表现不够好的供应商要尽快设定供应商改善目标。改善的目标一定要明确，要让供应商将精力聚焦在需要改善的主要方面。

比如，绩效考核之后，可能该供应商有五项指标做得不好，但企业希望供应商对其中的两项指标能尽快改善，那么就将这两项指标及企业所希望达到的水平反馈给供应商，让他们在下个周期里重点改善这两项指标，而不是其他三项指标，从而让供应商的努力同企业的期望达成一致。

七、供应商绩效考核后的处理

1.供应商分层管理

根据供应商的综合考核得分对供应商进行级别划分，可将供应商划分为"优选供应商、合格供应商和问题供应商"三个级别，并根据所划分的级别及时改进企业与供应商的合作策略，解决市场变化带来的问题，避免损失及规避风险。具体如图3-18所示。

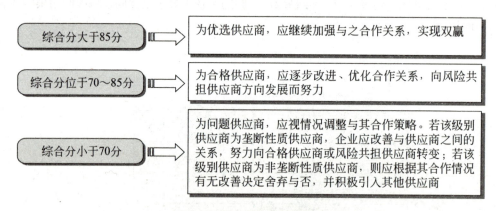

图3-18 供应商分层管理说明

2.有效激励供应商

对供应商实施有效的激励，有利于增强供应商之间的适度竞争。保持供应商之间的适度竞争，保持对供应商的动态管理，提高供应商的服务水平，可降低企业采购的风险。

实施对供应商的激励之后，要高度关注供应商的行为，尤其是受到负激励的供应商，观察他们实施激励前后的变化，作为评价和改进供应商激励方案的依据，以防出现各种对企业不利的问题。

3.协助供应商改善绩效

对于一些绩效考核不好却又基于价格或其他原因不能放弃的供应商，有必要采取措施协

助供应商改善绩效，协助供应商建立一个有效的品质控制系统，具体如图3-19所示。

措施一	协助供应商了解检验产品的要求
措施二	协助供应商制定质量管理手册
措施三	协助供应商建立检验机制
措施四	协助供应商配备与管理检验、测量和测试仪器
措施五	协助供应商建立记录和跟踪系统
措施六	协助供应商的人员技能和设备认证
措施七	协助供应商确定处理不合格品

图3-19 协助供应商改善绩效

（1）协助供应商了解检验产品的要求。当供应商接受采购订单时，如果对产品的要求都了解不清楚，则可以想象其产品质量会如何。而解释对产品的要求是采购方的责任。产品的要求可能是清晰的，也可能是暗含的，或是两者都有。清晰的要求很容易在采购方提供的图纸、规格、检验程序、技术说明及报价要求中找到，而暗含的要求则由于未定义很难查找出来。所以，供应商在这方面常出错。采购方有必要指导他们了解检验产品的要求。

（2）协助供应商制定质量管理手册。如果供应商没有建立质量管理手册，采购方可协助其建立。

质量管理手册应阐述供应商的政策声明、规程、工作指示和可应用的过程规格。在规模大、架构设置复杂的公司中，可能有必要将质量管理的内容分解到不同文件或手册中，以利于有效使用。

（3）协助供应商建立检验机制。检验是供应商控制其产品质量的一个重要手段。对于制造企业来说，检验按功能通常分为进料检验、制程检验和最终检验。

① 进料检验。关于进料检验机制，应协助供应商确定或优化以下事项，如表3-18所示。

表3-18 应协助供应商确定或优化的事项

序号	优化事项	具体说明
1	进料检验的要求	进料检验的要求由功能上的考虑、操作成本和应用规格几个方面来确定，这些要求是相互关联的，并受库存、周转时间、卖家担保等因素的影响。 对于功能方面的考虑，包括在装配前对选定的测量和测试进行验证的需要。操作成本的考虑是通过进料检验来验证采购产品的合格，还是在下一次装配时测量。例如：当库存流动时间很少时，初始的进料检验可能只是对计数、运输破损、编号而言，而对产品是否合格的检验则与部件检验相结合。必须权衡在装配时进行进料检验与处理产品的成本，以及保质时间

续表

序号	优化事项	具体说明
2	进料检验的程度	进料检验的程度是指在递交报价之前,要求检测所有的原材料和加工过的材料,将大大地影响周转时间和运营成本
3	进料检验系统	进料检验系统是指进料部门应有一个检查接收到产品的系统,它应包括检查运输破损、认可数量、检查证明或检测数据、运输文件编号、批次管理等信息
4	检验指示	检验指示的编写和发布应严格按照采购合同要求,应包括可实施的规格、检验设备、抽样方案和材料控制要求
5	检验结果处理	检验结果处理是指进料检验必须能够在证实所要求的证明、规格和参数都达到要求之前,拒绝接收产品。检验结果应记录下来并向采购、工程和质量人员提供,检验结果应归档到能够检索的档案中加以更新
6	不合格品的处理	不合格品的处理是指必须对不合格的材料和产品进行鉴别、隔离、保存等待处理。采购人员应通知供应商并落实纠正措施,质量保证部门应采取后续措施

② 制程检验。在一些企业,可以应用过程中检验对不合格品产生的过程提供早期诊断。与进料检验相似,对过程中检验的要求由内部功能关系方面的考虑、运营成本和客户规模确定。功能方面的考虑主要与参数有关,必须保证这些参数在产品被封装或被后续工艺掩盖之前符合规格;必须比较失误成本(工厂内和客户的)与过程中检验的成本;必须考虑可靠性、客户可接受性、真实性及由于潜在缺陷可能引起的责任纠纷诉讼等。

过程中检验经常包括生产前的第一批试制品检验,它验证操作人员、机器和相关的设置能够生产出可接受的产品;与其他具体的检验相同,执行时应有记录。

③ 最终检验。关于最终检验机制,应协助供应商确定或优化以下事项,如表3-19所示。

表3-19 应协助供应商确定或优化的事项

序号	优化事项	具体说明
1	检验范围	最终检验是在运输前保证产品符合企业要求的最后机会,检验范围应根据进料检验和过程中检验的产品复杂程度、车间缺陷率水平、企业使用信息及可能的责任诉讼等确定
2	检验和测试程度	一些企业指定检验和测试的程度,产品从抽样到100%检验,也指定了结果和记录的维护。检验记录应包括接收总量、批次编号、接收数量、缺陷数量、缺陷实质、日期、检验员编号等。检验记录的形式应能够保证在需要时很容易进行查询和阅览。这些反映质量控制方法的记录,在产品失败引起事故的情况下可能是非常重要的,否则可能会涉及巨额赔偿
3	辨别和隔离不合格品	辨别并隔离不合格的材料和产品是一个好方法。不合格的、需要修理或返工的产品必须再次接受检验,批准运送不合格产品必须详细记录、管理;可能时,在最终检验被接收的产品上应有图章(或印记)表明接收并注明检验人员姓名

(4) 协助供应商配备与管理检验、测量和测试仪器。准确的检验测试依赖于对所有设备的校正和管理,以及对所有测试仪器、工具、夹具、量尺以及标准的正确维护。

(5) 协助供应商建立记录和跟踪系统。供应商应对发送给采购方和最终用户的产品质量负责，因此也需要对从其他供应商或分销商采购的制造产品的材料和零件的质量负责。

（6）协助供应商的人员技能和设备认证。在供应商制订生产和销售产品的经营计划时，采购方管理层应确定所需的设备和设施类型，还应确定员工所必需的技能。这些技能涵盖从工程、制造、检验到运输和包装各方面，制造技能包括稀有材料的连接方法或黏结加工、有害物品的搬运、化学处理、焊接、进行非破坏性测试和检验等。

（7）协助供应商确定处理不合格品

① 处理不合格品的措施。处理不合格品的措施如图3-20所示。

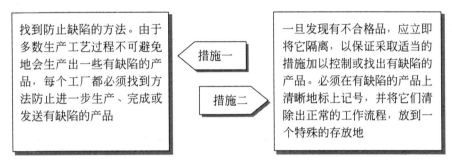

图3-20 处理不合格品的措施

② 设立检查小组，找出不合格品的原因。许多因素能导致不合格品的产生。由于不合格品的废弃、修理、返工都意味着附加操作，所以不合格品会增加成本。生产厂应在经济上可行的范围内，找出并纠正那些造成不合格的原因。

供应商应运用自己的经验，并通过非正式的咨询或在允许的情况下，通过高级管理层任命的正式检查小组来处理。小组的职责应包括：检查产品编号、检查产品的生产阶段、不合格产品的内容和范围、技术鉴定和决定、生产者采取的处理措施、对相关各方的改进建议。

不论是正式的还是非正式的，检查小组都必须检查经常生产不合格品的工艺过程的各个方面，应不断进行调研，直到进行正确的处理为止。检查小组必须找到产生不合格的个体的或集体的根源，并保证采取正确的措施。

③ 处理不合格品的方法。处理不合格品的方法包括报废、返工、修理和审批后的妥协使用。所有正在进行或已经修理过、返工过的产品都必须与其他产品分开放置，直到检验或测试证明适合用于生产为止。应保存对不合格品、改正措施和处理过程的记录，以便将来作比较。

④ 发现有不合格品应通知采购方。当零件不符合采购方企业要求时，供应商有责任通知企业，在知情的情况下发送不合格品是不道德的。

拓展阅读

苹果对供应链的全流程管理

苹果的全球采购供应经理（GSM）对供应商的管理是对整个供应链的全流程管理，

包括需求计划、物料追踪、生产制造、品质控制、仓储、物流、信息安全、社会责任等,且涵盖整个产品周期,从新产品导入到量产再到项目收尾结束。

在供应商管理的合作组织内,有以下这样一些角色。

SDM:管生产需求计划;

MPM:管物料齐套;

GSM/OEM:管采购和供应;

TPM:管技术;

OPM:管生产运营;

SQE/PQM:管品质;

EPM/PD/ID/MD:管研发、工程和技术;

SR/EHS/Security:管社会责任、环境、安全。

在产品生命周期的每个阶段,采购供应经理都需要进行跨部门的沟通和协作,与团队成员共同达成交付目标。管理过程中,苹果内部协作非常依赖采购供应经理的个人经验和沟通协调能力。对于外部供应商管理,管理的要素无非是:"人,机,料,法,环",通常用统一的管理工具和模板对供应商进行业务跟踪、管理和控制。

比如:

对计划的管理,有统一的 MPS 和 Forecast 模板;

对物料的管理,有统一的 CTB 模板;

对每天的生产管理,有统一的 IOS 模板;

对人力的跟踪管理,有统一的 Labor tracker 模板;

对于产能,有统一的 Capacity plan 模板进行梳理和跟踪;

对于每天的品质报告,有统一的图表分析格式。

模板的数据逻辑很重要,每天的跟踪更重要,通过随时刷新精确数据来进行追溯和管理。

(1)苹果对多级供应商管理需求预测的流程范例见下图。

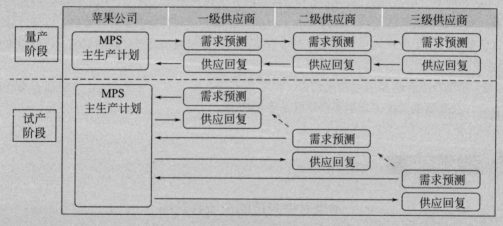

苹果对多级供应商管理需求预测流程

流程说明：

MPS即主生产计划。

苹果对供应商的管理不止于一级，常常会管理到次级供应商，二级、三级供应商以上，而管控是从需求的发放开始的，为避免牛鞭效应的放大，在NPI阶段，苹果自己管控需求并根据供应商的反馈动态调整需求。

（2）苹果对需求进行管理MPS的模板范例见下表。

苹果对需求进行管理MPS的模板

机型名称		Wk 1 Ending 4/8/17	Wk 2 Ending 4/15/17	Wk 3 Ending 4/22/17	Wk 4 Ending 4/29/17	Wk 5 Ending 5/6/17	Wk 6 Ending 5/13/17	Wk 7 Ending 5/20/17	Wk 8 Ending 5/27/17	Wk 9 Ending 6/3/17	Wk 10 Ending 6/10/17	Wk 11 Ending 6/17/17	Wk 12 Ending 6/24/17	Wk 13 Ending 7/1/17
ABC	本周 每周需求	5,603	36,293	21,749	19,517	18,655	17,106	13,301	4,503	2,147	0	0	0	0
	累计需求	5,603	41,896	63,644	83,162	101,816	118,922	132,224	136,726	138,873	138,873	138,873	138,873	138,873
	上周 每周需求	20,357	20,357	20,807	19,697	18,102	17,085	15,993	3,683	2,792	0	0	0	0
	累计需求	20,357	40,714	61,521	81,218	99,320	116,405	132,398	136,081	138,873	138,873	138,873	138,873	138,873
	差异 每周需求	-14754	15936	942	-180	552	21	-2691	820	-645	0	0	0	0
	累计需求	-14754	1182	2123	1944	2496	2517	-174	646	0	0	0	0	0

流程说明：

对每周的生产需求，包括周需求和累计需求做未来连续13周的差异对比。如果出现负值，则要警惕注意。

（3）苹果对物料进行管理的CTB模板范例见下表。

苹果对物料进行管理的CTB模板

X项目	Mar WK1	Mar WK2	Mar WK3	Mar WK4	Mar WK5	Apr WK1	Apr WK2	Apr WK3	Apr WK4	May WK1	May WK2	May WK3	May WK4
X项目MPS													
X项目CTB													
X项目缺料第一名													
X项目缺料数 to MPS													

WW MPS 2018-3-1 X项目 Weekly CTB			Mar WK1	Mar WK2	Mar WK3	Mar WK4	Mar WK5	Apr WK1	Apr WK2	Apr WK3	Apr WK4	May WK1	May WK2	May WK3	May WK4
X项目需求数MPS															
X项目总产能															
供应	供应商	LT	Mar WK1	Mar WK2	Mar WK3	Mar WK4	Mar WK5	Apr WK1	Apr WK2	Apr WK3	Apr WK4	May WK1	May WK2	May WK3	May WK4
A料															
B料															
C料															
X项目CTB															
X项目CTB缺产能数															
X项目CTB缺料第一名															
缺料差异			Mar WK1	Mar WK2	Mar WK3	Mar WK4	Mar WK5	Apr WK1	Apr WK2	Apr WK3	Apr WK4	May WK1	May WK2	May WK3	May WK4
A料															
B料															
C料															

流程说明：

CTB（Clear to Build），即对可以生产的齐套物料的简称。

将所有物料列在一个总表中，对物料进行连续13周的预测，通过需求和供应的比对，预测未来齐套料的状态，找出瓶颈物料并在缺料前解决缺料问题。

（4）苹果对产能进行管理的Capacity Plan模板范例见下表。

苹果对产能进行管理的Capacity Plan模板

X项目产能数据

每条线的平均生产循环时间	
每小时产出UPH	
每周工作天数	
每天工作班次	
每班次工作小时数	
效率目标	
良率目标	
每班次的日投入产能	
每条线的日投入产能	
每周的投入产能	
工人数	
每个工人的单位产出数	
生产线体数	
日最大产出产能	
周最大产出产能	
月最大产出产能	
季最大产出产能	
年最大产出产能	

产能良率和效率计划爬坡表

周数	wk1	wk2	wk3	wk4	wk5	wk6	wk7	wk8
良率								
效率								

X项目名称	3-1 Mon	3-2 Tue	3-3 Wed	3-4 Thu	3-5 Fri	3-6 Sat	3-7 Sun	3-8 Mon	3-9 Tue	3-10 Wed	3-11 Thu	3-12 Fri
规划的UPH（白班）												
效率												
工作小时数												
投入的UPH												
每天的投入数												
良率												
产出的UPH												
每天的产出数												
规划的UPH（晚班）												
效率												
工作小时数												
投入的UPH												
每天的投入数												
良率												
产出的UPH												
每天的产出数												
每天的总投入数												
每天的总产出数												

流程说明：

Capacity Plan，即产能规划。在新项目导入前必须要做的工作。

通过对产品生产时间的科学和逻辑的计算，推导出日产能、周产能和月产能。

在新产品导入期间，对导入期8周内的良率和效率做出计划。

根据推导和计算出的产能计划、良率计划、效率计划，对新项目每天的投入产出做出计划。

（5）苹果对每天生产投入产出进行管理的IOS模板范例见下表。

苹果对每天生产投入产出进行管理的IOS模板

X项目名称	3-1 Mon	3-2 Tue	3-3 Wed	3-4 Thu	3-5 Fri	3-6 Sat	3-7 Sun	3-8 Mon	3-9 Tue	3-10 Wed	3-11 Thu	3-12 Fri
日产能												
总产线数												
已稽核线体数												
计划投入												
累计计划投入												
实际投入												
累计实际投入												
实际与计划差异												
计划产出												
累计计划产出												
实际产出												
累计实际产出												
实际与计划差异												
计划良率												
实际良率												
计划出货												
累计计划出货												
实际出货												
累计实际出货												
实际与计划差异												

流程说明：

IOS（Input Output Shipment），即投入产出和出货数。

驻厂人员需要每天跟踪的数据报表。

通过投入、产出、出货这三个指标在计划与实际的差异比对中，发现问题并迅速解决问题。

（6）苹果对人力进行管理的Labor Tracker模板范例见下表。

苹果对人力进行管理的Labor Tracker模板

X项目名称	3-1 Mon	3-2 Tue	3-3 Wed	3-4 Thu	3-5 Fri	3-6 Sat	3-7 Sun	3-8 Mon	3-9 Tue	3-10 Wed	3-11 Thu	3-12 Fri
苹果人力需求												
其他客户人力需求												
总人力需求												
总招聘计划												
内部HR招聘												
内部推荐												
政府提供												
中介招聘												
第三方派遣												
实习生												
部门调转												
其他渠道												
上年度的离职率												
上年度的离职人数												
预计的总劳工数												
预计的劳工差异												
实际招聘结果												
内部HR招聘												
内部推荐												
政府提供												
中介招聘												
第三方派遣												
实习生												
部门调转												
其他渠道												
实际离职率												
实际的离职人数												
实际的总劳工数												
实际的劳工差异												

流程说明：

Labor Tracker，对劳工人力进行跟踪管理的报表。

通过每天劳工实际到位情况，分析计划与实际执行间的差异，进行人力管理和跟踪，可以预测13周以上的人力情况。

第五节　供应商风险管控

随着现代社会的发展，供应商与企业的关系已由最初的纯粹买卖关系发展成为合作伙伴关系。在整个供应链体系中，供应商与其受众承担着供应链中环环相扣的责任，链条的断裂将严重制约企业的发展。因此，对供应商风险进行科学的评估，通过管理将风险降低或消除，是维持企业正常运营的必要条件。

一、供应商风险的类别

目前业界对供应商的风险还没有统一的说法,本书从不同角度,将风险分为以下几类。

1. 外部风险和内部风险之分

(1) 外部风险。外部风险是指天灾人祸(如地震、洪灾、海啸、恐怖事件、战争、火灾、罢工)、宏观因素(PEST:指政治政策导向、经济周期、法律法规变更修订、技术变革和突破)、产业链格局发生变化、市场需求快速变化等的各种外在风险。

(2) 内部风险。内部风险是指供应商内部战略或策略发生变化、管理层骤变、道德和法律法规遵从风险、运营失控、财务危机、信息扭曲、系统崩溃、供应商代表的个人行为风险等。

2. 可控风险和不可控风险之分

(1) 可控风险。可控风险是指如供应商资质、上游供应商的产品和服务、供应商的运营管理、IT系统等方面的风险。

(2) 不可控风险。不可控风险是指如恐怖事件、劳工罢工停工、自然灾害、意外(随机)事故等方面的风险。

3. 关系型风险和客观存在型风险之分

(1) 关系型风险。关系型风险是指因沟通不畅,合作关系未能有效维护造成信任缺失或信息扭曲而产生的风险。

(2) 客观存在型风险。客观存在型风险则指与合作关系无关的,所有客观存在的导致供应商供应体系失败或损失的风险。

4. 系统风险和过程节点风险之分

(1) 系统风险。系统风险是整个供应链组织或体系顶层设计的Bug,这种系统风险从来就有,只是暂时没有发生,但是一旦发生灾难,很难修复,需要颠覆重新构建。

(2) 过程节点风险。过程节点风险是指采购和供应链管理流程中某个环节的风险,较易修正和改良。

二、供应商风险识别与评估

在供应商管理过程中,企业可以按图3-21所示的步骤,识别每个供应商的风险水平,并且确定供应商进行现场评估和渗透测试的优先级。

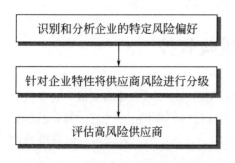

图3-21 供应商风险识别与评估

1. 识别和分析企业的特定风险偏好

企业有必要从供应商服务的范围角度来考虑如何采取更有效的风险评估方法。对每一个企业来说,并不是所有的风险都是关键。根据所在行业,需要首先识别企业自身特定的潜在风险,然后进行高、中、低风险分级。这将帮助企业确定处置重要安全风险的优先顺序,确保企业基于重要标准来评估供应商。

一个好的参考框架如下。

（1）如果第三方发生泄密时，哪些信息带来的损失更大？这些信息中包括专利信息、客户财务信息、员工身份信息、其他第三方数据、财务和战略相关的信息等方面。

（2）评估这些风险需要考虑与供应商的交互性和依赖性。针对带来的潜在影响来准确进行分级，具体如图3-22所示信息泄密产生的影响分析。

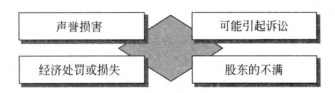

图3-22　信息泄密产生的影响分析

这种风险识别和分析提供了一个更全面的评估方法，可以让企业能更好地评估供应商。

2.针对企业特性将供应商风险进行分级

详细的评估供应商的风险，应该考虑企业和供应商之间关系来定义风险类型。

（1）他们会访问企业的员工或客户数据吗？

（2）他们会和企业的系统进行网络对接吗？

（3）他们会和第三方或分包商交换企业的信息吗？

通过对上面三种情况的分析，企业可以对供应商的风险进行分级，可将风险分为5个等级，极高、高、中、低和极低。

> **专家提示**
>
> 在改善和更新您的供应商风险管理过程中，结合自定义的风险偏好去了解供应商服务风险是一个重要的步骤，以便对最关键的供应商开展委托评估进行核查，从而确定预算。

3.评估高风险供应商

首先，利用必要的资源选择评估方法执行评估。要考虑的三个最重要的资源如图3-23所示。

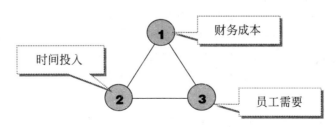

图3-23　资源评估法的要点

现场评估这种高资源投入方法是昂贵的，需要在现场投入多名专业人员，并且需要一段时间才产生结果。企业应该只对高风险供应商采取这些方法。对于其他供应商，可以委托评估，花费更少的资源，如调查问卷或供应商自我评估。

在完成对供应商和关键风险分级之后，开始评估供应商。这样可以确保企业对最有可能使你发生泄密的供应商进行资源的投入。这种灵活的和可扩展的框架可以应用于所有现有的和即将合作的供应商，优化资源，减轻企业的供应商风险。

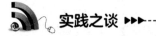
实践之谈

让我们看一看苹果对供应商的信息安全是怎么要求的。

"零释放、零泄漏"是最高原则。在新产品发布前，不允许做任何形式的任何泄密。任何采购人员不允许跟供应商谈任何关于新产品的信息。供应商如果不能做到信息安全和保密，是不能成为苹果供应商的。

在供应商端，对信息安全的要求在以下六个方面。

（1）库存管理。供应商必须对整个生产过程中的所有物件和物料能够跟踪和追溯。有强大的生产管理系统或物料管控系统对生产进行跟踪、管理，对物料定期盘点、精确统计和管理。这一点在新产品的验证期间尤其严格。

（2）报废管理。供应商对不良品、待报废品必须进行安全和加密存放，用正确的方法破坏产品的可视性和功能性，使其面目全非，无法识别。在新产品发布前不允许做报废处理，必须在新产品发布后，得到苹果相关人员的批准才能报废，且报废过程必须是在苹果或苹果批准的第三方公司的见证下完成，报废后的废料也需要由苹果指定的供应商拖走。苹果有一整套系统去管理和跟踪所有供应商的报废。

（3）进入限制和扫描。在供应商厂区，任何人进出苹果产线区域必须进行扫描，有专业保安进行。任何人没有特权，包括苹果的自己人，也必须得到相关负责人的批准，纳入可以进入苹果项目区域的名单之列，否则保安有权拒绝进入。任何电子产品也不允许随身带入产线，必须卸下由保安保管。

（4）相机管控。供应商的任何人不允许带相机进入苹果项目的产线区域，不允许进行任何拍照。如果苹果人员因工作需要带手机进去，必须持有特殊的工卡，且需要将手机摄像头贴上红色或黑色标签，而供应商内部人员只允许带只可以打电话的功能手机进行通信。

（5）视频监控。供应商必须安装视频监控系统，能够监控到所有物品和物料移动的完整路线，尤其是生产区域的出入口和仓库。

（6）信息保密。供应商必须严格保守苹果产品的秘密，包括性能、图片、参数、需求量、价格和未来技术走向等信息。苹果的logo和项目信息不允许出现在供应商的对外宣传资料中，苹果项目的人必须有专用密码查询信息。一旦发生信息泄密，供应商将面临巨额的罚款。

信息安全和保密是苹果公司文化的一部分，一旦泄密会对市场产生巨大的负面影响，导致严重的后果。"神秘的苹果"，也是苹果获得商业成功的一个关键要素。

三、供应商风险管控措施

针对以上各种从不同角度分析归类的风险，作为企业，应该如何构建防风险和抗风险的能力和机制呢？作为专业采购，你如何才能帮助你的公司避免风险和事故的发生，或者在风险事故发生后，用最快的速度将风险解决掉呢？对此，可采取如图3-24所示的措施。

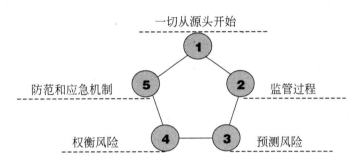

图3-24　供应商风险管控的措施

1.一切从源头开始

从Sourcing开始，就必须着手风险控制。作为一家大公司的采购，为了降低风险，避免犯错误栽跟头，选择一些已经在业界有良好口碑的上市公司，总是不错的选择。毕竟证监会已经大浪淘沙，去伪存真，做了初步筛选。

2.监管过程

正如"质量"是做出来而不是检出来的一样。作为专业采购，为了确保供应商的供应安全，除了管理好采购品类和成本价格以外，你必须能够有效监控供应商内部的日常运作和管理，包括一切跟运营有关的事务：需求、采购、上级供应商、物料、生产、产能、库存、人力、设备、财务、汇率、工程、质量、信息系统甚至研发和市场。供应商提供给你的数据和报告必须是真实且透明的。作为专业采购，你必须能够看出数据的逻辑性，邮件或报表里的信息和数据是可以推导和演算的，并且可以通过你在现场的审计和稽核得到验证。除此以外，作为大采购的你，还得和供应商团队做好非正式沟通，有时候小道消息（Rumors）比正常渠道获得的信息还要宝贵和重要，谁都不希望自己成为最后的知情者。

3.预测风险

关于供应安全以及是否存在缺料（Shortage）的风险数据，是可以用仿真模拟（Simulation）场景计算出来的。作为专业采购，你必须要具备这样的能力，"防患于未然"，在火燃烧前就灭掉火种，甚至不让火引燃。

4.权衡风险

质量安全与供应安全既统一又矛盾，管质量的会hold住不让出货，而采购经理又急于出货避免更大的灾难，这时作为专业采购的你，需要做出明智的判断，用什么方法管控放行和平衡风险。

5.防范和应急机制

作为企业，对供应商风险进行识别和归类，建立一整套对各种风险定期审计和稽核的

Check list，定期梳理和判别是非常必要的。如果供应商真的发生供应事故了，作为采购团队和公司管理团队，必须有一套Recovery plan（恢复或拯救的机制），集结公司最佳资源将火迅速扑灭掉，避免灾难和事故更大化。

在实际工作中，如果企业自身团队经验不足，可以请业界一些有经验的专家和顾问，共同研究打造符合企业自身状况的抗风险模型和预测风险的机制——"组织、流程、工具和办法"。

企业真正的风险就是来源于企业的管理疏漏。供应商的风险其实就是来自你自己，管控风险的能力就是你作为专业采购的关键技能之一。

实践之谈 ▶▶▶

大家是不是很好奇，苹果是如何管理供应商以及物料供应的呢？这是一个庞大的课题，苹果的供应商管理涉及很多具体的方法论。这里我只是简单分享一下我自己的理解。

1. 管理原则

（1）所谓的小题大做，过度反应。工厂内没有小事，发生任何状况和意外，都会严肃处理，密切监控，直到问题迅速解决。

（2）对供应商实行不信任机制，怀疑一切 Data（物料、资料），最常用的手段就是 Scrub and Audit（不断地擦洗、清理和稽核）。

（3）苹果创造了很多文档模板和管理工具去跟踪状态，供应商必须上报所有需要监控的数据，有时甚至需要按小时来上报数据和信息。

（4）精细化管理和流程管理。苹果对供应商的管理，几乎管理到每一个环节，供应商只是帮苹果执行和实现而已。

（5）对供应商绩效的管理，不是管理结果，而是管理过程。在过程中 Make sure do right thing（确保做正确的事），过程对了，结果自然就不会偏差太大，苹果能够接受的差异也就5%左右。

2. 苹果对供应商的要求

（1）正如苹果文化一样，要快，要迅速，要快速响应苹果的任何要求。

（2）Specific（具体），需要提供精准的数字、数据和案例。

（3）供应商的最高负责人必须知道细节，如果不能满足苹果的要求，苹果会要求换人，换到满意为止。

（4）盯人，On site（蹲点），对供应商严格要求，督促成长。

（5）用正确的格式写准确的报告。出现问题，用一页纸描述，只说重点，描述问题、解决方案，下一步行动计划，供应链所受的影响，风险等级。

（6）供应商所有Email的信息在Apple内部相关人员共享。

（7）Deep dive（深潜）。

（8）QBR（季度营运会议），请供应商CEO/COO（首席执行官/首席运营官）过来一起开会，总结经验和提出改善建议和要求。

3. 关于品质、供应和风险

（1）在新产品开发阶段，苹果工程师和供应商的工作非常紧密，不分节假日，也不分白天和黑夜，夜以继日地工作。

（2）尽可能用业界最好的供应商，减少管理成本。

（3）品质要求高。用做外观件、艺术品的标准去做一个内置件。

（4）不让任何有风险的产品泄漏出去。

（5）供应风险控制在过程中，而不是责难结果。

（6）产品测试会增加很多检验工站。

（7）信息分享，群体作战和决策。

第六节　供应商社会责任

在经济全球化的趋势下，世界市场日益形成相互依存、彼此互补的完整的产业链、供应链、价值链和市场需求链。企业社会责任不再是一个企业的单独行为，而是全球供应链包括制造商、供应商、采购商和品牌商共同的责任；企业社会责任也不再是一个国家的单独行为，而是一种世界潮流和趋势。

一、供应商社会责任的起源

源自20世纪90年代的"血汗工厂运动"，由此激发了西方社会各界对供应商社会责任的重视，西方消费者声势浩大的抵制运动对相关企业的品牌声誉和财务绩效都造成严重损失，进而快速推动了企业对供应商社会责任的重视。

目前，西方多数龙头企业已经初步建立起供应链责任的意识，他们在选取供应商之前会订立严格的社会责任要求，并对供应商的生产环境、用工情况会做详细的调查和不断的检查，一旦出现任何问题则及时采取有效行动，避免相关风险。

经过二十多年的发展，西方品牌大企业大多建立了一套完备的供应商责任管理制度。

> **专家提示**
>
> 从西方供应商责任的理念及制度的发展看，也是社会和消费者的文明进步要求促进了品牌企业意识和行为的进步。

二、供应商社会责任管理的意义

产品质量是企业社会责任建设之本。企业想获得长足发展，必须建立严格的产品与服务质量控制体系。在生产中加强责任心，严把产品质量关，只有产品质量达标，没有安全隐患，才能取信于顾客，才能立足于行业。企业的供应商往往共同参与企业产品的开发，供应商产品质量的改进对企业提高产品质量也有显著影响。为了确保产品的安全与质量，需要企业与供应商共同履行社会责任。企业为了增强对供应商的控制力，也要对供应商的社会责任提出一定要求。

当前，一些跨国公司（例如耐克、阿迪达斯、沃尔玛等）为了避免品牌形象受到影响，不仅自己制定了社会责任守则，同时也为供应商提供了清晰的行为准则，要求他们遵守高水准的职业标准和劳动法规，而且要求产品配套企业和合作企业均要遵守这些守则。有些企业甚至还设立了独立的监督体系，要对公司供应链中的供应商和分包商实施以劳工标准检查为内容的社会责任检查和审核。

三、供应商社会责任管理的范围

在供应链和供应商社会责任监管的范围包括但不限于以下内容。
（1）没有被强迫的劳工。
（2）没有童工。
（3）没有犯罪现象。
（4）没有非人性的对待员工。
（5）工作环境和工作是健康且安全的。
（6）工资及时支付。
（7）无过度加班，仅在法律允许的范围内安排加班。
（8）生产过程可追溯。
（9）产品是健康的、安全的。
（10）企业遵守对环境保护的承诺。
（11）信息安全。
（12）企业和上游供应商都能遵守商业道德。

拓展阅读

苹果的供应商行为准则

Apple承诺践行最高标准的社会与环境责任和道德行为。Apple供应商必须提供安全的工作环境，确保工人受到尊重、享有尊严，公平且遵循道德标准行事，并在任何情况下为Apple生产产品或提供服务时均应采取对环境负责的行为。Apple要求其供应商按照本《Apple供应商行为准则》（以下简称"准则"）中的原则经营业务并完全遵循所有适用法律法规。本准则借鉴国际公认的标准，以推动社会和环境责任，意义远胜于仅遵循法律规定。当标准与法律规定冲突时，应根据适用法律，遵循更严格的标准。此准则概述了Apple在劳工权利与人权、健康与安全、环境保护、道德规范和管理措施方面对供应商行为的期望。

Apple将评估供应商对本准则的遵守情况，任何违反本准则的行为可能损害供应商与 Apple 之间的业务关系，甚至会导致双方业务关系终止。本准则适用于向 Apple 提供商品/服务，或该商品/服务用于 Apple 产品的 Apple 供应商及其子公司、附属机构和分包商（分别称为"供应商"）。

此外，Apple 备有详细的标准，明确定义了我们对遵循本准则的期望。

一、劳工权利与人权

Apple 认为供应链中的每位工人都应在公正、合乎道德标准的工作场所工作。Apple 供应商必须给予工人最大程度的尊严和尊重，并按照最高的人权标准行事。

1. 反歧视

在招聘及其他雇佣行为中，供应商不得因年龄、残疾、民族、性别、婚姻状况、国籍、政治面貌、种族、宗教、性取向、性别认同、工会成员身份或任何其他受适用国家或地方法律保护的身份而歧视任何工人。除适用的法律法规有相关要求或出于工作场所安全考虑之外，供应商不得进行验孕或体检，且不得根据检查结果进行不正当歧视。

2. 反骚扰与虐待

供应商应致力于维护一个无骚扰、无虐待的工作环境。供应商不得威胁工人或使其受到严酷或不人道的对待，包括但不限于口头虐待和骚扰、心理骚扰、精神和身体压迫以及性骚扰。

3. 预防非自愿劳工和人口贩卖

供应商必须确保所有工作纯属自愿。供应商不得贩卖人口或雇用任何形式的奴隶、受强迫、抵债、契约或监狱劳工。非自愿劳动包括通过威胁、强迫、强制、诱拐、欺诈或向控制他人的任何人支付薪酬的方式运输、藏匿、招聘、转岗、接收或雇用人员，以达到剥削之目的。

供应商不得扣押工人的政府颁发的身份证件和旅行证件原件。供应商应确保与工人签订的合同以该工人理解的语言清楚表达雇佣条件。对于工作场所内的人员走动或进出由其提供的设施，供应商不得强加不合理的限制。

不得要求工人向雇主或其代理人支付招聘费用或其他类似费用以获得工作。若发现工人已支付此类费用，应将该费用退还给工人。供应商应确保第三方招聘机构遵循本准则和法律规定。

4. 预防雇用童工

供应商应只雇用至少年满 15 周岁，或达到适用法定最低就业年龄，或达到完成义务教育的适用年龄的工人，以三者中最高者为准。供应商可以根据国际劳工组织（ILO）第 138 号《准予就业最低年龄公约》第六条中规定的教育受益原则，提供在合法工作场所进行的学徒训练计划，或提供第 138 号公约第七条中规定的低强度工作。

5. 保护青少年工人

供应商可以雇用超过适用的法定最低工作年龄但未满 18 岁的青少年，前提是他们不得从事可能危害其健康、安全或道德的工作，且相关雇用行为符合国际劳工组织（ILO）第 138 号《准予就业最低年龄公约》。供应商不得要求青少年工人加班或从事夜班工作。

6.保护学生工人

供应商应通过对学生记录进行适当维护、对教育合作伙伴展开严格的尽职调查以确保合理管理学生工人,并按照适用法律法规的要求保护学生的权利。供应商应对所有学生工人提供适当的支持和培训。

7.工作时间

除紧急或特殊情况以外,工人每周的工作时间不得超过60小时(其中包括加班时间),并且应当允许工人每七天至少休息一天。每周正常工作时间不得超过48小时。供应商应遵守工作时间和休息相关的所有适用法律、法规,所有加班必须自愿。

8.工资与福利

供应商应向工人支付不低于最低工资的报酬,并提供法律和/或合同规定的任何福利。供应商应根据法律规定的费率来支付工人的加班报酬。供应商应告知所有工人工资结构和支付时间。供应商应遵守工资和福利相关的所有法律要求,并按时、足额支付工资,不得将扣减工资作为纪律惩处的手段。一切使用临时和外包劳务的行为均应受当地法律的限制。

9.结社自由与集体协商

供应商应准许工人享有按自己的选择与他人自由结社、组建及加入(或者不加入)组织团体,及进行集体协商的合法权益,不得干涉、歧视、报复或骚扰。

10.申诉制度

供应商应确保建立完善的工人申诉机制,以促进管理人员与工人之间开放的沟通交流。

二、健康与安全

工人的身心健康和安全对Apple很重要。供应商应提供并维护安全的工作环境,将完善的健康与安全管理实践融入其业务中。工人应有权拒绝不安全的作业并报告不健康的工作环境。

1.健康和安全许可

供应商应取得、持续更新所有必要的健康和安全许可,并遵守这些许可的相关规定。

2.职业健康与安全管理

供应商应通过消除危害、替换、工程控制、行政管理控制流程和/或提供个人防护用品的优先级别排序,来识别、评估和管理职业健康和安全危害。

3.紧急事件准备和应对

供应商应识别并评估潜在的紧急情况。对于每一种情形,供应商都应制定并实施紧急预案和响应程序,最大限度地降低对生命、环境和财产造成的损害。

4.事件管理

供应商应建立供工人报告健康与安全事故及未遂事件,并调查、跟踪和管理此类报告的机制。

供应商必须实施纠正措施计划以降低风险,提供必要的治疗措施,协助工人顺利返岗。

5. 工作和生活条件

供应商应向工人提供相当方便和干净的厕所设施与饮用水。供应商提供的就餐、食物准备和储存设施必须干净卫生。供应商或第三方提供的工人宿舍必须干净、安全，拥有合理的生活空间。

6. 健康与安全信息沟通

供应商应以工人的母语向其提供适当的工作场所健康与安全培训。健康与安全相关信息必须清楚张贴在厂内。

三、环境

Apple致力于保护环境，承担环境责任是我们运营的核心部分。供应商应制定、实施和维护对环境负责的业务实践。

1. 环保许可和报告

供应商应取得、更新必要的环保许可，并遵守所有环保许可的相关要求。供应商应遵守适用许可和法规中关于环保报告的要求。

2. 受管制物质

供应商为Apple生产和向Apple提供的所有商品都应符合《Apple受管制物质细则》的要求。

3. 有害废物管理

供应商应运用系统方法识别、管理和减少有害废物，并且对其进行负责的处置或回收。

4. 非有害废物管理

供应商应运用系统方法识别、管理和减少非有害废物，并且对其进行负责的处置或回收。

5. 废水管理

供应商应实施系统方法以识别、控制并减少运营产生的废水。供应商应对其废水处理系统的效果进行定期监控。

6. 雨水管理

供应商应实施系统方法，以防止雨水径流污染。供应商应避免违法排放和溢流产生的废水进入雨水排放管道、公共供水系统或公共水域。

7. 废气排放管理

供应商应识别、管理、减少并应负责任地控制运营活动中产生的且对环境有害的废气排放。供应商应对其废气排放控制系统的性能进行定期监测。

8. 厂界噪声管理

对于工厂产生的引致厂界噪声级别受到影响的噪声，供应商应予以识别、控制、监测和降低。

9. 预防污染和减少资源消耗

供应商应采取节约和替代措施，降低对能源、水、自然资源的消耗并减少温室气体排放。供应商应采取减量和替代措施,最大限度地减少有害物质的使用。

四、职业道德

Apple希望竭尽全力达到最高道德行为标准。供应商在运营中,包括处理各类关系、商业行为、采购和运营等各个方面,都应始终符合道德规范。

1. 负责任的矿物采购

供应商应对其供应链中的相关矿物进行尽职调查。供应商应制定专门的尽职调查政策和管理制度,以识别相关的风险并采取适当的措施缓解此类风险。供应商应针对矿物加工层级开展尽职调查,以判断相关矿物是否来自高风险地区,其中包括存在以下活动或情况的区域:冲突、最恶劣形式的童工雇佣现象、强迫劳动和贩卖人口、严重侵犯人权的行为(如广泛的性暴力)或根据合理客观的判断存在其他高风险活动(包括严重的健康和安全风险以及不良的环境影响)。

2. 商业道德

供应商不得出于获取不公正或不正当利益的目的进行贪污、勒索、盗用或贿赂行为。供应商必须遵守经营所在国家/地区的所有适用反腐败法律法规,包括(美国)《反海外贿赂法案》(FCPA)及适用的国际反腐败公约。

3. 信息披露

供应商应准确记录其商业活动、劳工、健康与安全和环境实践相关的信息,并按照相关法律要求,向所有相关方公开这些信息,不得伪造或弄虚作假。

4. 保护知识产权

供应商应尊重知识产权并保护客户信息的安全。供应商应从保护知识产权的角度出发,管理技术和专业知识。

5. 举报者保护和匿名投诉

供应商应建立匿名投诉机制,供管理人员和工人汇报工作场所中的不满。供应商必须对举报者和举报信息保密,禁止报复行为。

6. 社区参与

我们鼓励供应商帮助促进社会和经济发展,对经营地社区的持续发展作出贡献。

7. C-TPAT

若供应商为Apple运送产品到美国,供应商均应遵循C-TPAT(海关商贸反恐怖计划)安全程序,详情请浏览美国海关网站www.cbp.gov(或美国政府部门出于该目的而建立的其他网站)。

五、管理体系

Apple认为健全的管理体系和承诺是促进公司供应链的社会和环境健康的关键。Apple的供应商必须遵守本准则及其所有标准。供应商应适时实施或维护相应的管理体系,以促进对本准则及法律规定的遵循、识别和降低相关营运风险,以及促进持续改进。

1. 公司声明

供应商应编制公司声明,证明其高标准履行社会和环境职责、道德操守和持续改善的承诺。供应商应以当地官方语言编写该声明,并将其张贴在所有工厂内。

2. 管理责任和义务

供应商应设有公司代表,负责确保实施和定期审核管理体系。供应商应设有公司社会责任(CSR)或可持续发展代表,直接向高级管理层汇报,承担管理企业的社会和环境合规要求的责任并拥有相应的权力。

3. 风险评估与管理

供应商应制定并维护一整套流程,用于识别与其业务运营相关的劳工权利与人权、健康与安全、环境、商业道德及法律合规风险;确定各种风险的相对严重性;并执行适当的规程和控制措施来最大程度降低已识别的风险。

4. 制定了实施计划和措施的绩效目标

供应商应拥有书面标准、绩效目标、指标和实施计划,并定期评估实际表现是否达到这些目标。

5. 审计和评估

供应商应定期评估自身及其向 Apple 提供商品或服务的分包商和下级供应商的设施和运营,以确保遵守本准则和法律规定。

只要供应的产品和服务提供给 Apple、使 Apple 受益,或用于 Apple 产品,供应商都应允许由 Apple 和 Apple 指定的第三方,对供应商、其分包商及其下级供应商的工厂和运营进行定期评估。

6. 文稿记录与记录

供应商必须保留相应文件和记录,确保遵守规章制度。

7. 培训和沟通

供应商应开发和维护管理层与工人培训课程,以便正确执行其政策和规程,并达到供应商的持续改善目标。供应商应拥有向工人、下级供应商和客户清晰、准确地传达其绩效、实践、政策和期望等相关信息的流程。供应商应拥有持续改进的流程,以便获取与本准则相关实践的反馈,促进持续改善。

8. 纠正措施流程

对于通过内部和外部审核、评估、检查、调查或评审等发现的不足或违规行为,供应商应拥有及时开展纠正措施的流程。

四、供应商社会责任管理的措施

随着社会的进步,社会和公众对企业的要求越来越高,消费者和投资者要求企业承担起相应社会责任的压力也日渐增强,追求良好品牌形象的驱动力也迫使大型企业必须开始补充这一课。具体来说,对供应商进行社会责任管理的措施如图3-25所示。

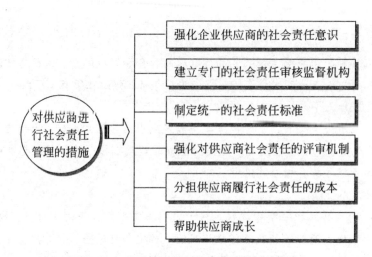

图3-25 对供应商进行社会责任管理的措施

1. 强化企业供应商的社会责任意识

对供应商企业进行社会责任管理,首先就要增强其社会责任意识,使其认识到推行社会责任是有利于企业健康发展和长期利益的行为,从而能够积极实施企业社会责任管理,完善企业运营理念。在追求利润的同时承担保护环境、保护劳动者权益的责任,为员工提供安全、健康的工作环境,给予员工合理的经济待遇,对员工的劳动技术进行培训。通过承担企业社会责任,成为有责任感和影响力的企业,树立良好的企业形象。

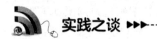

实践之谈 ▶▶▶

苹果在全球产业链市场上拥有强大的Bargaining Power(议价权),他有能力用他的影响力去改变这个世界,让这个世界变得更加美好。

作为富有社会责任感的良心企业,他在承担社会责任、社会影响力和社会贡献方面,下了很多功夫。比如环境保护,减少污染物(污水、重金属)排放,劳动者保护,人权,倡导社会公益项目,教育、捐赠、运动健康理念传播等方面都取得了非常大的成果,只是苹果很低调,不太宣传自己。

在各行业领域率先使用新技术、新材料,推动工业机器人、自动化进程,减少人力,新能源使用等方面都扮演排头兵的角色。

2. 建立专门的社会责任审核监督机构

企业应建立专门的社会责任审核监督部门,负责监督企业社会责任的管理及实施,并负责监督供应商的社会责任实施情况。企业通过该机构加强与供应商的信用沟通,共同组建供应链管理中的社会责任制度的战略联盟体,增加对供应商社会责任管理的公正性、透明度,力争企业社会责任行为在供应链中有效、舒畅地传递。

3. 制定统一的社会责任标准

企业对供应商进行社会责任管理,要有基于社会责任基础上的行为守则(COC)。COC

是企业内部制定的，大多企业是比照SA8000标准（社会责任国际标准）对供应商实施的一些检测项目，而此标准与我国的国情不太匹配。企业应参考国际标准、遵照国家标准，联合供应商共同制定高度统一的企业社会责任标准、管理方式和行为准则，使该标准能够反映企业自身的社会责任特色，提高对供应商企业社会责任管理的有效性。

4. 强化对供应商社会责任的评审机制

对供应商企业社会责任管理在中国的实施方式，主要为公司检验和第三方认证两种方式，公司检验是最主要的实施方式。欧美企业都对其全球供应商和承包商实施社会责任评估和审核，只有通过审核与评估，才能建立合作伙伴关系。因此，企业应建立供应商管理的企业社会责任审计体系和档案库，做到公正、透明的审查，并将数据库评审档案用于向社会公示或便于各利益相关者了解执行情况的工具。

5. 分担供应商履行社会责任的成本

在"三鹿奶粉"事件中，正是由于上游原材料供应商社会责任的缺失，才引起整个供应链的坍塌。而问题的本质是在于在激烈的竞争环境下，企业将较多不合理的成本压力转移给上游供应链，而作为供应链的末端——奶农则在利益的驱动下，采取了非法的措施来增加自己的收入。所以，企业不能不负责任地将履行社会责任的成本都压到供应商头上。若企业能够与供应商分担企业社会责任成本，则会在一定程度上增强供应商履行社会责任的积极性，更为双方的长期合作和稳定发展奠定基础。

6. 帮助供应商成长

很多公司为了避免社会责任风险，通常在发现供应商不能达到行为守则的时候解除订单。此种方法可能导致供应商破产和工人失业，其造成的社会影响也是恶劣的。因此，一个真正履行社会责任的公司，应该给予存在问题的供应商进行改进的空间和余地；并给予必要的资源及技术支持，帮助其供应商履行社会责任，达到其社会责任审核标准。

 实践之谈 ▶▶▶

任何行业龙头企业，都需要给供应链末梢的企业留下空间，帮助其改善其劳工、环境等状况，让供应商有能力和意愿来改变现有生产方式，形成社会责任信念。

接受苹果评估的供应链合作伙伴数量逐年增长。2017年，苹果评估了分布在30个国家和地区的756家供应商。每个审核对象的表现都按照业内极为严格的标准被评定为表现欠佳、表现中等或表现优异。苹果会与表现欠佳的供应商密切合作，帮助他们加快能力建设。如果供应商不愿或无法达到苹果的标准，苹果只能将他们从供应链中移除。在苹果与合作伙伴的共同努力下，表现欠佳的供应商数量减少了71%，表现优异的供应商则增加了35%之多。

第四章
供应链之生产外包管理

情景导入

今天我给大家讲一讲Outsourcing，也就是生产外包。

Outsourcing已经不再是新名词了，大家可能也知道苹果的生产制造是全外包模式，并且被称为"外包之王"。目前，生产全外包模式是大部分美国公司的惯用做法，如Nike、Cisco、HP、Microsoft等，因为外包模式可以轻资产地管理运营，节约运营和管理成本。

在这里，我不得不提富士康。近十年来，伴随着苹果业务的成长，富士康是成长最快的EMS服务商，富士康在全世界所有EMS外包工厂中排名第一，已经形成独角兽企业之态势，2017年营收高达1600亿美金，其营收几乎是其他前十名（Top10）EMS营收之和，世界500强排名第27位。

2018年3月富士康工业互联网业务单元，用36天就完成了中国A股市场的IPO申报和批复，走出了中国资本市场史上最快IPO之路。

富士康最大的一块业务就来自于苹果，富士康也是世界智能手机组装厂中排名第二的制造企业，仅次于三星，是平板电脑代工排名第一的EMS企业。

富士康以其一站式服务和纵向一体化的策略，获得世界知名企业订单，获得巨大商业成功，被业界称为"代工之王"。

苹果的iPhone、iPad、Mac、Apple TV等产品都有在富士康代工生产，在富士康不同的生产基地完成NPI试产和大规模量产。根据各工厂的特点，各有分工和侧重。如iPhone的NPI在富士康的深圳观澜厂完成，量产在郑州厂完成；如iPad的NPI在富士康的深圳龙华厂完成，量产在成都厂完成。富士康为苹果配备了最强悍的一支战斗队伍，以支持苹果的生产外包业务。

中国的华为厂商，其手机和其他电脑周边设备也都有在富士康龙华、贵阳、南宁等地生产。

富士康的竞争优势主要有以下几点。

（1）TCO全方位成本优势。为客户提供最优化的速度、品质、工程服务、效率及附加价值。

（2）垂直一体化。从模具、元器件、模组到整机，富士康都能够提供制造全方位服务，包括设计、生产、组装、维修、物流等。

另外一个重要的EMS供应商就是——和硕Pegatron，从华硕ASUS剥离出来的代工企业，华硕电脑是其最大的股东。与苹果合作多年的Pegatron自2013年起，拿到不少苹果手机订单，这几年靠着苹果业务，异军突起，飞黄腾达，一跃成为世界第二大EMS制造商，超越了伟创力和捷普。

Pega的竞争优势主要有以下两点。

（1）研发能力较强，与华硕同一师门，研发团队在产品研发领域积累了15年以上的经验。

（2）更多的ODM服务，创新和研发服务创造的附加值大于OEM，成为Pega的竞争优势。

EMS产业在持续整合中，越来越趋向于"强者恒强，寡头垄断"的市场格局。软硬件的研发能力、工业设计能力、垂直整合能力，通过向客户提供完整解决方案来创造竞争优势，提高产品附加值成为未来EMS生存和发展的关键。

品牌厂商也希望借助于EMS的全方位能力，快速将产品推向市场，同时将制造服务延伸到物流和售后服务等。

机会与挑战并存。接下来我们着重讲一讲生产外包及其相应的EMS和代工服务模式。

第一节　生产外包的认知

现在企业的竞争不再是单个企业之间的竞争，而是供应链和供应链之间的竞争。要使整条链高效率、协调地运作，必须寻找供应链之外的第三方来对供应链进行经营管理，从而催生了供应链业务流程外包市场。

一、生产外包的概念

生产外包（Outsourcing），又称为制造外包，是以外加工方式将生产委托给外部优秀的专业化资源，达到降低成本、分散风险、提高效率、增强竞争力的目的，即是将一些传统上由企业内部人员负责的非核心业务外包给专业的、高效的服务提供商，以充分利用外部最优秀的专业化资源，达到降低成本、提高效率、增强自身的竞争力的一种管理策略。

二、生产外包的动机

生产外包的目的是为了实现企业自身的可持续经营。从国内外对外包动机的研究来看，外包的动机一般包括以下几类。

1. 生产能力不足或者没有能力生产

企业接到大量的订单，现有生产能力不能按时交货，必须将这部分业务交给其他企业来代为生产。或者是接到的订单规格和品质要求很高，自身的设备和技术能力无法达到客户的要求，这样就必须要求寻求其他有能力的企业代为生产。这种情况在同行中很普遍，形成了既竞争又合作的关系。

2. 内部生产成本更高

为了寻求更低的成本，增强竞争优势。限于企业本身的人力成本和管理水平，自行生产成本很高，企业只好选择外包生产。当然这种情况下也不一定必然选择外包，一是要考虑内部的生产成本是否仍然可以盈利，另外也要考虑采用外包后闲置的产能能否妥善地处置。

3. 财务风险控制

一方面可能企业投资预算有限，没有足够的资金用于扩充产能和提升设备技术水平。另外一方面是考虑投资的长期风险。为了暂时的订单大举进行投资扩产,万一订单无以为继,那么巨额的投资将无法收回。如果选择外包,一方面可以满足暂时订单的需求,又可以避免高额投资的风险。

4.企业自身的战略选择

前三种动机主要还是企业被动选择,更多的是形势所迫的无奈之举,但这一种动机是企业自身的主动选择,将主要资源和精力都集中在核心业务上,进而打造企业的核心竞争力。

比如,苹果公司在1997年企业面临经营危机时,选择将制造业务外包,也是为了将精力集中在自己的核心业务产品研发和品牌营销上,从而打造企业的核心竞争力。

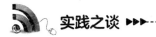

近年来,随着竞争全球化的加剧,许多跨国公司在"微笑曲线"思想的影响下,将核心业务向高附加值区域集中,在研发、设计、市场和销售领域驾轻就熟以后,纷纷将制造基地外移到包括中国在内的亚洲区域。外包业务已经涉及多个领域和行业,服装、鞋帽、皮包、电子产品、软件开发、客户服务等。据研究表明,实施外包战略可使产品开发成本节约9%,生产能力和质量平均提高15%左右。

生产外包结束了自给自足的组织模式,把非核心工艺的大部分外包给别人,而在核心技术上区别于竞争对手,这已成为全球成功企业的共同做法。

三、生产外包的优势

生产外包作为一种全新的生产经营方式,改善了传统生产方式的不足,与传统生产方式相比有不少优越之处。

传统上,企业出于管理和控制的需要,对与产品制造有关的活动和资源一直采取"纵向一体化(Vertical integration)"管理模式,就是从产品的设计和开发、生产、营销与推广、分销与零售等产业链上的各个环节全部由公司来完成。

"纵向一体化"在市场环境相对稳定的情况下尚有一定的合理性,而在产品生命周期不断缩短、企业之间竞争加剧、全球市场变化莫测的情况下,则显露出种种缺陷,如图4-1所示。

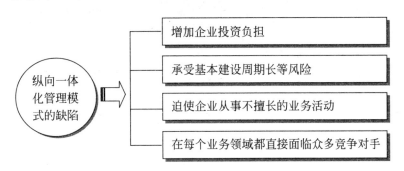

图4-1 纵向一体化管理模式的缺陷

由此可见，纵向一体化管理的结果是分散了整个企业的资源和精力，无法经营好核心业务，削弱了企业的竞争能力。因此，20世纪80年代以后，国际上越来越多的企业放弃了这种经营模式，出现了利用企业外部资源快速响应市场需求的思想，赢得在低成本、高质量、早上市等诸方面的竞争优势。这就是所谓的"横向一体化（Horizontal Integration）"思想。它形成了一条以企业为结点的从供应商到制造商再到分销商的，贯穿所有企业的"网链"。显然，这些企业必须达到同步、协调运行，才有可能使价值链上的所有企业都能受益，因此价值链管理的概念应运而生。

外包业务催生了品牌企业供应链管理的需求。品牌厂商需要重新构建供应链管理架构和流程节点，将重资产的制造业剥离出去或由专业的外包大厂去完成包括设计、原材料采购、制造、物流、仓储、配送等环节的业务。

拓展阅读

一半苹果手机来自郑州富士康

身价高贵的苹果手机很大一部分产自中国的富士康已经不是什么秘密。

数据显示，这个有史以来利润最高也最畅销的手机品牌，大约一半都产自富士康位于河南郑州的工厂。

目前富士康在郑州有多家工厂，位于郑州新郑综合保税区的鸿富锦精密电子郑州有限公司，是郑州富士康的总部。另外，在郑州的出口加工区还有一家富泰华精密电子郑州有限公司，被称作经济开发区分厂；位于中牟白沙镇还有一家富鼎精密电子郑州有限公司，通常被称为富士康中牟县分厂。

此前曾有媒体探访郑州富士康后，发表报道称这里有94条生产线，雇用了35万名工人。这里大约每分钟可以组装350部苹果手机，每天的产量达到50万部。

每台苹果手机需要采用来自200多个供应商的零部件，如CPU、相机模块等，富士康除了进行组装外，自己也生产一些小型金属零部件。要通过400道工序才能完成苹果手机的最终组装，然后被装进白色包装盒等待出厂。

在富士康郑州工厂大门外几百米就是郑州保税区海关，富士康在这里完成将生产完成的手机卖给苹果公司的手续。然后，停靠在郑州机场上的UPS、联邦快递等跨国快递公司的大型货运专机将这些手机运送到全球各地。

据称，一架宽体波音747飞机可以运载15万部手机。

每逢一款新型手机推出前夕，从郑州富士康的工厂到郑州保税区海关，再到郑州机场都会先后经历一段最繁忙的时期。

美国当地时间2017年9月12日，苹果公司在秋季产品发布会上推出三款新手机，包括为纪念苹果手机问世十周年而设计的iPhoneX，以及升级换代的iPhone8和iPhone8plus。

与此同时，位于中国郑州的富士康则成为最繁忙的地方。

2017年9月14日16时许,由郑州新郑综合保税区生产的、首批销往中国国内市场的27.8万台苹果iPhone8Plus手机经郑州新郑综合保税区检验检疫局检验放行出区。

而从2017年9月9日苹果新品手机出货首日起,截至14日郑州海关已经监管出区超过118万台苹果新品手机,其中90.24万台销往国外,主要运往美国、英国、荷兰、意大利等地。

自2010年10月郑州新郑综合保税区封关运行以来,郑州新郑综合保税区检验检疫局已检验监管了超过4.5亿部苹果智能手机,涉及13种型号的产品。

第二节 EMS制造服务

EMS(Electronic Manufacturing Services),中文译为电子制造服务,亦被称为ECM(Electronic Contract Manufacturing),中文译为电子合同制造商。EMS是一个蓬勃发展的行业,是为电子产品提供制造服务的行业,此类厂商为客户提供包括产品设计、代工生产、后勤管理、产品维修、物流等环节,属于全程服务。

一、EMS的主要优势资源

现在各种各样的电子产品尤其笔记本电脑、手机等产品,很多品牌许多都是请专业电子代工服务供应商来代工生产的,品牌厂商有时只是提供品牌、设计、监控、技术支持。因此可以说这些EMS供应商才是热销产品的幕后英雄。

EMS主要的优势资源和能力如图4-2所示。

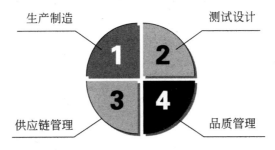

图4-2 EMS主要的优势资源和能力

1. 生产制造

生产制造显然是EMS企业最擅长的事情,制造业是个重资产的行业,EMS公司由于服务于多个客户,其制造资源可以得到充分应用,产生规模效应,能够在短时间内收回投资。

2. 测试设计

EMS企业的反复规模化的制造和测试作业,使得EMS比OEM(原始设备制造)工程师的经验更广,EMS企业能设计出更高效和优化的测试解决方案。

3.供应链管理

EMS企业由于为多个客户生产多种产品,由此产生了更广泛、更全面的供应链管理需求,也积累了充足的供应链管理经验和人才,EMS可以整合上下游资源和信息,配合公司生产管理系统,满足品牌客户对产能、品质和交期的要求。如图4-3所示。

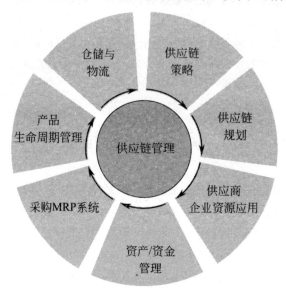

图4-3 供应链管理优势

4.品质管理

EMS本身具备完善的品质控制系统,包括从供应商管理、来料检验、制程控制、可靠性测试、出货检验,可以做到实时监控整个制造过程的品质,迅速掌控产品品质和追溯,确保生产出符合设计规格且满足品牌厂商所要求的稳定质量。如图4-4所示。

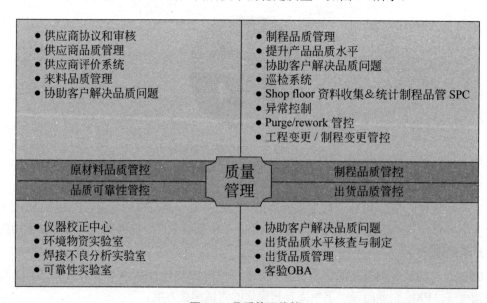

图4-4 品质管理优势

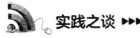
实践之谈

2017年全球十大EMS代工厂排名如下。
1. 富士康（中国台湾）
2. 和硕联合（中国台湾）
3. 伟创力（新加坡）
4. 捷普（美国）
5. 新美亚（美国）
6. 天弘（加拿大）
7. 纬创资通（中国台湾）
8. 新金宝（中国台湾）
9. 贝莱胜（美国）
10. 佰电（美国）

可以看出，中国台湾的电子信息产业发展至今，整体产业体系完整，各产业间搭配良好且相互支援，芯片IC封装，PCBA等关键元器件供应稳定，具备国际竞争力，EMS成为世界品牌厂商的首选。

但是随着中国制造业的发展和进步，国际市场竞争加剧，导致行业利润下降，且人工短缺和生产成本增加，这些都是EMS企业所面临的问题。

EMS企业需要加大自动化和智能化的投资，提升生产制程的自动化和人工智能的应用，构建灵活、敏捷、快速的智能生产模式，向品牌客户提供更加稳定、高效、高品质的产品。

二、EMS合作的方式

EMS企业与客户合作通常采取以下两种方式。

1. 来料委托加工

来料委托加工方式是指所有的物料都由客户提供，EMS企业只是赚加工费。这种方式从供应链角度来看，操作比较简单，EMS企业只是负责产能、排产、生产、交付等。

2. 进料加工

进料加工方式，是指委托方会自己负责一部分料件的采购，并用先买后卖的方式再卖给EMS企业。对于EMS企业来说，委托方既是客户也是供应商。同时，EMS企业也要自己寻源，采购一部分物料。

第三节　生产外包的管理

生产外包的方式已经毋庸置疑，关键在于企业如何对生产外包进行管理，因为生产外包远比物料和零部件的采购复杂和难以把握。因为外包已经成为一个独立于企业之外的过程，而且许多基础数据都已经不在企业内部,这样导致了一个严峻的现实问题:如何将生产外包作为一个独立过程而仍将成为企业整体流程管理的一部分,这将是管理生产外包的核心。

一、生产外包需具备的条件

对于要实施生产外包战略的品牌厂商来说,需要自身具备一定的前提条件,具体如图4-5所示。

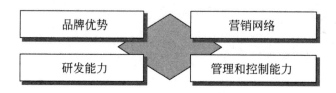

图4-5 企业生产外包需具备的条件

1. 品牌优势

品牌是企业进行生产外包的最大优势,因为只有建立在品牌经营的基础上,企业才有可能为产品附加上额外价值;同时,优秀的品牌也使得生产商更加乐意接受企业的外包业务。

2. 研发能力

客户需求的快速变化,需要企业能够不断创造出满足其个性化需求的新产品,而只有具备强大的研发能力,才可能使生产外包形成良性循环,生产一批,研发一批。否则,同类竞争产品的出现,会很快侵蚀企业的核心竞争力。

3. 营销网络

现代企业的核心驱动力是订单,否则,外包回来的产品只能是一堆库存。如果拥有强大的营销网络,就可以快速地把产品送到客户手中,缩短资金回流的周期,使企业进入新一轮的产品外包。

4. 管理和控制能力

生产外包减少了企业对生产环节的管理监督,但同时也可能增加企业责任外移的可能性,如果无法对合作者进行有效的控制,最终市场很可能被竞争对手或EMS合作者的自有产品抢走。这就要求企业具备很强的管控力,不断地监控外包企业的行为,并努力与之形成良好的长期合作关系。

> **实践之谈** ▶▶▶
>
> 品牌厂商在与EMS企业合作前,需要综合考量和评估EMS,是否有强大的生产能力,包括先进的生产设备、合格的工艺技术,技能熟练的员工以及丰富的生产经验等体现其核心竞争力的因素,还要考虑EMS的生产成本和资金实力,此外还要求EMS合作者有着良好的信誉,对信息安全和技术严格保密。

二、生产外包的管理流程

根据生产外包的定义,是将原本在企业内部完成的制造业务通过合约管理的方式交由代工企业来完成,因此这里有一个转移的过程。当然有些企业在设立之初,就没有准备在内部完成制造业务,而是将制造业务交由外部代工企业来完成。一般来说,生产外包的管理流程如图4-6所示。

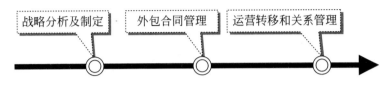

图4-6 生产外包的管理流程

1.战略分析及制定

一个企业为什么要选择制造外包的运营策略?这个策略是否有助于打造企业的核心竞争力?一般来说,制造外包涉及企业的核心战略,制造外包必须有助于企业战略目标的实现。企业的管理层必须就制造外包的合理性达成一致,并通过价值链分析识别可供外包的业务活动,最终确定外包需求并选择合适的供应商。

企业制定了制造外包业务需求,接下来就是选定制造外包供应商。先进行行业调查分析,筛选出潜在的代工企业清单;接下来对筛选出的代工企业逐个分析比较,选定最终的代工合作企业。

2.外包合同管理

这一阶段主要是要与选定的制造代工供应商就代工合同的众多事项进行充分沟通,并达成一致。主要是确定双方的业务及技术目标,达成服务水平协议,明确合同执行的职责和任务。另外,还要确定双方共享的信息,就知识产权签订保密协议。

> **专家提示**
>
> 合同管理的最终目的不仅仅是明确双方的权利和责任,更重要的是达成广泛的共识和建立充分的互信,为后续的合作建立良好的基础。

3.运营转移和关系管理

运营转移和关系管理主要涉及与代工企业之间日常事务的管理和监控、流程的设定与优化,确保外包绩效的达成。另外,与代工企业建立良好的合作伙伴关系至关重要,良好的关系管理是外包过程顺利实现的基础。

三、生产外包的管理要点

品牌厂商实施生产外包时的管理要点如图4-7所示。

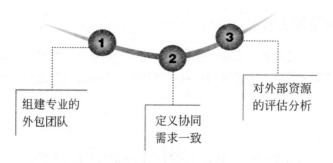

图4-7 生产外包的管理要点

1. 组建专业的外包团队

外包实施后,降低了企业的控制力,同时也可能带来不可预知的风险,如供应风险、泄密风险等。企业必须进行严格的管理和监控,才能确保将风险降到可控范围。因此,外包团队的专业技能非常重要,要求熟知供应链管理、生产运作、商务谈判、成本管理的专业人员和能推动并领导整个进程的项目管理专家。

2. 定义协同需求一致

外包的内容越多,定义双方高度认可的协同目标越多。只有委托制造企业和代工企业就需求充分沟通,并达成高度一致,才能确保制造外包目标的实现。

3. 对外部资源的评估分析

为了选择合适的供应商,必须进行广泛并深入的调查比较分析。重点要分析代工企业的能力,具体包括代工企业的技术、品质、产能、成本控制以及在产品开发上的配合能力。可由图4-8所示的两个措施来加强评估分析。

措施一 评估代工企业的服务及配合能力

品牌厂商可通过代工企业服务的客户来进行初步筛选,判断其服务和配合能力。如果能够服务知名的委托制造企业,其实力自然不言而喻

措施二 评估代工企业的服务意识和快速响应能力

代工企业应该能够对委托制造企业的需求快速反应并保持一定的弹性,及时有效地沟通协调,弥合双方的分歧。因为合约不可能涵盖双方合作的所有细节要求

图4-8 评估代工企业的措施

实践之谈 ▶▶▶

选择知名的电子制造服务商,其技术实力和管理水平较高,生产品质有保障,供应风险较低,沟通协调较为容易。另外,这些供应商更在乎自己的品牌声誉,出现恶意违

约的风险较低。苹果公司选择的制造外包供应商基本都具备以下特征。

（1）在业界内具有良好的口碑，有服务国际知名客户的实绩。
（2）有较强的技术实力和管理水平，达到一定的规模，能够满足苹果公司的海量需求。
（3）专业代工，不做自有品牌，不会与委托制造企业竞争。
（4）具有良好的执行力和快速响应能力。
（5）具有良好的成本管控能力。

4.成本控制

双方应该在互信的基础上进行成本分析并就价格达成一致，并就成本降低计划提前告知对方。

5.合约管理

一般来说，外包合同都是持续性的。双方应该清楚合约的持续性，并在此前提下就合约的所有方面达成一致并切实执行，否则后续将无法实现有效协同，并可能产生无休止的纠纷、推诿甚至违约。

6.对外包策略的理解

品牌厂商制定的外包策略应该进行适度的内部沟通，确保内部员工的理解和支持。如果内部员工不能理解和支持这一策略，势必影响到外包的实施和效果。

四、生产外包的合作模式

一般来说，生产外包合作模式有以下几种。

1.OEM

OEM，是 Original Equipment Manufacturers 的缩写，可译为原始设备制造，是指委托制造企业不直接生产产品，而是将具体的生产制造任务通过合约的方式委托代工企业进行生产。在此过程中，代工企业需按委托制造企业的需求、授权等特定条件来生产。委托制造企业则是利用自己掌握的关键技术负责设计和开发新产品，控制市场营销的各个环节，包括品牌塑造、销售渠道控制等。代工企业按照委托制造企业的要求进行生产，最后贴上委托制造企业的品牌，所以OEM也俗称"贴牌生产"。

OEM模式中，品牌厂商侧重于产品的创新和开发，自己设计产品，并拥有IP（知识产权），只是将其生产的全部或部分外包出去，交由EMS完成制造部分。对品牌厂商而言，只需要保留少量人手来管理和支持EMS企业的各个职能。这就需要品牌厂商根据自身对制造服务所需的数量、质量要求、服务要求等需求，寻找到最适合其业务模式和产品范围的EMS供应商。

2.ODM

ODM，是 Original Design Manufacturers 的缩写，可译为原始设计制造。当代工企业除了承担生产制造任务外，还能深度参与委托制造企业的新产品研发任务，而委托制造企业也逐渐将产品设计开发和后续的生产制造任务都交由代工企业来完成，那么OEM就升级为ODM。

ODM 模式中，EMS 企业承担产品设计到制造的全部任务，但 ODM 的品牌仍然归委托制造企业所有。

3.JDM

JDM，是 Joined Design Manufacturers 的缩写，可译为合作设计制造。JDM 是近年来发展起来的一种新的商业合作模式，是在 OEM 模式基础上发展起来的，它要求 EMS 厂商和品牌委托厂商在更高层面上进行合作。

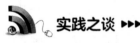

不管用哪种外包合作方式，都需要品牌厂商对 EMS 加强全流程管理，对自身加强供应链管理。

作为品牌厂商，供应链管理包括下图所示的内容。

供应链管理

品牌公司与代工厂的合作模式不同，会有不同的契约约定，确定责任和风险。在代工合约中除了产品规格、内容、付款、出货周期等基本条款外，也需要重视知识产权问题。

比如，进行 ODM 和 JDM 合作，对既有的知识产权和新开发的知识产权需要做出界定和定义，哪部分 IP 归各自拥有，哪部分 IP 共同拥有？

还有就是技术保密和竞业条款也需要双方做出严格界定，确定违约责任，保护双方的商业利益。

五、生产外包的物料管理

为控制元器件的来料质量,降低采购成本,品牌厂商通常会采取以下几种方式管理原物料,在EMS组装成成品以后再卖给最终客户。

1.Consign模式

Consign模式,即送料模式,是由品牌厂商购买物料送到EMS工厂加工,完成生产过程。Consign模式,即"代工不带料"模式,由于采购业务、运输作业、来料检验、库存控制、物料齐套准备、人员运作、付款都由品牌公司主导,代工厂不参与物料环节,只负责加工所需的人力、设备,交付符合质量要求的产品即可。品牌厂商可以掌握元器件、关键物料的价格,但采购物料所耗费的间接成本较高,EMS供应商自身的能力和价值未能充分运用起来,在采购量小时,采购优势明显,但当采购量变大,采购金额变高时,品牌厂商会耗费大量的资源、人力和资金及其他管理成本,不见得是个优选方案。

2.Turnkey模式

Turnkey模式,即自行进料模式,是由EMS工厂自行购买所有生产所需物料。EMS采购原物料时,主要原料需维持两家以上的合格供应商,既要保障供应弹性又能确保供应的稳定性,不中断,还需要有议价权,达到降低成本的目标。由于Turnkey都是由代工厂进行采购作业和人员运作,品牌公司比较轻松,只需要负责产品设计和市场销售,对于较小规模的design house或行销公司,或没有自有工厂的企业而言,Turnkey是最好的选择,对于EMS工厂要求较高,不仅仅能够精于生产管理,还需要有强大的物料采购和供应链能力以及资金实力。

3.Assign AVL模式

Assign AVL模式,即指定合格供应商模式,是由品牌厂商指定供应商、指定价格、指定配额,交由EMS采购下单。Assign AVL模式跟Turnkey模式一样,都是由代工厂进行采购作业和人员运作,但是与Turnkey模式的不同之处就是,品牌公司需要做好前期的sourcing供应商选择工作,以及在持续交货过程中的供应商管理和质量控制工作。对于EMS而言,EMS只是订单采购的执行者,但需要有资金实力。对于品牌厂商而言,存在的风险就是价格可能被EMS所掌握,慢慢会失去对价格的控制权。EMS获得最大的好处,就是不花分文获得最稀缺的合格供应商资源、供应商关系和价格等商务信息。

4.Buy/Sell模式

Buy/Sell模式,即先买后卖模式,是由品牌厂商买回物料再卖给EMS工厂。对于某些关键物料或瓶颈物料,品牌厂商会提前用现金买回作为安全库存,同时为了对采购价格保密,就通过先买后卖的方式供应给EMS厂。B/S模式会耗费品牌厂商大量资金,且占用人力资源、流程作业等管理成本,好处是品牌厂商可以加价卖给代工厂,品牌厂商还可以控制关键物料的供应,且确保物料的价格不被EMS工厂所知。品牌厂商需要管控原材料的库存,还有现金流的周转等问题。

目前,苹果采用的是Assign AVL加Buy/Sell模式,华为是Consign模式,三星由于大部分是自己生产加工,不需要以上模式,少量代工,也是走Consign模式。

六、生产外包的驻厂管理

驻厂人员最基本的要求就是熟练并精通生产流程，知道生产每个过程的细节和关键点。此外，驻厂人员还需要知道在哪个关键点进行质量控制。出现任何工程问题、质量问题，驻厂人员还必须知道问题在哪里。所以，对品牌厂商驻厂人员的要求比较高，最好是经验丰富，曾经在国际大厂工作过的品质或制程工程师，角色从乙方转变成甲方，"知己知彼，百战不殆"，要比对手更了解对手，这样管理起来比较有效，胜算的可能性更大。

驻厂团队可以由多人组成，能够覆盖工厂全部对接的管理范围。一旦出现问题，可以在现场迅速解决。

> **专家提示**
>
> 驻厂成员的实际能力和职业水准必须比所管理工厂的各部门负责人要高，这样在管理工厂团队时，比较有威信，表达出的见解和观点也比较容易让人信服。

1.NPI的管理

NPI（New Product Introduction），即新产品导入。以苹果为例，其NPI管理流程如图4-9所示。

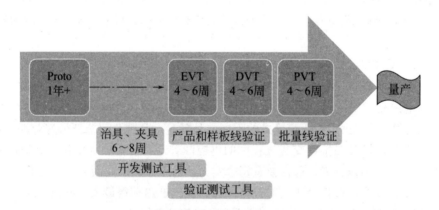

图4-9　NPI管理流程

在此阶段，需要跨部门协作和合作，包括研发、计划、采购、物料、运营、工程、品质、测试、物流等部门全员参与，共同推动项目的达成。同时，需对供应商提出以下要求。

（1）制定严格的项目计划表，指定项目团队组织、汇报关系，各职能部门直接责任人。

（2）IT系统的配置和安装。

（3）生产线的配置图纸Layout（布局）和产能规划。

（4）爬坡计划。

（5）物料计划。

（6）人力计划。

（7）设备和治具计划。

（8）生产的计划和交付周期、柔性要求。

（9）仓库的配置图纸Layout，仓储计划和包装产能规划。

（10）每天、每周、每月的报表报告要求。

驻厂人员需要驱动EMS企业提高生产柔性，提供快速精准的灵活生产能力，在样板线验证合格后，能够快速复制样板线Golden Line（样板线）的成功经验，满足大批量生产的产能和交货需求。生产柔性包括图4-10所示的内容。

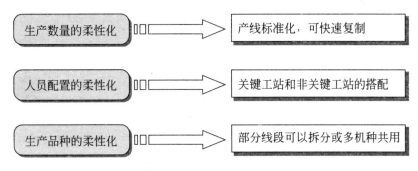

图4-10　生产柔性包括的内容

2.MP的管理

MP（Massive Product），即量产。在量产过程中，驻厂团队必须监控EMS工厂，确保每天的生产计划有效达成，同时处理好生产线上品质不良、维修、计划变更、返工等异常生产安排。

量产阶段以提高良率和效率为主要目标，高效的大规模、大批量地完成交付计划。

> **专家提示**
>
> 驻厂团队每天上午早班开始和下午晚班开始之前需要与工厂团队一起检视当天的生产状态和结果，对差异进行研究和分析，提出改善方案；同时，对工厂生产线发生的任何异常，协同内部资源，帮助EMS工厂共同解决异常问题。

3.EOL的管理

EOL（End of life），即产品生命周期结束。在这一阶段，驻厂团队提前三个月通知供应商做好清尾工作，尤其是物料部分，以减少物料库存、在线库存和成品库存为主要目标。同时做好计划协同，按需生产或进行last buy（最后一次购买）的生产安排。

让我们看一下苹果与富士康合作中富士康的订单履行流程图。

采购与供应链管理：苹果、华为等供应链实践者

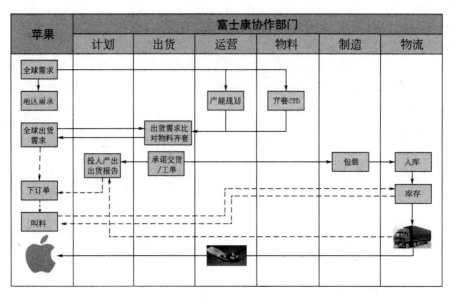

富士康订单履行流程

从以上流程可以看出，苹果自己直接管控和作业的流程就是发放需求和PO，接受成品，其余流程全部通过富士康的团队来完成。

当然苹果并不是放任不管富士康，而是通过驻厂团队来监控整个运营过程的。苹果的驻厂团队能力很强，全功能的团队，包括：计划管理、物料管理、采购和供应管理、生产管理、品质、测试、物流等全流程的严格监控和管理。富士康必须配备同样职能的人员与苹果团队对接，以处理每天在工厂发生的任何问题。

对细节的关注、精细化管理和专业化团队对供应商的严密监控是项目成功的关键。富士康一旦出现重大交付问题，不管是物料问题、技术问题、工程问题还是品质问题，苹果会在几天之内从世界各地调集精兵强将去派驻解决问题。采购和运营的VP甚至亲自带头坐镇现场，以确保苹果产品的如期上市。

拓展阅读

苹果的供应商驻厂管理

很多公司希望加强对上游供应商的监督和控制，通常会安排一两个SQE品管人员去供应商那里驻厂。而对供应商的管理又岂止于质量？！

首先，影响产品质量的因素实在是太多了，有原材料问题、研发问题、制程问题、工程问题、人员问题、设备问题、供应商内部管理问题等；如果仅仅停留在质量技术层面，那永远有解决不完的问题。

此外，管理供应商除了管理质量，还有准时交付问题、价格和成本问题、其他商务

合作问题，这些问题更加宏观，更加侧重于与供应商高层的关系，一两个SQE工程师还达不到那个管理高度。

很多SQE工程师驻厂时，就拿着一张事先准备好的Audit Check List（稽核表格），对着工厂的基本面勾划，将发现的问题列出来，至于驻厂，可能也就一两天，完成稽核表格后就走人了，留下一堆问题交给供应商去完成。至于怎么完成，还得靠供应商自己去寻找答案、自己去解决。

于是，质量有问题的继续有问题；缺料的继续缺料；成本搞不清的仍然搞不清……供应商驻厂管理归根结底就是解决——谁来管？管什么？怎么管？的问题。让我们看看业界领袖苹果是怎么做好供应商精细管理的。

（1）首先是驻厂人选。什么职业资质的人才有资格驻厂？什么类型的人员适合驻厂？选择谁来领导驻厂管理？如何才能建立一个高效的驻厂管理团队？

从制造层面来分，有原材料、模组器件和整机组装几种不同层次的供应商，还有这些供应商的次级供应商。

为什么要驻厂？其实驻厂的根本原因在于不能完全相信供应商的承诺和能力，抑或是供应商能力和水平有限，驻厂的根本目的是让专业人员在现场把关供应商的各个工作步骤、环节和流程，在现场提供最直接的辅导和咨询，用最快的速度帮助供应商解决问题。

既然"质量是生产出来的而不是检查出来的"，那么过程就和结果同样重要，当然过程做对了，结果自然差不了。

我们知道生产一个产品需要多部门合作，包括计划部门、物料部门、研发和工程部门、采购部门、生产管理、质量部门、售后服务、社会责任等部门成员的通力合作，才能保证一件产品的完美呈现和如期上市。所以驻厂人员最理想的配置就是这些部门各派一个专家盯住供应商相对应流程的相关工作人员，然而这在现实中是不太可能也没有必要的。

当然对于整机组装厂，由于对应的EMS工厂是巨无霸或独角兽企业，组装技术复杂，影响产品上市时间最为关键，安排以上人员是必须的，比如苹果在富士康、和硕、广达的驻厂人员就在百人以上，每个工厂都有专门的Apple Room（苹果工作间）让苹果的驻厂专家现场办公。

至于原物料或模组器件供应商，就要针对公司规模、技术的复杂性和物料供应的紧急性、重要性来安排数量不等的工程技术专家与商务专家。苹果一般是由GSM带头加上SQE、TPM以及研发工程人员共同驻厂，现场解决重大问题，由GSM根据产品需求计划去驱动项目的向前推进。

（2）接下来就是管什么的问题。

"人、机、料、法、环"是最基本的管理元素，用鱼骨图法进行具体问题具体分析，找到因果关系。比如：

● 人员，就包括供应商的直接员工（DL）和间接员工（IDL），管理他们的按时到位和加班工时控制，还有协调驻厂人员与供应商之间的沟通与合作。

- 机器：包括主要的生产机台和测试设备，还有辅助生产的模具、夹具及其配件等。
- 物料：包括BOM的主生产物料，还有辅助生产材料、耗材，以及半成品、成品的库存控制、报废品的管控等。
- 方法：包括技术图纸、操作指导书、流程作业书、检验标准和指导说明书、需求计划、物料计划、产能规划、生产和供应计划、招聘和培训计划、合作协议、保密协议等。
- 环境：包括生产环境的设施配置、安全措施、线体布局和IT资源建设等。

由于整机组装和物料器件级的厂商情况不太一样，所以驻厂管理的职责范围又有所侧重和差异。物料器件级的GSM集计划、物料、采购和生产运营等管理角色于一身，是除了技术问题不管，其他都要管的一个超级大管家；而整机端的驻厂分工比较精细和明确，各专业领域的人员各司其职，在生产运营经理OPM的带领下达成项目交付目标。

（3）最后就是解决怎么管的问题。其实就是用什么方法管的问题。

苹果非常有特色的地方，就是拥有各种数据管理工具和模板。这些模板里有基本的数据逻辑和数据模型，供应商只要按照苹果提供的模板进行输入，基本就可以完成数据收集、数据分析以及结果呈现了。

苹果还有一个强大的能力就是"集结号"，一旦供应商发生重大危机，采购或运营主管的一个指令下去，能够在几天之内，调集到全世界最优秀的资源，最优秀的专家到现场，妥善地处理危机。

任何成功的企业一定是具备关键三要素：人才，战略和执行力。而苹果在这三方面尤其出色，最为重要的就是——苹果拥有一大批全世界最优秀的人才。

苹果驻厂人员最常用的管理方法是目标导向的差异检视法。

所谓目标导向，就是用目标去驱动业务运转，用数据建立模型，驱动绩效。根据具体可量化的目标，设计出一系列数据报表和模板交给供应商使用。

驻厂团队需要每天去检视数据绩效，通过数据和数据分析发现问题，现场解决或在规定的时间内，比如以两周为限解决问题，或规定在风险可接受的时间内必须闭环关闭掉问题。

驻厂团队还有一个常用的管理方法就是：现场稽核法，现场检查和核对供应商数据报表的真实性和准确性，尤其是财务数据和社会责任数据，一旦发现欺骗或故意造假，会重罚供应商。

苹果是我所知道的最注重细节的公司，管理极其细化和精准，正是由于这种专注、精细和精益求精的精神，才造就了这个伟大的商业帝国。

第五章
供应链之采购管控

情景导入

大家好!

在分享今天的话题之前,我们先讲几个经济学原理。

第一个叫作多米诺骨牌效应,指的是在一个相互联系的系统中,一个很小的初始能量就可能产生一连串的连锁反应。比如,一个很小的质量瑕疵事件,可能会导致后面无数个大的灾难,甚至导致企业破产。

第二个叫作牛鞭效应,指的是供应链上的一种需求放大现象,是信息流从最终客户端向原始供应商端传递时,无法有效地实现信息共享,使得信息扭曲而逐级放大,导致了需求信息出现越来越大的波动,此信息扭曲的放大作用在图形上很像一个甩起的牛鞭,因此被形象地称为牛鞭效应。比如,当最终客户需求发生变化时,对不同层级供应商的成本和库存要求就会无限放大。

第三个叫作控制关键点原理,指的是管理者尽可能选择关键点,如主要影响因素或起关键作用的因素作为控制标准,控制工作就越有效。控制住了关键点,也就控制住了全局。控制关键点原理是控制工作的一条重要原理。比如,供应商的生产运营活动,需要管理的细节和方方面面实在是太多了,对于一个高级采购来说,他必须要学会抓住关键点进行管控。

第四个叫博弈论,是研究公式化了的激励结构间的相互作用,研究具有斗争或竞争性质现象的数学理论和方法。博弈论考虑游戏中的个体的预测行为和实际行为,并研究它们的优化策略。博弈论已经成为经济学的标准分析工具之一。比如,在采购和供应商之间,可能就是一个博弈和斗智斗勇的过程。

第五个叫作边际效应,是指经济上在最小成本的情况下达到最大的经济利润,从而达到帕累托最优。又指物品或劳务的最后一单位比起前一单位的效用。如果后一单位的效用比起前一单位的效用大则是边际效用递增,反之则为边际效用递减。

说了这么多理论,以我多年在采购和供应链管理的实践中得到的体会就是——采购管控实际上就是以上这些经济学原理同时并行、交叉合并或重叠复合的综合应用。

比如,作为企业的经营者,他最关心的就是花最少的钱买到最好的东西,事实上这种好事是不存在的。低成本往往意味着低质量,提高质量就要增加成本。同样的道理,要想交期短,供应商可能要多备一些库存;如果库存少,可能供应商的交期就不那么好了;想要多库存,可是又增加了成本,到底应该怎么办?如何在不同的情境下,在这些关键要素中建立一个最佳平衡点,这就是要考验一个专业采购的采购技术、经验以及专业能力和水平的了。

而采购管控的关键要素除了前文所述的交期交付管理,还有就是:价格、品质、成本和库存。

我将与大家分享业界最佳实践,多种实用的有效方法去帮助大家打开思路,帮助你们的企业去有效降低成本，提高供应链的价值。

接下来，我们就先从采购管控的供应商报价讲起。

第一节　采购价格控制

随着经济的快速发展和市场竞争的加剧，生产与销售的利润空间已经被充分压缩，为了实现经济效益的最大化，物资供应成为企业控制成本的主要途径，而采购和供应商报价管理作为物资供应中的关键环节，其在成本控制中的作用不言而喻。

一、影响报价的因素

对报价进行控制，首先必须了解影响价格的各种因素，以便进行有针对性的控制。具体来说，影响采购价格的因素如图5-1所示。

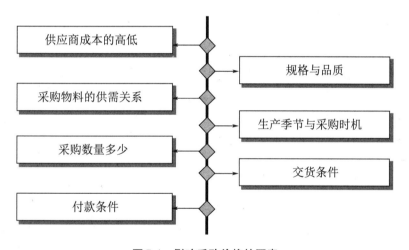

图5-1　影响采购价格的因素

1. 供应商成本的高低

这是影响采购价格最根本、最直接的因素。供应商进行生产，其目的是获得一定利润，否则生产无法继续。因此，采购价格一般在供应商成本之上，两者之差即为供应商的利润，供应商的成本是采购价格的底线。

2. 规格与品质

价格的高低与采购物料的品质也有很大的关系。如果采购物料的品质一般或质量低下，供应商会主动降低价格，以求赶快脱手，有时甚至会贿赂采购人员。

3. 采购物料的供需关系

当企业需采购的物料紧俏时，则供应商处于主动地位，会趁机抬高价格；当企业所采购的物料供过于求时,则采购企业处于主动地位,可以获得最优的价格。

4. 生产季节与采购时机

当企业处于生产的旺季时,对原材料需求紧急,因此不得不承受更高的价格。避免这种情况的最好办法是提前做好生产计划工作,并根据生产计划制订出相应的采购计划,为生产旺季的到来提前做好准备。

5. 采购数量多少

如果采购数量大,就可以享受到供应商的数量折扣,从而降低采购的价格。因此,大批量、集中采购是降低采购价格的有效途径。

6. 交货条件

交货条件也是影响采购价格非常重要的因素。交货条件主要包括运输方式、交期的缓急等。如果货物由采购方来承运,则供应商就会降低价格,反之就会提高价格。

7. 付款条件

供应商一般都规定有现金折扣、期限折扣,以刺激采购方能提前用现金付款。

二、采购价格的调查

1. 确定调查的范围

一般来说,由于采购的原材料种类较多,企业可通过ABC分类控制法进行管理,尤其对于A类重点材料,更是进行重点调查。常见的采购调查范围主要包括以下几种。

(1)选定主要原材料20～30种,其价值占总值的70%～80%以上的。

(2)常用材料、器材属于大量采购项目的。

(3)性能比较特殊的材料、器材(包括主要零配件),一旦供应脱节,可能导致生产中断的。

(4)突发事变须紧急采购的。

(5)波动性大的物资、器材。

(6)计划外资本支出、设备器材的采购,数量巨大,影响经济效益深远的。

2. 信息收集

企业可以通过杂志报纸、信息网络、展览会、商业协会等进行信息收集,可采取图5-2所示的三种方式。

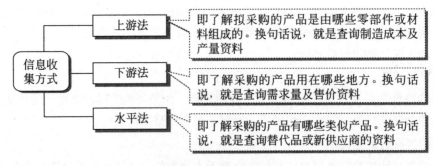

图5-2 信息收集方式

3.处理调查资料

可将采购市场调查所得资料,加以整理、分析与讨论。在此基础上提出报告及建议,即根据调查结果,编制材料调查报告及进行商业环境分析,并根据科学的调查结果,研究更好的采购方法。

三、计算采购价格

对构成价格的各种因素进行科学的分析,必要时采取改进措施。这种方法是以合理的材料成本、人工成本及作业方法为基础,计算出采购价格。

其计算公式如下:

采购价格=物料成本+人工成本+设备折旧+行政费用+利润

> **专家提示**
>
> 在按上述公式计算采购价格时,如果卖方无法接受价格,应根据各项目的资料,逐一检查双方的报价明细和差距,并互相修正错误,以达成协议。有经验的采购人员,可凭自己的判断和过去累积的数值资料来算出合理的价格。

四、分析处理供应商的报价

价格分析与计算只是提供了一个参考的依据。在实际的操作中,对于各供应商,需要尽量统一报价模板和要求。

在进行分析、审查、比较报价时,可依图5-3所示的程序进行。

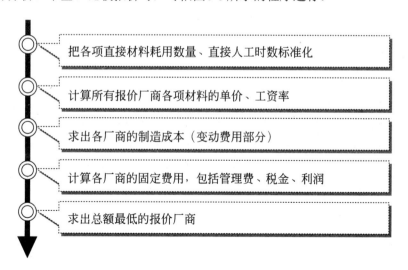

图5-3 分析、比较报价的程序

五、与供应商磋商采购价格

企业在与供应商磋商采购价格时,要注意下列问题。

1.尽可能与对方负责人进行价格磋商

价格的磋商尽管有级别的要求,但为了有效地完成价格的磋商,缩短价格谈判的过程,除非供应商有级别对等的要求,否则应尽可能与对方负责人直接进行价格磋商。

2.完善谈判技巧

在减价磋商中,难免会遇到一些诡辩与抱怨的人,他们在磋商时,常提出似是而非的言论,例如产品的利润空间已经很小了,工人要求加薪、减少工作时间以及物价上涨等,目的是强调价格不能再降低了。因此,企业要根据实际计算的成本来加以一一反驳,使对方无计可施,从而达到降价的目的。在磋商前要尽可能掌握图5-4所示资料。

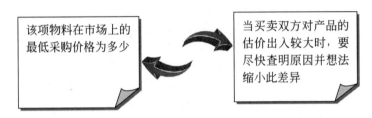

图5-4 在磋商前应掌握的资料

3.了解供应商的情况

就买卖双方的合作关系,还要考虑下列因素。

(1)企业规模大小的比较。
(2)供应商对采购商的依赖程度,即采购商在供应商营业额中所占的比例。
(3)供应商在行业内及市场上的信誉度评价。
(4)供应商的技术水准及市场份额。
(5)供应商销售情况。
(6)供应商经办人的经验及实力。

4.合适的人与合适的对象

进行价格磋商的人,要有生产技术、成本、法律等方面的知识,才能胜任减价的磋商。因此,有时需要有专门知识的人员随同前往交涉,例如专业工程师、会计师等。

有了前往进行价格磋商的合适人选后,还需要找对磋商的对象。一般来说,供应商的销售人员不一定了解决定价格的因素,不具备技术及管理方面的知识,但我们要尊重对方的人员,和他们交朋友,从与他们的交谈中获取对方有价格决定权的人员等重要信息,然后有针对性地与这个人去打交道,如此才能圆满完成任务。

5.有利的时间与地点

进行价格磋商的地点可以是买卖双方的会议室、会客室或两方以外的地点,如饭店、咖啡店等。在选择地点时,应注意交涉降价物料的种类、对方企业的力量、信誉度、待人接物规范性等。

通常在小房间或安静的地方进行价格交涉的效果比大房间要佳，因为在大房间商谈容易受外部干扰，感觉比较疏远，气氛较差，不易缩短交涉双方距离。为了建立起彼此间长期的感情，也可采用一同进行休闲活动，如打高尔夫球、乒乓球或健身活动等。

至于时间的选定要因人而异。由于人容易被环境、时间的改变影响情绪，所以聪明的交涉者要能察言观色，事先加以留意而见机行事。

以苹果为例，对于最贵的和核心部件苹果会自己开发，委托元器件代工厂加工制造。比如屏、芯片、外壳、摄像头等。

如果苹果看上某家公司有特定的技术，会花钱买下这个公司，以形成技术的绝对垄断。

如果某家公司有技术，只是产能不足，苹果会自己投资所有的设备以扩大其产能，并买断其三年的产能。该公司在三年内不允许跟其他公司做生意，否则会重罚。

某些供应商和苹果有价格保密协议，该价格只能用于苹果，这时苹果就会采用先买再卖的商业模式。

找好供应商以后，以需求的双倍甚至三倍去驱动产能；一旦供应商产能落定以后，再竞争议价，用巨大的产能和需求去驱动供应商降低价格。

第二节　采购品质控制

采购物料的质量是公司产品质量控制的第一个环节，物料质量的好坏直接影响产品的质量和生产的进度，因此，企业必须做好采购的品质控制。

一、品质的构成要素有哪些

品质的构成要素如表5-1所示。

表5-1　品质的构成要素

序号	要素	说明
1	功能	（1）功能为品质要求的最基本要素 （2）在物料采购前，必须先对拟采购物料的功能或用途做深入了解，才能定出合宜规范，寻找适当的供应来源，计算成本或估量价格
2	寿命	寿命的长短与产品的品质有关。不同的物品对寿命的要求是不同的
3	稳定性	（1）内在的稳定性，主要重视性能的稳定，如生产效率或速率、温度及各种物理或化学特性的变化性 （2）外在的稳定性，注重外观的稳定，如形状结构、颜色以及使用的控制等 （3）一般来说，稳定性越高，其品质越佳，采购时除在报价时应要求供应商提出规格或性能说明外，必要时应做实质测试

续表

序号	要素	说明
4	安全性	除重视采购标的物本身的安全设计或本质上的安全度外,也要注意该项产品在投入生产或使用时,有无危险、对环境可能污染危害的程度、预防措施及费用负担等
5	先进性	在采购时,应注意所采购材料是否为老旧落伍材料,能否迎合现代化潮流,适合大众需要

二、建立采购品质管理制度

建立采购品质管理制度,使采购品质管理工作事事有人管、人人有专职、办事有依据、考核有标准,使所有参与人员为保证和提高采购品质而认真工作。因此,各个企业可根据自己的情况制定相应的品质管理制度。在此,介绍几种常见的管理制度。

1.进货检验控制制度

该制度应对进货的验收、隔离、标示、结果处理,进货检验或试验的方法及判断依据,所使用的工具量具、仪器仪表和设备的维护与使用,检验人员、试验人员的技能要求等方面作出规定。

2.采购品质记录管理制度

企业可按照ISO 9000品质管理体系的要求对采购品质的记录进行控制。采购品质记录包括两方面,如图5-5所示。

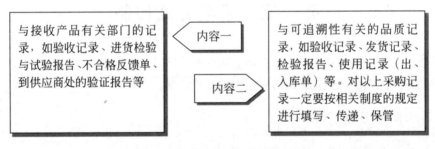

图5-5 采购品质记录包括的内容

3.供应商选择评估制度

该制度应就供应商选择、评估、体系的审核等确定明确的权责人员、作业程序及结果处理办法等。

三、健全采购品质保证体系

采购品质保证体系是指企业以保证和提高采购品质,运用系统的原理和方法,设置统一协调的组织机构,把采购部门、采购环节的品质管理活动严密地组织起来,形成一个有明确任务职责、权限、互助协作的品质管理有机体系。要建立起一个完善的、高效的采购品质保证体系,必须做到图5-6所示的几点。

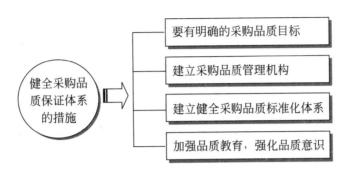

图5-6 健全采购品质保证体系的措施

1.要有明确的采购品质目标

品质目标是采购部门遵守和依从的行动指南。而品质目标确定后,则要层层下达,以保证其实施。

2.建立采购品质管理机构

采购品质管理机构应能起到协调技术部门、使用部门与采购部门及协调供应商与采购部门的作用,使各方面配合得更好。

3.建立健全采购品质标准化体系

采购标准包括国际标准、国家标准、行业标准和企业标准。而采购标准化则意味着可以简化采购工作量,意味着采供双方在达成协议时有明确的尺寸、品质、规格。因此通过加强采购标准化工作,可以保证品质、减少采购的品种、降低库存,从而降低最终产品的成本。

4.加强品质教育,强化品质意识

即在企业中形成一种品质教育,强化品质意识的文化,在工作中把品质教育作为采购品质管理的"第一道工序"实行。

四、控制供应商的品质

供应商品质控制是采购品质控制的重点,企业可以综合使用各种方法,做好其品质管理。具体方法如图5-7所示。

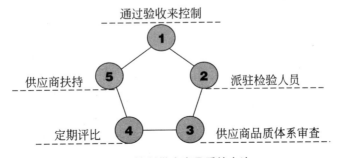

图5-7 控制供应商品质的方法

1. 通过验收来控制

验收是指检查或试验后,认为合格而收受。检查的合格与否,则需以验收标准的确立,以及验收方法的制定为依据,以决定是否验收。

一般来说,常见的验收方法主要有图5-8所示的四种。

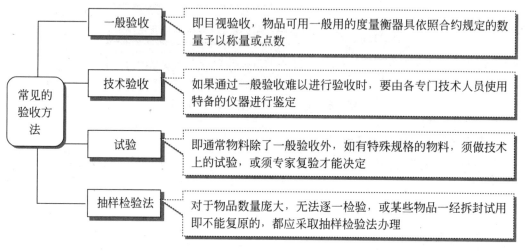

图5-8 常见的验收方法

2. 派驻检验人员

此种方法类似于前一种,只不过是将进料检验人员派到供应商处,降低供应商的品质成本,间接降低本企业的成本。

企业应为派驻检验人员建立一个具有针对性的工作方法,首先应使他们明白自己的义务。要弄清楚应选择哪种类型的人担任派驻检验人员?应如何培训?他需要何种支持与协助?应如何评价他?具体的操作要求如表5-2所示。

表5-2 派驻检验人员具体的操作要求

序号	要求	具体说明
1	确定派驻检验人员的要求	派驻供应商的代表,必须对该行业有充分的了解,必须了解各部件如何组合,以及为什么要这样组合;必须对产品的最终用途有充分的了解;应该有一个良好的教育背景。供应商可能对采购方企业的整个运作体系知之甚少,因而派驻检验人员必须善于表达。派驻检验人员应在企业本部有过从事质量工程经验或来料验收经验。他应该了解本企业的经营理念。他必须是一个智慧超群、勇气可嘉、判断准确的人。他的任务便是帮助供应商理解本企业的需要,并执行合同的条款
2	派驻人员的义务	派驻检验人员必须铭记:他是企业的重要人物,但同时应保持诚实与谦虚。派驻检验人员的首要任务是确信能够与供应商达成对合同及其宗旨的理解,这一点应与本企业的经营管理层,包括质量经理一起做到。如果供应商所属工厂的总经理对此持有异议,那么大量的困难将由此而生。如果供应商对产品没有"零缺陷"或相似的质量改进方案,派驻检验人员必须促使他们采用有关的方案。那样,采购方所得的产品将更加物美价廉

续表

序号	要求	具体说明
3	派驻检验人员的培训	应发给派驻检验人员一本经营手册，内中有正确的行为指南，其中的政策和指导应该足够宽泛，给予派驻检验人员在发展与供应商关系时的个人自由度；但又应该有足够的限制，以消除任何可引发派驻检验人员导致产品不符合要求的诱惑
4	派驻检验人员的报告	派驻检验人员提供的报告应是有用的、直接的、定期的，但并不是频繁的。这些报告的副本应作为其个人记录加以保存
5	派驻检验人员可获得的支持	派驻检验人员必须知道，如有合理的需要，他可以直接求助于他的部门经理，并将得到支持；否则，他会因为各种难题而烦恼不已

 实践之谈 ▶▶▶

苹果的驻厂团队能力很强。包括：计划、物料管理、生产管理和运营、品质、测试等对工厂进行全流程的严格监控和管理。苹果的TPM（负责生产技术）和SQE（负责产品质量）确实很牛，一线的工程师都是从国内各个大公司挖来经理级的人物来做小兵的活儿。本来资质就够硬，加上苹果多年文化的熏陶，对于制程、良率的理解和控制可谓出神入化。

因为苹果要求严，很多工厂开始生产时的良率都在30%～50%之间，苹果会派一个TPM/SQE驻厂，专心研究生产流程和质量控制中的问题，疯狂加班一个礼拜进行各种改善，工程师撤离时，良率一般就会被提到90%以上。

很多公司愿意给苹果做供应商，尽管价格低，但是做完一个苹果的项目，整个公司的技术和管理水平会提高一个档次。

3. 供应商品质体系审查

供应商品质体系审查，是企业为了使供应商交货品质有保证，定期对供应商的整个管理体系做评审。一般新供应商要做一次到几次，以后每半年或一年做一次，但如出现重大品质问题或近期经常被退货，且又不好变更供应商时，也必须去供应商处做一次品质体系审查。

其实施方式是：通过组织各方面专家定期对供应商进行审核，有利于全面掌握供应商的综合能力，及时发现其薄弱环节并要求其改善，从而从供应商的管理运作体系上来保证来料品质。

4. 定期评比

定期对供应商进行评比，促进供应商之间形成良性有效的竞争机制。

这种方法是指定期对所有供应商进行评分，一般每月将管理体系评分后的各供应商评分结果发送给供应商。该项方法对供应商品质保证有很多正面效果。

5. 供应商扶持

对低价位、中低品质水准的供应商进行供应商品质扶持计划。该方法是指对某些低价、中低品质水准的供应商，通过专业人员对其品质进行指导，并促使其在品质上有一定的提高，是验收方法中最具有远见的一种。

五、与供应商签订品质保证协议

品质保证协议对供应商明确地提出品质要求，协议中规定的品质要求和检验、试验与抽样方法应得到双方认可和充分理解，从而通过与供应商的配合来保证采购产品的品质。

1. 品质保证协议的要求
（1）品质保证要求应得到双方认可，防止给今后的合作留下隐患。
（2）品质保证协议应当明确检验的方法及要求。
（3）品质保证协议上提出的品质要求应考虑成本和风险等方面的内容。

2. 品质保证协议的内容
（1）双方共同认可的产品标准。
（2）由供应商实施品质管理体系，由公司第三方对供应商的品质体系进行评价。
（3）本公司的接收检验方法（包括允收水准AQL的确定）。
（4）供应商提交检验、试验数据记录。
（5）由供应商进行全检或抽样检验与试验。
（6）检验或试验依据的规程/规范。
（7）使用的设备工具和工作条件，明确方法、设备、条件和人员技能方面的规定等。

第三节　采购成本控制

控制采购成本对一个企业的经营业绩至关重要。采购成本下降不仅体现在企业现金流出的减少，而且直接体现在产品成本的下降、利润的增加，以及企业竞争力的增强。

一、企业采购支出成本观

采购成本可以理解为直接成本和间接成本。其中直接成本是指看得见的直接成本，如物料成本、人工成本、设备成本、管理成本；间接成本又指隐形成本，包括材料维持成本、订购管理成本以及采购不当导致的间接成本构成。

1. 材料维持成本
材料维持成本是指为保持库存物料（原材料、半成品、成品）而发生的成本。它又分为固定成本和变动成本。
（1）固定成本与采购数量无关，如仓库折旧、仓库员工的固定工资等。
（2）变动成本则与采购数量有关，如物料资金的应计利息、物料的破损和变质损失、物料的保险费用等。

材料维持成本的具体项目如表5-3所示。

表5-3 材料维持成本的具体项目

序号	项目	具体说明
1	维持费用	维持费用是指存货的品质维持需要资金的投入。投入了资金就使其他需要使用资金的地方丧失了使用这笔资金的机会,如果每年其他使用这笔资金的地方的投资报酬率为20%,即每年存货资金成本为这笔资金的20%
2	搬运支出	搬运支出是指存货数量增加,则搬运和装卸的机会也增加,搬运工人与搬运设备同样增加,其搬运支出一样增加
3	仓储成本	仓储成本是指仓库的租金及仓库管理、盘点、维护设施(如保安、消防等)的费用
4	折旧及陈腐成本	折旧及陈腐成本是指存货容易发生品质变异、破损、报废、价值下跌、呆滞料的出现等,因而所丧失的费用就加大
5	其他支出	其他支出是指如存货的保险费用、其他管理费用等

2.订购管理成本

订购管理成本是指企业为了实现一次采购而进行的各种活动的费用,如办公费、差旅费、邮资、电报电话费等支出。订购管理成本包括与下列活动相关的费用,如表5-4所示。

表5-4 订购管理成本的费用

序号	类别	具体费用
1	请购手续费	请购手续费是指请购所花的人工费用、事务用品费用、主管及有关部门的审查费用
2	采购成本	采购成本是指估价、询价、比价、议价、采购、通信联络、事务用品等所花的费用
3	进货验收成本	进货验收成本是指检验人员的验收手续所花费的人工费用、交通费用、检验仪器仪表费用等
4	进库成本	进库成本是指物料搬运所花费的成本
5	其他成本	其他成本是指如会计入账支付款项等所花费的成本等

3.采购不当导致的间接成本

采购不当的间接成本是指由于采购中断或者采购过早而造成的损失,包括待料停工损失、延迟发货损失和丧失销售机会损失、商誉损失。如果损失客户,还可能为企业造成间接或长期损失。

采购不当导致的间接成本可以分为表5-5所示的五种。

表5-5 采购不当导致的间接成本的分类

序号	类别	具体说明
1	采购过早及其管理成本	过早的采购会导致企业在物料管理费用上的增加,比如用于管理的人工费用、库存费用、搬运费用等。一旦订单取消,过早采购的物料容易形成呆滞料

续表

序号	类别	具体说明
2	安全存货及其成本	许多企业都会考虑保持一定数量的安全存货,即缓冲存货,以防在需求或提前期方面的不确定性。但是困难在于确定何时需要及保持多少安全存货,因为存货太多意味着多余的库存;而安全存货不足则意味着断料、缺货或失销
3	延期交货及其成本	延期交货可以有两种形式:缺货可以在下次规则订货中得到补充;利用快速运送延期交货 (1)在前一种形式下,如果客户愿意等到下一个周期交货,那么企业实际上没有什么损失;但如果经常缺货,客户可能就会转向其他企业 (2)利用快速运送延期交货,则会发生特殊订单处理和送货费用。而这费用相对于规则补充的普通处理费用要高
4	失销成本	尽管一些客户可以允许延期交货,但仍有一些客户会转向其他企业。在这种情况下,缺货导致失销。对于企业的直接损失是这种货物的利润损失。除了利润的损失,还应该包括当初负责这笔业务的销售人员的人力、精力浪费,这就是机会损失。而且也很难确定在一些情况下的失销总量。例如,许多客户习惯电话订货,在这种情况下,客户只是询问是否有货,而未指出要订货多少。如果这种产品没货,那么客户就不会说明需要多少,对方也就不会知道损失的总量。同时,也很难估计一次缺货对未来销售的影响
5	失去客户的成本	由于缺货而失去客户,使客户转向另一家企业。若失去了客户,也就失去了一系列收入,这种缺货造成的损失很难估计。除了利润损失,还有由于缺货造成的信誉损失。信誉很难度量,因此在采购成本控制中常被忽略,但它对未来销售及客户经营活动却非常重要

二、采购价格成本观

在企业内部,诸多采购员认为"采购成本=采购价格"。尽管这种观点在一些企业经营者中间不太认同,但对于采购员执行采购任务来说却有不可估量的意义。

采购价格即采购产品购入价格,采购价格是由供应商的产品制造成本与供应商的利润目标来决定。即:

采购产品购入价格=供应商产品制造成本+供应商的利润目标

1.供应商产品制造成本

供应商产品制造成本包括供应商原料费、人工费、制造费用三部分,如表5-6所示。

表5-6 供应商产品制造成本

序号	成本构成	具体说明
1	原料费	原料费是指加工后成为产品的一部分者,其构成产品的主要部分。具体包括原料的购价、运费和仓储费用,并扣减购货折扣
2	人工费	人工费是指直接从事产品制造的工作人员,例如加工与装配人员、班组长等。其成本包括直接人工的薪资与福利

续表

序号	成本构成	具体说明
3	制造费用	制造费用是指原料费与人工费之外的一切制造成本，包括间接材料、间接人工、折旧、水电费用、租金、保险费、修护费等。在此应了解以下两个概念： （1）间接材料如制造过程中所需的工具、夹具、模具、润滑油、洗剂、黏着剂及螺丝钉等 （2）间接人工指与产品的生产并无直接关系的人员，例如各级管理人员、品管人员、维修人员及清洁人员等

2.供应商的利润目标

利润即企业销售产品的收入扣除成本价格和税金以后的余额。由于供应商成本消耗是固定的，但利润目标却是灵活的。供应商的目标是尽量提高销售价格，以便使供应商的利润获得足额空间。对于采购方来说，为了降低采购的成本，目的是尽量压缩供应商利润空间。供应商利润空间成为双方的焦点，其具体如图5-9所示。

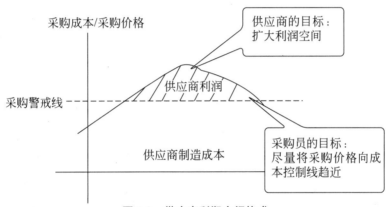

图5-9　供应商利润空间构成

三、采购成本控制的基础工作

采购工作涉及面广，并且主要是和外界打交道，因此，如果企业不制定严格的采购制度和程序，不仅采购工作无章可依，还会给采购人员提供暗箱操作的温床。完善采购制度要注意图5-10所示的几个方面。

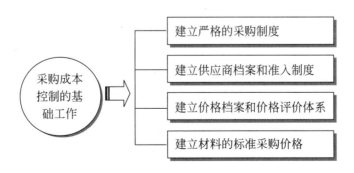

图5-10　采购成本控制的基础工作

1. 建立严格的采购制度

建立严格、完善的采购制度，不仅能规范企业的采购活动，提高效率，杜绝部门之间扯皮，还能预防采购人员的不良行为。

采购制度应规定物料采购的申请、授权人的批准权限、物料采购的流程、相关部门（特别是财务部门）的责任和关系、各种材料采购的规定和方式、报价和价格审批等。

比如，可在采购制度中规定采购的物品要向供应商询价、列表比较、议价，然后选择供应商，并把所选的供应商及其报价填在请购单上；还可规定超过一定金额的采购须附上三个以上的书面报价等，以供财务部门或内部审计部门稽核。

2. 建立供应商档案和准入制度

对企业的正式供应商要建立档案，供应商档案除有编号、详细联系方式和地址外，还应有付款条款、交货条款、交货期限、品质评级、银行账号等，每一个供应商档案应经严格的审核才能归档。

企业的采购必须在已归档的供应商中进行，供应商档案应定期或不定期地更新，并有专人管理。

同时要建立供应商准入制度。重点材料的供应商必须经质检、物料、财务等部门联合考核后才能进入，如有可能要实地到供应商生产地考核。

> **专家提示**
>
> 企业要制定严格的考核程序和指标，要对考核的问题逐一评分，只有达到或超过评分标准者才能成为归档的合格供应商。

3. 建立价格档案和价格评价体系

企业采购部门要对所有采购材料建立价格档案，对每一批采购物品的报价，应首先与归档的材料价格进行比较，分析价格差异的原因。如无特殊原因，原则上采购的价格不能超过档案中的价格水平，否则要作出详细的说明。

对于重点材料的价格，要建立价格评价体系，由企业有关部门组成价格评价组，定期收集有关的供应价格信息，来分析、评价现有的价格水平，并对归档的价格档案进行评价和更新。这种评议视情况可一季度或半年进行一次。

4. 建立材料的标准采购价格

对采购人员根据工作业绩进行奖惩。财务部对所重点监控的材料应根据市场的变化和产品标准成本定期定出标准采购价格，促使采购人员积极寻找货源，货比三家，不断降低采购价格。

标准采购价格亦可与价格评价体系结合起来进行，并提出奖惩措施，对完成降低公司采购成本任务的采购人员进行奖励，对没有完成采购成本下降任务的采购人员，分析原因，确定对其惩罚的措施。

蜂巢成本节约思维模型

大部分人一提到成本节约,都会从采购Buy这个角度出发,从供应商下手,跟供应商谈判,迫使供应商降价。而事实上,需要从多维度考虑成本要素。

成本节约也不仅仅是采购的事,而是公司大家的事,涉及多部门合作,甚至公司高层的战略决策。参考以下蜂巢成本节约思维模型。

蜂巢成本节约思维模型

成本节约分为两大部分:降低采购价格和避免浪费。

而成本的节约又和很多要素相关,包括直接成本和间接成本,当然时间也是一个重要成本。作为一个大采购,你需要从多角度入手解决成本节约问题。

(1)从商务角度,可以通过跟供应商沟通协商达成的成本节约方法有以下几种。

① 协商砍价法。

② 统一招标法。

③ 以量制价法。

④ 供应商组合管理协同法。

⑤ 汇率差异返还法。

⑥ 供应商索赔或罚款。

⑦ 供应商合同条款。

(2)从物料本身出发,可以采取的节约措施包括以下几种。

① 提升物料质量法。

② 提高物料齐套达成率。
③ 物料优化替代法。
④ 去库存法。
⑤ 囤料法。
⑥ 改包装法。

（3）从采购和供应链管理的流程里，找到成本节约的方法如下。
① 供应商全流程合作。
② 研发协同法。
③ 计划协同法。
④ NPI 提前导入法。
⑤ Consign 和 Buy/Sell 法。
⑥ Audit 稽核法。
⑦ 制程优化法。

（4）还可以从纯粹的采购技巧和方法中，找到成本节约的机会。
① 源厂采购。
② 成本模型法。
③ 分类采购法。
④ 定量采购控制法。
⑤ 定期采购法。

（5）通过新技术的使用和技术的发展，也可以降低成本。
① 自动化制程。
② 采购流程自动化法。
③ 数字化采购。

（6）从财务和金融角度，可以采取的降成本方法有以下几种。
① 承兑汇票付款。
② 供应商贷款。
③ 应付账款保理。

（7）从公司战略角度，也可以实现成本的降低。
① 产业链控制法。
② 全球化资源配置法。
③ 进口本土化法。
④ 供应商内迁法。

（8）从公司运营组织角度考虑的成本节约方法包括以下几点。
① 股权投资法。
② 联合开发。

（9）从市场角度也可以帮助公司节约成本。
① 快速抢占目标市场法。

② 目标成本法。
（10）最后从避免浪费角度，获得成本节约。
① 废物再用法。
② JIT精益零浪费法，包括生产、质量、流程、工艺、返工和报废、人才、标准背离，测试优化等，避免过多的冗余和浪费。
相信大家能够从以上的思维导图中找到为自己所在企业节约成本和避免浪费的办法，为公司赢得市场，获取更大的商业成功。

四、控制采购成本的方法

控制好采购成本并使之不断下降，是一个企业不断降低产品成本、增加利润的重要和直接手段之一。下面主要介绍几种常用的控制采购成本的方法，如图5-11所示。

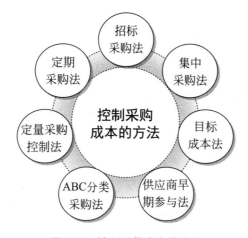

图5-11 控制采购成本的方法

1. 招标采购法

所谓招标又称公开竞标，它是现行采购方法中常见的一种。这是一种按规定的条件，由卖方投报价格，并择期公开当众开标，公开比价，以符合规定的最低价者得标的一种买卖契约行为。

此类型的采购具有自由公平竞争的优点。可以使买者以合理的价格购得理想的物料，并可杜绝徇私，防止弊端。不过手续繁杂且费时，对于紧急采购与特殊规格的物料无法适用。

招标采购适用于政府机关、大型的集团公司。招标采购有如下特点：招标采购不需采购组织花费精力与时间去市场开发供应商，而是供应商亲自上门，在一个公开的环境下，让供应商公开论价比价，方便采购组织寻找到最低采购价格的采购品；同时也防止了采购员与供应商的私下作业。

招标采购必须按照规定作业程序来进行。一般而言，招标采购的流程可分为：发标、开标、决标、签订合约四个阶段，具体如表5-7所示。

表5-7 招标采购的四个阶段

序号	阶段类别	具体说明
1	发标	发标之前须对采购物品的内容,依其名称、规格、数量及条件等详加审查。若认为没有缺失或疑问,则开始制发标单,刊登公告并开始准备发售标单
2	开标	开标之前须先做好事前准备工作,如准备开标场地、出售标单;然后再将厂商所投的标启封,审查厂商资格,若没问题再予以开标
3	决标	开标之后,须对报价单所列各项规格、条款详加审查是否合乎规定;再举行决标会议公布决标单并发出通知
4	签订合约	决标通知一经发出,此项买卖即告成立;再依招标规定办理书面合同的签订工作,合同一经签署,招标采购即告完成

2. 集中采购法

集中采购法又称为以量制价法。

(1) 一般意义上的集中采购。在一些公司或者政府部门,为了降低分散采购的选择风险和时间成本,除了一般性材料由分公司采购外,对于某些大型机电设备等由公司本部负责集中采购,这就是一般意义上的集中采购。

(2) 实际操作中的集中采购。在实际的集中采购操作中,总公司为了压缩分公司的采购主动权,防止分公司与供应商串通,所有的物料将统一由总公司集中采购,它被称为集中采购。

(3) 集中采购的实施。集中采购可实现公司采购业务集中管控的业务需求。集中采购包括图5-12所示的几种典型模式的应用。

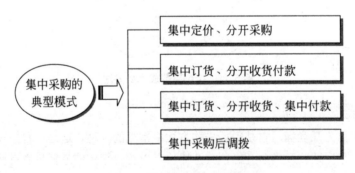

图5-12 集中采购的典型模式

采用哪种模式,取决于公司对下属公司的股权控制、税收、物料特性、进出口业绩统计等因素,一个公司内可能同时存在以上几种集中采购模式。

在公司整合、经济一体化的形式下,分散采购无法体现规模效益和满足全球化的要求。但是,如果规划运用不当,集中采购往往会弊大于利。如集中采购会引发公司部门利益矛盾;集中采购的度,即一类物料到底是全部归总部集中采购,还是适当授权,需灵活处理。

3. 目标成本法

目标成本法是一种以市场为导向,对产品的制造、生产服务的过程进行利润计划和成本管理的方法。采购员在给采购品定价时，不是一味地、没有目标地谈价、压价，而是要运用科学的方法核算出采购什么价位的产品、配件，才能为企业获得利润。

目标成本法的具体步骤如图5-13所示。

步骤一 预计成品未来市场的可能销售价格

未来市场价格具有不确定性，由于影响市场价格的因素太多，唯一的参照物即目前已经形成价格。如果是新产品上市，可以上调现行价格，但未来价格绝对不能预测得太高

步骤二 核算产品成型的过程支出

产品成型需要经过过程制造的设备使用支出、人工支出、辅助材料耗用等各项交易都非常清楚、明确

步骤三 标示出利润空间

一个产品的开发必然涉及利润空间，因此企业在制造产品前，可以预设出想要的利润空间

步骤四 核算出原料采购成本控制范围

用预设的市场销售价格以及预设的利润空间，除去产品制造的支出，从而可以求出原料采购成本控制范围

步骤五 将原料采购成本控制在预设范围之内

采购员的任务是尽量将原料采购成本控制在预设范围之内

图5-13 目标成本法运作步骤

4. 供应商早期参与法

与供应商的合作从研发就开始介入，直到量产出货。

供应商早期参与是指在产品研发阶段，客户与供应商之间，关于产品设计和生产以及模具、机器、夹具开发等方面所进行的技术探讨过程。

供应商早期参与的主要目的是为了让供应商清楚地领会到产品设计者的设计意图要求，同时也让产品设计者更好地明白模具、机器、夹具的生产能力，以及产品的工艺性能，从而做出更合理的设计。

根据供应商参与的程度和深度的不同，可以将供应商早期参与分为五个层次，具体内容如表5-8所示。

表5-8 供应商早期参与的层次

序号	层次	具体说明
1	提供信息	这是供应商早期参与客户产品开发的最低层次。通常只是根据企业的要求提供共享所必需的信息资料,如设备产能等信息供企业参考
2	设计反馈	针对企业的产品设计和开发情况,供应商会提出有关成本、质量、规格或生产工艺方面的改进意见和建议
3	零部件开发	供应商根据企业提出来的零部件要求,深入参与或独自承担相关零部件的设计和开发工作
4	部件或组件整体开发	在这一层次,供应商承担企业产品中较重要的部件或组件设计和开发的全部工作
5	系统开发	这是供应商早期参与客户产品开发的最高层次。供应商必须根据企业产品的整体要求,完全承担整个系统的开发工作。早期供应商必须拥有产品开发的专业技巧或技能,允许客户独家享有共用于产品开发,并对客户产品设计和开发过程中所涉及的问题承担责任

专家提示

供应商早期参与,提前介入,可以最大限度地避免产品量产导入前的浪费,节约量产导入时间,最终节约采购成本。

5.ABC分类采购法

ABC分类法对于采购库存的所有物料,按照全年货币价值从大到小排序,然后划分为三大类,分别称为A类、B类和C类。A类物料价值最高,占货值的80%,受到高度重视,处于中间的B类物料,货值占比15%,受重视程度稍差,而C类物料价值低,占货值的5%,仅进行例行控制管理。

ABC分类采购如表5-9所示。

表5-9 ABC分类采购

序号	方法名称		具体说明
1	A类材料的采购	采购形式	对占用资金多的A类材料必须严格采取定期订购,订购频率可以长久一些,同时要进行精心管理。A类材料采用订货的形式
		采购方式	采购方式采取询价比较采购、招标采购,这样能控制采购成本,保证采购质量。采购前,采购员要做好准备工作,进行市场调查,货比三家。对大宗材料、重要材料要签订购销合同。材料进场必须通过计量验收,对材料的质量报告、规格、品种、质量、数量,认真验收合格后入库,进行货款结算材料计划的检查与调整,做到及时、有效地纠正偏差

续表

序号	方法名称		具体说明
2	B类材料的采购	采购渠道	对于批量不是很大的常用材料、专用物资,订货渠道采取定做及加工改制,主要适应非标准产品、专用设备等。加工改制包括带料加工和不带料加工
		采购方式	采购方式可采取竞争性谈判。采购方直接与三家以上的供货商或生产厂家就采购事宜进行谈判,从中选出质量好、价格低的生产厂家或供货商
		订货方式	订货方式可采用定期订货或定量订货。B类材料虽无须像A类材料那样进行精心管理,但其材料计划、采购、运输、保管和发放等环节管理,要求与A类材料相同
3	C类材料的采购	C类材料特点	C类材料是指用量小,市场上可以直接购买到的一些物资。这类材料占用资金少,属于辅助性材料,容易造成积压
		采购渠道、订货方式	采购渠道可采用市场采购,订货方式采用定量订货。必须严格按计划购买,不得盲目多购。采购员要认真进行市场调查,搜集采购材料的质量、价格等市场信息,做到择优选购。材料保管人员要加强保管与发放,要严格领用手续,做到账、卡、物相符

材料ABC分类管理,是保证产品质量、降低材料消耗、杜绝浪费、减少库存积压的重要途径。无论是A类材料,还是B类、C类材料,只有认真做好材料的计划、采购、运输、储存、保管、发放、回收等环节的管理工作,同时要根据不同的材料采取不同的订货渠道和订货方式,才能及时、准确、有效地做好材料质量与成本控制,才能达到节约成本、提高经济效益的目的。

6. 定量采购控制法

所谓定量采购控制法是指当库存量下降到预定的最低库存数量(采购点)时,按规定数量(一般以EOQ为标准)进行采购补充的一种采购成本控制方法。当库存量下降到订货点(也称为再订货点)时马上按预先确定的经济订货量发出货物订单,经过交纳周期,收到订货,库存水平上升。

(1)适用范围。定量采购控制法适用于产品数量少、占用资金量大的物品。

(2)订货点。通常,采购点的确定主要取决于需求率和订货、到货间隔时间这两个要素。

在需要固定均匀和订货、到货间隔时间不变的情况下,不需要设定安全库存,订货点由下式确定:

$$R = \frac{LT \times D}{365}$$

式中,R是订货点的库存量。LT是交货周期,即从发出订单至该货物入库间隔的时间。D代表每年的需要量。

当需要发生波动或订货、到货间隔时间变化时,订货点的确定方法则较为复杂,且往往需要安全库存。

(3)订货量。订货量通常依据经济批量方法来确定,即以总库存成本最低时的经济订货批量为每次订货时的订货数量。

7. 定期采购法

定期采购是指按预先确定的订货间隔期间进行采购补充库存的一种方式。企业根据过去的经验或经营目标预先确定一个订货间隔期间。每经过一个订货间隔期间就进行订货,每次订货数量都不同。在定期采购时,库存只在特定的时间进行盘点,例如每周一次或每月一次。

(1)定期采购的定购量。在定期采购时,不同时期的订购量不尽相同,订购量的大小主要取决于各个时期的使用率。它一般比定量采购要求更高的安全库存。定量采购是对库存连续盘点,一旦库存水平到达再订购点,就立即进行订购。相反的,标准的定期采购模型是仅在盘点期进行库存盘点。这就有可能在刚订完货时由于大批量的需求而使库存降至零,这种情况只有在下一个盘点期才被发现,而新的订货需要一段时间才能到达。这样,有可能在整个盘点期和提前期会发生缺货。所以安全库存应当保证在盘点期和提前期内不发生缺货。

(2)定期采购的实施。定期采购仅对于产品数量多、占用资金较少的商品;对于产品数量少、占用资金大的商品最好采用定量采购。

采购周期也可以根据具体情况进行调整。

比如,根据自然日历习惯,以月、季、年等确定周期;根据供应商的生产周期或供应周期进行调整等。

定期采购方式中订货量的确定方法如下:

$$订货量=最高库存量-现有库存量-订货未到量+客户延迟$$

五、降低采购成本的策略

对于企业来说,在采购过程中应从多方面着手,大的方面来说,可从系统建设方面创建采购的环境氛围,从技术层面提高采购业务的执行能力,并不断从这两个关键方面持续改进,从而规范采购行为,提升采购部门业务综合能力,以达到采购总成本最低的结果。

1. 从采购战略层面降低采购成本

战略采购管理要充分平衡企业内部和外部的优势,以双赢采购为宗旨,注重发展与供应商长期战略合作关系,是适应新经济形势发展的采购管理范式。具体措施如图5-14所示。

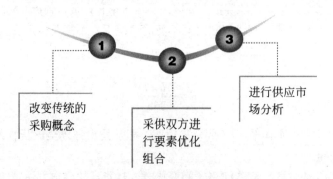

图5-14 战略采购管理措施

（1）改变传统的采购概念。采购不仅是原材料的采购问题，还包含了质量管理和生产管理以及产品设计问题。客户的需求和偏好的满足必须通过供应链各环节主体的参与才可能实现客户需求转换为产品设计。客户的偏好的实现是战略实施的前提，因此，改变传统的采购概念有利于战略的有效实施。

（2）采供双方进行要素优化组合。基于核心能力要素组合的思想，要求供应商和客户之间进行要素优化组合，建立一种长期的战略联盟合作关系而非买卖交易关系，而要建立这种关系就要求供需双方达到战略匹配。进行供应商评估和管理不再是以交易为第一要则，而应该首先考虑是否战略匹配。在企业家精神、企业文化、企业战略和能力要素对比等方面加大权重。

（3）进行供应市场分析。采购不单是货比三家，还应该进行供应市场分析，这种分析不仅包括产品价格、质量等，还应该包括产品的行业分析，甚至应该对宏观经济形势做出预判。此外，我们应该对供应商的战略作出判断，因为供应商的战略管理能力无疑会最终影响采购关系是否可靠。

2. 从采购标准层面降低采购成本

标准化工作是现代企业管理的基本要求，它是企业正常运行的基本保证，它促使企业的生产经营活动和各项管理工作达到合理化、规范化、高效化，是成本控制成功的基本前提。在成本控制过程中，图5-15所示的四项标准化工作极为重要。

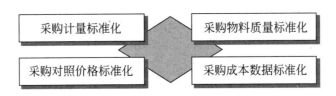

图5-15　标准化管理的内容

（1）采购计量标准化。采购计量标准化是指用科学方法和手段，对采购活动中的量和质的数值进行测定，为采购活动，尤其是采购成本控制提供准确数据。如果没有统一计量标准，基础数据不准确，资料不统一标准，那就无法获取准确采购成本信息，更无从谈控制。

（2）采购对照价格标准化。采购成本控制过程中要制定两个对照标准价格，一是采购标准价格，即原材料市场的行情价格或历史价格，各核算单位与企业之间模拟市场进行；二是内部采购预算价格，即在企业设计过程通过企业利润率要求与销售价格结合计算出原材料额定价格。采购标准和采购预算价格是采购成本控制运行的基本要求。

（3）采购物料质量标准化。质量是产品的灵魂，没有质量，再低的成本也是浪费。采购成本控制是质量合格下的成本控制，没有采购原料的质量标准文件，就无法高效地满足采购活动的要求，就更谈不到采购成本的高与低。

（4）采购成本数据标准化。制定采购成本数据的采集过程，明晰成本数据报送人和入账人的责任，做到成本数据按时报送，及时入账，数据便于传输，实现信息共享；规范采购成本核算方式，明确采购成本的计算方法；形成统一的成本计算图表格式，做到采购成本核算结果准确无误。

3. 从采购制度层面降低采购成本

从采购制度层面降低采购成本的措施如表5-10所示。

表5-10 从采购制度层面降低采购成本的措施

序号	控制措施	具体说明
1	完善采购基础管理	包括采购物资的分类、分等与数据库建立；合格供应商评价标准的确定与供应商等级的划分及数据库建立；各类物资采购最低批量、采购周期、标准包装数量确认；各种采购物料的样品及技术资料
2	建立大宗采购招标制度	大宗采购要建立招标制度，公司明确制定规范招标流程，使其招标采购起到采购成本降低的目的，特别避免走形式主义，招标做了，成本反而上了
3	零散采购实行采购信息注册备查制度	有关采购品名、数量、商标、价格、厂家名称、采购地点、联系电话等信息要详细向公司稽查部门进行登记备查，公司可随时派人以第三方身份进行抽查
4	采购流程分权运作，相互制约	由采购部门负责初选供应商，质量与技术等部门评价供应商的供货能力，对其资格进行认定，价格由财务部门负责监督与控制，付款由公司主要领导审批
5	通过采购人员整合实现采购渠道整合	明确各采购人员所负责的采购物资，同一类物资须由同一人员、经同一渠道采购，除非是有计划地进行供应商的变化和调整
6	规范采购合同	采购合同明确规定供应商不得为销售其产品以不正当竞争的方式贿赂公司人员，否则按比例扣除其货款；合同还要明确有关采购返利的约定
7	建立采购询价制度	明确从可能的卖方那里获得谁有资格、谁能最低成本完成原材料采购计划中的供应任务，确定供应商的范围，该过程的专业术语也叫供方资格确认
8	与供应商建立稳定的合作关系	稳定的供应商有较强的供货能力，价格透明，长期合作对公司供应有一定的优先安排，能确保其供货的质量、数量、交期、价格等

采购管理要十分重视提高整体供应链的竞争优势，要尽可能与优秀的供应商建立长期、稳定的合作关系，鼓励供应的产品与技术改进，支持供应商的发展，必须时可与其签订战略联盟合作协议等。

4. 从采购作业层面降低采购成本

从采购作业层面降低采购成本的措施如表5-11所示。

表5-11 从采购作业层面降低采购成本的措施

序号	控制措施	具体说明
1	通过付款条件的选择降低采购成本	如果公司资金充裕，或者银行利率较低，可采用现款现货的方式，这样往往能带来较大的价格折扣，但对整个公司的营运资金运作会有一定影响
2	把握价格变动的时机	价格会经常随着季节、市场供求情况而变动，因此，采购人员应注意价格变动的规律，把握好采购时机

续表

序号	控制措施	具体说明
3	以竞争招标的方式来牵制供应商	对于大宗物料采购,一个有效的方法是实行竞争招标,往往能通过供应商的相互比价,最终得到底线的价格。通过对不同供应商的选择和比较,使其互相牵制,从而使公司在谈判中处于有利的地位
4	向制造商直接采购	向制造商直接订购,可以减少中间环节,降低采购成本,同时制造商的技术服务、售后服务会更好
5	选择信誉好的供应商并与其签订长期合同	与诚实、讲信誉的供应商合作不仅能保证供货的质量、及时的交期,还可得到其付款及价格的优惠
6	多渠道扩大公司供应链	充分进行采购市场的调查和资讯收集,开发供应商资源,多渠道扩大公司供应链。一个企业的采购管理要达到一定水平,应充分注意对采购市场的调查和资讯的收集、整理,只有这样,才能充分了解市场的状况和价格的走势,使自己处于有利地位

5. 从采购人员层面降低采购成本

有一些企业管理人员坦言:"采购腐败是防不胜防的,许多企业都绕不过这道坎",这就是现实采购人员从供应商手中得到一元,无疑会使采购成本损失十元。为寻求对这类问题的解决方案,我们需要采取如图5-16所示的措施。

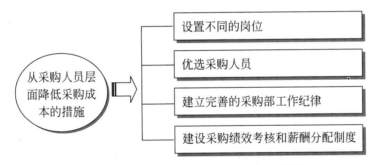

图5-16 从采购人员层面降低采购成本的措施

(1) 设置不同的岗位。针对采购环节,需要设置不同的岗位,是为了解决采购权力不要过分集中,需要互相制约和监督支持,同时又不要影响各岗位人员工作积极性。

(2) 优选采购人员。采购部门各岗位人员的选择标准,需要具备图5-17所示的综合素质,还要尽量避免采购部门管理者的亲属担当采购业务。

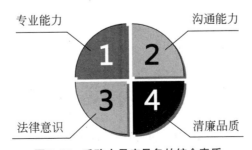

图5-17 采购人员应具备的综合素质

专业能力不仅包括对所负责的原材料属性有一定的认识,还要对原材料管理的流程有一个清晰的思路;清廉的品质,对经常与花钱打交道的采购人员来说尤其重要,虽然在内部管理各个环节上采取了种种措施,但对一线的采购人员来说,还是不可避免地遇到供应商主动提供的种种诱惑,怎样防止诱惑背后的陷阱设置,就需要采购人员本身要具备清廉的素养和法律意识等。

(3)建立完善的采购部工作纪律。采购活动的决策和执行程序应当明确、透明,并相互监督、相互制约;严格遵循"事前周密计划、事中严格控制、事后认真分析总结"的工作原则,确保采购供应物美价廉、符合要求的物资材料;实行"全员、全过程、全方位"的采购监管,坚决杜绝采购供应过程中营私舞弊、收受、索要回扣,损害公司利益的违纪、违法、犯罪行为,对无法回绝的供货方礼品、礼金,应立即上缴公司进行备案;培养采购人员爱岗敬业、尽职尽责,忠诚于公司,对公司负责,维护公司利益,保守公司秘密,保护知识产权。

(4)建设采购绩效考核和薪酬分配制度。对各采购岗位成绩进行考评,引进和制定科学的管理方法。绩效考核的标准是非常重要的,它可以不断促进采购管理各环节的持续改进,对有效的工作给予肯定和鼓励,客观上创造以绩效促进成本降低的工作环境。

拓展阅读

苹果的反腐败政策

在 Apple,我们秉承公平公正的原则开展业务,并且完全遵守所有法律和法规。正当交易是我们的承诺,也是 Apple 的立足之本。

一、我们的立场很明确

Apple 不收送任何形式的贿赂或回扣,也绝不容忍与我们的商业交易相关的腐败。

腐败是对职权的滥用,涉及为了换取金钱、个人利益或任何有价之物而做出的不诚实或不正当的行为。腐败有多种形式,并不仅限于与政府之间的往来。

腐败使一些滥用职权的个人获得不正当利益,破坏了对法治的尊重,导致不公平竞争,阻碍经济发展,不利于创新,并会造成政府和社会的不稳定。

对 Apple 而言,参与贿赂或腐败会对我们的品牌和声誉造成持久的损害,令消费者和股东对我们丧失信心,并导致产出低质量的产品。违法行为可能会导致数百万美元的罚款,参与违法者还可能会受到刑事处罚。

二、所有员工务必遵守此政策

本政策为处理涉及腐败的情况提供了参考指南。其目的在于:确保全球范围内的所有 Apple 员工及代表 Apple 工作的所有独立第三方(例如,独立承包商、顾问、代理、供应商、供货商、渠道成员以及与 Apple 有业务往来的其他方)理解并遵守相关的法律以及 Apple 的反腐败政策。

所有员工必须遵守本政策以及美国和国际的反腐败法律。违反本政策及相关法律可能导致纪律处分，最严重者可能会被解除劳动关系或被终止与Apple之间的业务关系。

三、举报违规行为

如有其他问题或发现违规行为，请联系商业行为和全球合规性办公室。

四、礼品、餐饮和娱乐活动

根据全球各种反腐败法律的规定，向个人提供现金或其他任何有价之物（例如礼品、宴请或娱乐活动）从而获得或维持业务，或获得不正当利益都是违法的。这些法律没有禁止合理、符合惯例的商务礼品、宴请和娱乐活动。但是，你必须遵守下列重要规定。

（1）无不正当的影响或特殊对待。不得收送任何意在影响决策或者获得特殊对待的有价之物。

（2）无现金。不得收送现金或现金的等价物（如超过象征性价值的礼品券、支票或礼品卡）作为商务礼品。

（3）低频率。经常性地向同一个人赠送礼品是不恰当的（即使礼品并不昂贵）。

（4）透明。必须在恰当的时间和场合公开赠送礼品，而不是秘密赠送或通过第三方赠送。

（5）了解当地法律。在收送任何礼品之前，先了解相应国家/地区的当地法律，确保合规性。

（6）有关政府官员的特殊规定。所有赠送给"政府官员"的礼品必须事先得到政府事务部门的批准。请参考商业行为政策的"赠送和接受商务礼品"部分，了解更多指导原则。

五、与第三方代表打交道

Apple在全球各地均与第三方有业务往来，包括经销商、供应商、顾问、供货商以及代理。

在与第三方打交道时，Apple员工应清楚声明Apple完全不容忍任何腐败行为。第三方也应理解并遵守本政策及适用的反腐败法律。第三方还有义务确保分包商理解并遵守本政策及适用的反腐败法律。如有第三方为谋取Apple业务利益而提供或赠送有价之物，则Apple需为此行为负责。这包括向全世界范围内参与推广Apple业务的中间人支付佣金或费用。

与第三方及分包商打交道时要时刻保持警惕，如果发现下列任何事项，需报告给商业行为和全球合规性办公室。

（1）行贿或受贿的传言/某人有行贿或受贿的习惯。

（2）发票或费用报销的细目不清，或要求一次性全部报销（尤其是对于与政府打交道的人员）。

（3）要求提前支取或不合理地支取高额佣金或付款，或者通过第三方或其他国家/地区进行付款。

（4）第三方与政府官员有亲属关系，或声称与某一官员或部门有"特殊的关系"。

（5）坚持使用某一顾问或不能带来明显附加价值（或附加价值很少）的顾问。

六、政府官员差旅管理条例

如果当地法律允许，Apple 可以为与产品和服务的促销、演示或说明直接相关的政府官员支付合理的差旅费用。但是，你必须遵守以下准则。

（1）应始终首先获得政府事务部门或当地的 Apple 法律顾问的批准，然后才能向政府官员提供差旅费。

（2）使用适当发票报销所有差旅费。

（3）直接向服务供应商支付相关费用，而不要给提供支持的政府官员提供现金或津贴。

（4）请勿为官员的家人或朋友支付差旅费。

（5）确保差旅的主要目标是开展业务，尽可能避免娱乐或休闲活动。

代表 Apple 工作的第三方有义务确保分包商理解并遵守相关的法律及 Apple 的政策。

七、关于"疏通费用"的一些信息

除极特殊情况（例如面临紧急的人身安全或生命威胁）外，Apple 严禁支付通融费和疏通费。

如对特定费用是否属于通融费用有疑问，被要求支付通融费用或者怀疑支付了通融费用，请联系商业行为和全球合规性办公室。

八、准确记录的重要性

部分反腐败法律将不准确的商业交易记录视作另一种违法行为。请确保所有的相关记录（包括发票和费用报告）均准确反映相关的业务交易。不得以任何方式谎报事实、遗漏关键信息或修改记录或报告以误导他人，也不得协助他人实施此类行为。

九、远离灰色地带

本政策的目的不仅在于为遵守法律提供指导，还在于帮助避免在与 Apple 有关的运营中出现可疑的行为。以下为避免违规的一些有用提示。

（1）如果你有疑问或疑虑，请提出问题。

（2）不要放任可疑行为。认真对待合规事宜，鼓励其他人也认真对待。

（3）保持警惕！密切监督第三方，尤其是当他们代表 Apple 或为了 Apple 利益与政府官员往来时。

（4）如果你听到关于不正当支付或其他可疑活动的传言，请不要忽视这些传言！请联系商业行为和全球合规性办公室，以便我们对相关情况展开调查并采取恰当的纠正措施。

第四节　采购库存控制

采购主管必须要掌握好采购数量与库存控制的关系，选择合理的采购数量，避免停工待料，缩短交期，降低库存以减少资金积压。

一、影响订购数量的因素

采购主管在进行数量控制前,必须对影响订购数量的各种因素进行分析,以便采取有效的控制方法。影响订购数量的因素如表5-12所示。

表5-12 影响订购数量的因素

序号	因素	具体说明
1	来自采购批量大小的价格变化	一般是数量越多,价格越低,因为供应商不需换模、重新安排作业等,可以一次性加以生产,而搬运工作也能一次完成
2	库存量变化	要拥有多少库存,基本上除涉及经营方针之外,也视物料或零配件的不同而异。为了保管而需占仓库的物料,有必要尽量减少库存。另外,容易老化或变质的物料,只要少量存放即可
3	资金是否充裕	若资金较宽裕,则合起来订货较为便宜,但若资金拮据,则不宜合起来订货。另外,资金或许还不至于那么紧迫,但若新的建设工厂或增设机器设备需要资金时,订货数量也将受到限制
4	订货次数	订货单的填制,次数越多,所花费用越大。尤其是价格低的物料,零零碎碎订货,办手续所花的成本恐怕会高于物料本身的价格
5	消费量	每天使用的数量不多,但视为交易的单位,没有达到一定的数量无法订购时,务必凑成最小的交易单位才行。比如,铜线必须要以5千克或10千克一卷作为交易单位
6	备用材料的有无	进货延迟时,若备有融通使用的材料,则订货数量不必多
7	材料取得的难易度	由于具有季节性因素,仅某一季节才能上市的物料,也只好集中在一起订购
8	生产管理方式	采用JIT之类的生产管理制度的公司,其订货数量必然限于最小
9	订货到进货的期间	假如不考虑卖方制订生产计划所需的期间、生产所需期间、运输期间、验收期间来决定订货的数量,则会发生缺货损失
10	生产、捆包、出货的一般交易单位	假如少于此一交易单位,会发生无法进货或延误进货等情况
11	保管设备	保管设备不同,保管场所的大小不同,其订货数量也不一样
12	市场状况与价格倾向	价格会变动,如金属(铜、铅、锡、镍等)、贵金属(金、银、白金等),判断其价格会上涨时,则要成批地订货

二、运用定期采购控制法

定期采购控制法是按预先确定的订货间隔期间进行采购、补充库存的一种采购成本控制方式。企业根据过去的经验或经营目标预先确定一个订货间隔期间。每经过一个订货间隔期间就进行订货,每次订货数量都不同。

1. 定期采购的适用分析

实施定期采购,要明确其适用范围和优缺点,以进行有针对性的采购。具体如表5-13所示。

表5-13 定期采购的适用分析

序号	事项	说明
1	适用范围	（1）需要量变动大的物料 （2）价格昂贵的物料 （3）主力物品、季节性物料 （4）能够正确预测需要量的物料
2	优点	（1）能自由调整订购量 （2）可以顺应需要而作变动，需要的预测也比较精准 （3）因为订购周期固定，因此可以有计划地作业 （4）能够同时进行多种商品订购，库存量也可减少
3	缺点	（1）现有库存量的确认作业手续烦琐 （2）每次在订购时都要决定订购量，使预测判断和管理都很困难 （3）需要量变动大的物料很难做库存调整

2. 订购量的计算

进行定期采购，一般先要决定订货周期（一个星期或一个月），然后再设定截至目前的销售实绩（出货、使用、消费），并计算预测量与实际存货量之间的差额，再决定订购的数量。具体来说，其计算公式如下：

订货量＝（订货周期＋预备期）×销售预订量＋（订货周期＋预备期）间的
安全存量－（现有的存货量＋已订购的数量）＋接受订货的差额

例如，求A商品订购量的计算方法。

（1）A商品的订货周期：1个月。
（2）A商品的预备期：2个月。
（3）A商品的预定销售量：800个。
（4）A商品的安全存量：940个。
（5）A商品的存货量：1150个。
（6）A商品的订购量：1400个。
（7）接受A商品订货后的差额：30个。

根据以上信息和计算公式，A商品的订货量＝（1个月＋2个月）×800个＋940个－（1150个＋1400个）＋30个＝820个

按照上面的公式，可以求出A商品的订货量，一个月预计订购800～820个。

三、运用定量采购控制法

定量采购控制法是当库存量下降到预定的最低库存数量（采购点）时，按规定数量（一般以EOQ为标准）进行采购补充的一种采购成本控制方式。

当库存量下降到订货点（也称为再订货点）时马上按预先确定的订货量（Quantity，Q）发出订单，经过前置时间（Lead Time，LT），收到订货，库存水平即上升。

1.定量采购的分析

实施定量采购,要对其适用情形、优缺点、注意事项进行分析。具体如表5-14所示。

表5-14 定量采购的适用分析

序号	事项	说明
1	适用范围	(1)单价低的物料 (2)经常想要确保一定量的存货物料 (3)预备期间短、容易筹措的物料 (4)一次统筹购进,并且比较不会造成存货负担、不容易被呆置的物料 (5)易于采用目测管理的物料 (6)变动越少越好的物料 (7)节省管理的时间、人力,并且还可以期望用以减低各项成本的物料
2	优点	(1)不需要困难的算式 (2)节省管理的时间、人力 (3)能够使用目测方式管理 (4)订货数量一定,所以能够谋求包括搬运在内的各种处理、作业的标准化,以及谋求节省人力及费用 (5)任何人都能胜任,所以订货成本也低 (6)不用赘述,关于存货的总费用一定是最低 (7)能使用简易的个人电脑,或者用电脑来管理订货
3	缺点	(1)运用方式形式化,使得库存调整不易 (2)不适用于供应期间较长的物料或交期多的物料 (3)各类物料的订购点确认作业十分困难
4	实施要点	必须预先确定订货点和订货量

2.定量采购的具体应用

进行定量采购,要确定好订货点和订货量。

求订货点的公式为:

订货点=平均销售速度(一个月内的平均销售量)×预备期间+安全存量

但经济订货量及订货点,一定要大于或者等于预备期间乘以一个月的平均销售量。

例如,求B商品的订购量和订货点。

(1)B商品一年的总销售量:1000个。

(2)B商品的购入单价:1000元。

(3)B商品平均一次的订购费用:50元。

(4)B商品的存货维持费比率:20%。

(注)截至此,按照(1)~(4)的条件,可以求出经济订货量大约是70.7个,最经济的订货次数大约是一年14.12次。

(5)B商品平均一个月的销售量:83.3个。

(6)B商品的预备期间:半个月。

(7)B商品的安全存货:15个。

$$订货点 = 83.3 个 \times 0.5 个月 + 15 个 = 56.65 个$$

这也就是说，存货维持在56.65个，商品还剩56个或者57个时，就要再订购71个。

四、选择合适的订购方式

企业可参考以上各种数量控制方法，选择合适的订购方式。具体的选择流程如图5-18所示。

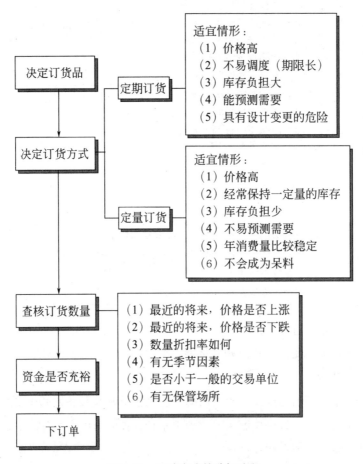

图5-18 订购方式的选择流程

苹果是如何做好存货管理的

苹果供应链管理最大的功臣就是苹果公司现任首席执行官蒂姆·库克（Tim Cook）。自1998年他加入苹果，在他的带领下，苹果运营从混乱走向成功并修炼成为世界领先的供应链大师。

Tim Cook 相信，在高科技领域，库存折旧会非常非常的快，每个星期甚至会贬值 1%～2%。作为一家以技术创新驱动的制造商，它不能承受太多的库存产品，一旦竞争对手宣布上市一款新产品或宣布一种新的创新技术，这很有可能改变一切市场格局，库存产品的价值会立刻贬值。

所以 Tim Cook 说"库存是魔鬼"。库存周转率＝销货成本／平均库存，必须越高越好。

2011年苹果的库存率只占销售额的1.2%，其中0.94%是成品，0.3%是物料，苹果的库存管理远远优于同期的 Dell，HP，Blackberry 和 Motorola，库存周转率是 Dell 的2倍，HP 的5倍，Blackberry 的4.5倍，Motorola 的5.5倍。

那么，苹果是如何做好存货管理的呢？那就是从源头开始削减库存，削减仓库，促进供应商之间的竞争。

当 Cook 最初接手苹果的供应链时，他把零部件供应商的数量从100个减少到24个，让这些少量的公司充分竞争苹果的业务；Cook 还关闭了19个苹果仓库中的10个，以控制产品积压。

1998年9月，苹果的现货库存周期从一个月下降到只有六天。

2012年，苹果的库存周期是5天，这也是 Gartner 将苹果的供应链管理排名放在全世界 No.1 的原因，同期的戴尔是10天，三星是21天。

2013年，苹果公司拥有：154个关键供应商，拥有更好的供应商关系；1个中心仓库；250个 Apple store 商店。

供应商、仓库和零售店三者的信息和数据高度协同。

精准地预测销量，减少冗余存货，在计算机和电子快消行业是绝对重要的。

苹果的产品生命周期较长，很多产品生命周期都在12个月以上，这也可以帮助消除库存。

预测需求并非只考虑客户购买的产品数量，还需考虑未来几年的技术发展趋势，苹果通过长期订货来降低供应商的成本，同时通过预订供应商的产能使其他竞争者无法订购相同组件，限制竞争者的进入和模仿，通过供应链管理的策略来创造竞争优势。

第六章
供应链之仓储管理

第六章 供应链之仓储管理

情景导入

提到仓储管理，我们不得不提亮眼的Amazon（亚马逊公司）。同苹果一样，亚马逊也是因为连续10年有7年进入前5名被美国供应链咨询公司Gartner评选为"供应链大师"。作为一家以网上书店起家的电子商务公司，到今天已经发展为世界领先的电子商务巨头。

2018年以来，亚马逊市值已近7000多亿美金，紧追苹果，成为全球市值第二大公司，其仓储管理可圈可点。

（1）到2018年3月为止，亚马逊在全球有140多个订单执行中心，其中35个正在建设和规划中，分布在美国、加拿大、法国、德国、意大利、英国、中国和日本等国家和地区。

（2）亚马逊半自动化的仓库，配有智能物流仓储系统，运用大数据技术，人工智能技术，自动化检索商品，挑选商品，包装商品，实时监控，数据可视。仓储管理的很多工作，已经由机器人代替，自动化完成基础作业。

（3）亚马逊目前在全球已经运行了8万台移动机器人。

（4）无人机运货的使用。

（5）借助出租车运输。

（6）快递员交货至客户车的后备厢。

（7）亚马逊仓库运营效率极高。在机器人的帮助下，亚马逊这个低利润行业的公司，提高了生产率，7×24小时的工作时间，既降低了对人的依赖，也降低了运营成本。

在全球范围内，互联网的使用和电子商务的增长正渗透并推动着诸多行业的发展和变化，在仓库中高效的储存和装运，对于满足消费者日益增长的快速和廉价交货的期望至关重要。

传统上需要大量劳动力的运输和仓库管理工作，低技能、重复性的工作，在不久的将来必定会通过自动化和机器人来替代。

毫无疑问的是，随着仓储管理技术的不断深化和应用，自动化、机器人推动了我们的经济发展，但也抢走了很多人的工作。这是留给我们思考的另外一个话题。

人类要做的就是——用大脑思考、判断和控制机器人，让机器人无法替代你。

技术一直在变，但"万变不离其宗"，接下来，我们从最基础的仓储管理知识和原理讲起。

第一节 仓储管理规划

仓储管理是供应链管理中的重要环节,而供应链管理的初衷是消除一切无效率的活动。在新的竞争环境中,特别是"零库存"越来越被推崇的今天,仓储管理的重要性不言而喻。

一、仓储管理的内容

仓储管理也叫仓库管理,英文Warehouse Management,简称WM,指的是对仓储货物的收发、结存等活动的有效控制,其目的是为企业保证仓储货物的完好无损,确保生产经营活动的正常进行,并在此基础上对各类货物的活动状况进行分类记录,以明确的图表方式表达仓储货物在数量、品质方面的状况,以及所在的地理位置、部门、订单归属和仓储分散程度等情况的综合管理形式。

仓储管理的内容如表6-1所示。

表6-1 仓储管理的内容

序号	内容	具体说明
1	现品管理	现品管理的主要目的,就是维护库存各料项的品质与数量,而且要便捷取用,以满足生产所需。品质方面,要讲求环境因素,使库存物料不致变质而导致报废或处理上的损失。至于确保数量方面,则要防止流失或者数字本身的失误影响到料账的正确性
2	料账管理	物料账是要依据永续盘存的会计理念,依据前期盘点量,把入库、出库作业的各项传票表单予以登账,使料与账上数量一致,并编制出有关的库存信息报表,提供生产、采购、会计等各部门及时准确的信息,也是计算机化的基础,更是盘点的根据
3	仓储储位规划与执行	除非管理人善加规划,仓库是不会自己变得很"系统"的。一旦没有系统化,物料就不易找到,就会一物放两处或多处,造成备料工作上的失误,也会造成备料工时损失,而且更浪费仓储空间,更无效率;呆料也很容易"隐身"多年,存而不见
4	维持品质	仓库绝对有责任保持库存物料原有的品质,否则只有大幅缩短存仓时间以减少损失,甚至不计其他代价,干脆不要仓库,生产需用时由供料厂商直接送达现场。针对这项原则,仓储人员一定要掌握先进先出的技巧,对储位的环境也要深入了解,例如温度、湿度、灰尘,以及其他影响品质变化的各种因素
5	呆废料管理	仓库固然没有能力完全防止呆料的产生,但至少有责任、有办法使呆料凸显出来,也有能力使呆料及早活用;至于废料,道理相同
6	库存信息的提供	这跟第(2)项的"料账管理"类同,但更进一步。尤其在计算机化"整合系统"的环境下,同时要具备稽核功能、统计功能,成为成本分析的基础、资产分析的来源(例如单价计价方式与库存存值),当然也提供其他重要的经营信息(例如呆料分析)

二、仓库的设置

1. 仓库的功能

凡用于储存保管物料(包括原材料、半成品、成品、工具、设备等)的场所,称为仓库,而对物料储存于仓库的管理称为仓库管理。在以往的仓库管理中,仓库只被认为是堆放物料的场所或保管物料的场所,这种看法是片面的,仓库管理至少应具备图6-1所示的功能。

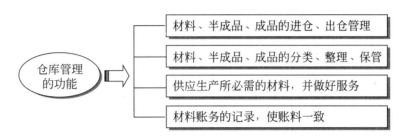

图6-1 仓库管理的功能

2. 仓库在生产企业中的意义与作用

仓库对于生产企业的意义与作用主要有以下两点。

其一,在现代企业中,仓库是集中反映工厂种类物资活动状况的综合场所,清晰、准确的报表、账目、单据等资料信息的记载,为会计核算部门提供了较为便利的信息来源。

其二,在生产企业中,仓库是连接生产、供应、销售的中转站,是生产过程中必备的周转场所,参与生产经营、编制供需计划、跟踪物料消耗情况、提供物资信息已成为现代仓库管理的重要工作内容。

由此可见,仓库自始至终贯穿企业生产经营的全过程,对促进生产、提高效率起着重要的辅助作用。

3. 仓库的分类

通常,仓库分设原料仓库、半成品仓库、成品仓库及物品仓库四类,如表6-2所示。

表6-2 仓库的分类

序号	类别	具体说明
1	原料仓库	储存从外部购买的直接用于产品生产的各种原材料、零配件等物料,如塑料米、纸箱、塑胶袋等
2	半成品仓库	储存内部作业过程中的各类半成品、零组件等物料,同时也储存委外加工的半成品、零组件等物料,如塑胶制品、电镀品、涂装品等
3	成品仓库	储存已经全部加工完成等待出货的成品
4	物品仓库	储存各种非直接用于产品生产的辅助物品,如工具、劳保用品、办公用品、擦拭剂等

4. 仓储面积分配

根据下述原则对各类仓库的面积进行分配，仓库面积应尽量减少。

（1）物料的基准存量及容量所需的面积。

（2）物料卸储的便捷性。

（3）物料堆叠的难易度。

（4）为搬运工具、人员预留的通道大小。

5. 仓库位置确定

仓库位置的确定可依据下列原则进行。

（1）方便物料进、出作业。

（2）确保物流的顺畅，减少搬运的浪费。

（3）确保物料安全性，如远离明火、高温区等。

（4）同类仓库尽量集中，方便管理，如成品仓库只设置一个。

（5）同类仓库确需设立两个或多个仓库且已符合（1）～（3）项原则时，应分设。

6. 公共设施规划

公共设施规划应考虑以下事项。

（1）仓库结构，如支柱、楼梯、走道、办公场所等。

（2）仓储设施，如货架、储柜、空调间等。

（3）配套设施，如灭火器、消火栓、照明等。

三、仓库的货位规划

1. 货位划分的原则

货位划分主要有以下几点原则。

（1）遵循先进先出的管理原则，确保物料不过期。

（2）根据历史数据分析，按出货频率、出货量来进行物料分类，将出库频率高、数量大的安排存放在临出货口区位，这样能缩小取货的距离，提高效率。

（3）仓库需分别设进口及出口，遵循"不走回头路"的原则，规划好物流动线。

（4）做好标示。

（5）仓库物料进出做好账卡实时登记，可按区位进行人员分工，各区位每日对账卡与实物进行盘点，各区位负责人对盘点结果负责。

2. 货位的划分方法

（1）按物料的性质选择场地，区分性质的因素主要如图6-2所示。

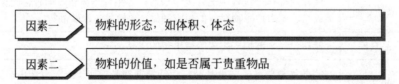

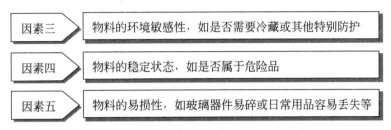

图6-2 按物料性质选择场地的因素

（2）按物料所处的状态选择区域，主要包括：原材料区、在制品区、半成品区、成品区、待检区、合格品区、不合格品区、待处理区、供应商管理区、发货区。

（3）按物料的类别选择区域，主要包括：五金材料区、塑胶材料区、电子材料区、化学品材料区、包装材料区、危险品区、贵重物料区、进口材料区。

（4）区域的大小和位置应依据物料的量与质进行划分，具体要求如图6-3所示。

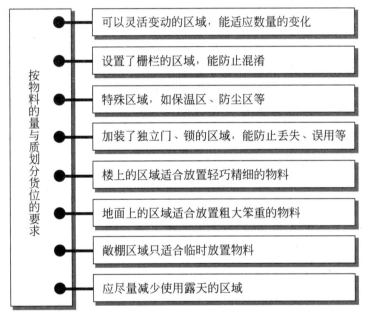

图6-3 按物料的量与质划分货位的要求

3.货位的布置

（1）横列式。横列式是指货垛或货架与库房的宽向平行排列，如图6-4所示。

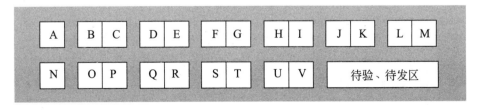

图6-4 横列式示意

（2）纵列式。纵列式是指货垛或货架与库房的宽向垂直排列，如图6-5所示。

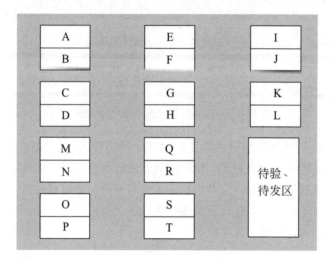

图6-5　纵列式示意

（3）混合式。混合式是指横列式与纵列式混合在同一库房布局，如图6-6所示。

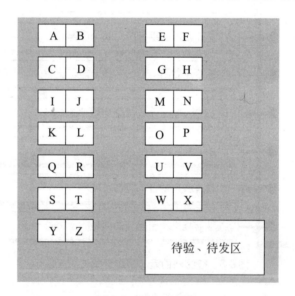

图6-6　混合式示意

4.货位编号

（1）货位编号的要求。在品种、数量很多和进出库频繁的仓库里，仓管人员必须正确掌握每批货物的存放位置。货位编号就好比货物在仓库里的"住址"，做好货位编号工作，应该从不同库房条件、货物类别和批量整零的情况出发，搞好货位画线及编号秩序，以符合"标志明显易找，编排循规有序"的要求。

货位编号的要求如表6-3所示。

表6-3 货位编号的要求

序号	要求	具体说明
1	标志设置	货位编号的标志设置，要因地制宜，采取适当方法，选择适当位置。例如：仓库标志，可在库门外挂牌；库房标志，可写在库门上；货物货位标志，可竖立标牌；多层建筑库房的走道、支道、段位的标志，一般都刷置在水泥或木板地坪上，但存放粉末类、大件笨重类货物的库房，其标志也有印置在天花板上的；泥土地坪的简易货棚内的货位标志，可利用柱、墙、顶、梁刷置或悬挂标牌
2	标志制作	货位的标示要有规律，序号应连续，不能出现断号或跳号的情况。另外，制作库房和走道、支道的标志，可在阿拉伯数字外，再辅以圆圈。可用不同直径的圆表示不同处的标志。例如：库房标志圆的直径为24厘米；走道、支道标志圆的直径为16厘米，走道、支道标志还可在圆圈上附加箭头指示标志。在圆圈上可用白漆刷上阿拉伯数字
3	编号顺序	仓库范围的房、棚、场以及库房内的走道、支道、段位的编号，基本上都以进门的方向左单右双或自左而右的规则进行
4	段位间隔	段位间隔的宽窄，取决于储存货物批量的大小

（2）货位编号的方法。货位编号的方法如表6-4所示。

表6-4 货位编号的方法

序号	方法	具体说明
1	库房编号	对库房、货棚、货场齐备的仓库，在编号时，对房、棚、场应有明显区别，可加注"棚一"或"场一"等字样。无加注字样的，即为库房的编号。对多层库层的编号排列，可采用"三号定位"或"四号定位"法。"三号定位"是用三个数字号码表示，个位数指仓间编号，十位数指楼层编号，百位数指仓库的编号，例如：142编号，就是1号库、4层楼、2号仓间。"四号定位"，个位数指物品具体位置顺序编号，十位数指货区排次或货架层次编号，百位数指货区或货架编号，千位数指库房或货场编号。又如13-15-2-26，即为13号库，15号货架，第2层，第26号货位
2	货场货位编号	货场货位编号，一般有两种方法：其一，按照货位的排列，编成排号，再在排号内按顺序编号；其二，不编排号，采取自左至右和自前至后的方法，按顺序编号
3	货架货位编号	在以整个货物进出的仓库里，货架的作用主要是提高库房高度利用率，货架的货位编号一般都从属段位编号，只需在段号末尾加注"上"字样，即可按位找货
4	库房走道、支道及段位编号	库房走道、支道及段位编号方法，仍以进入库门的方向，左单右双的顺序排列。库房中，如遇内外墙相对的走道、支道，其横道应取自左至右的方向，再按左单右双的顺序编号

四、配备各种仓储设备

1. 储存设备

仓库的储存设备是指用来存放各种物品的容器和设备，它包括各种料架、料仓、料槽、储罐等。根据物品的物理化学性质和形态的不同，储存设备一般分为三类，如图6-7所示。

```
第一类 → 保管一般物品的存储设备
         适用于存放各种金属材料、机械零件、配件、工具等的各种料架。料架按用途可分为通用料架和专用料架

第二类 → 保管块粒状和散装物品的存储设备
         适用于存放散装原料、散装螺丝、铆钉等的各种料仓、料斗等

第三类 → 保管可燃、易燃液体材料及腐蚀性液体的存储设备
         适用于存放汽油、柴油、润滑油,各种酸、碱、液体化工产品等的各种形式的瓶、桶、储罐
```

图6-7 储存设备的分类

2.计量设备

仓库的计量设备可分为称量设备和量具两类,具体说明如表6-5所示。

表6-5 计量设备的划分与应用

类别		实际用途
称量设备	天平	天平用于称量体积小、计量精度高的小件贵重物品,如贵重金属、高纯度化工原料等。天平一般用"克"或"毫克"作计量单位
	案秤	案秤适用于小件物品的称量,一般用在20千克以内物品的称量
	台秤	台秤适用于称量在20千克以上的物品。它有移动式和固定式两种。这是仓库中应用最广的一种计量设备
	地中衡	地中衡又称汽车衡,实际上是将磅秤的台面安装在汽车道路面的同一水平上,使进出运料的车辆通过其上称出重量
	轨道衡	轨道衡大型有轨式地下磅秤,适用于火车车辆称重。载重车在轨道衡上称出毛重,减去车皮自重,即可得出货物的重量。其称量范围一般大于60吨
	自动称量装置	自动称量装置按其作业原理不同,有液压秤和电子秤两类。其特点是在装卸物品过程中就能计量货物的重量,如称量装置与吊钩连为一体。这种装置可缩短物品出入库检验时间,降低作业量。但这种装置误差比较大,且容易损坏,造成误差
量具	普通量具	普通量具主要指度量材料长短的量具,分直接量具和辅助量具。直接量具有直尺、折尺、卷尺,辅助量具有卡、钳、线规等
	精密量具	精密量具是指游标卡尺、千分卡、超声波测厚仪等能精确地测量物品规格的量具

3.搬运设备

（1）搬运设备的选择。选择搬运设备时需要考虑其特性。图6-8介绍的一些特性可供选择时参考。

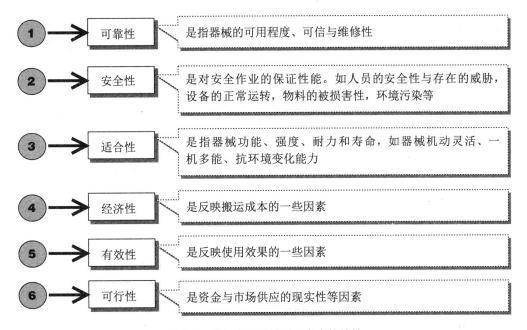

图6-8　选择搬运器械时要考虑的特性

（2）搬运器械的配套管理。搬运器械的组合与配套管理是决定其整体能力发挥的关键因素，合适的配套可以取长补短、相互促进，发挥最佳效能。

五、仓库负责人

仓库负责人（管理者）应该具备下列条件。

（1）应具有商品知识。对于企业经营的商品或产品要有丰富的知识，而且透彻了解。

（2）了解物品的特性。物料、产品和商品都不会说话，但是它们却都拥有其特质。换言之，就是"易于保管的物品""难以保管的物品""易于陈旧过时的物品""易于劣质化的物品"……对于各种物品的特性都需有充分的知识。

（3）具备品质管理的基本知识。

（4）计算能力强。

（5）办事能力强。由于时时面临频繁的出库传票的处理、账簿记录户头的整理与规划，以及实地盘存作业的安排等，业务繁重，所以必须具备迅速而正确处理事务的才能，方可胜任工作，游刃有余。

（6）能够确切了解各种财务报表。欲执行库存品的盘存并合理处置，则需能看懂财务报表，深切了解报表的意义与目的，且能对报表提供的信息加以计算整理。

只有满足上述六项最起码的条件，才具有资格担任仓库负责人职务。

六、仓库管理的策划

策划仓库管理的过程也就是整合仓库管理体系的过程,一般来说,仓库管理包括验收与入库、保管、发放、清仓与盘点、安全与事故防范等工作。

1. 把好入库的"三关"

"三关"是指验收数量关、检查质量关、保存单据关。物料只有顺利地通过这三关后,才能办理入库、登账、立卡等手续。

2. 策划物料的保管方式

凡需要在仓库保管的物料,要做到以下几点。

(1)摆放科学。要求摆放合理、整齐,标志鲜明,方便存取。

(2)确保质量。要做到能防锈、防尘、防潮、防压、防爆、防变质、防损坏。

(3)确保安全。要确保能防灾、防霉变、防损。

(4)账、卡、物相符合。

3. 物料发放与盘点

发放物料的方式应与具体的生产方式相适应,目的是确保及时供给物料。盘点则相当于总结,规范物料的核销制度,严防浪费,消除呆料、坏账。

七、建立仓库管理系统

仓库管理系统是为企业的采购、制造计划、制造执行、客户服务系统与仓库或配送中心提供的管理手段,满足企业对低成本和快速处理的要求,帮助企业解决复杂的配送问题,并且降低订单履行成本。

仓库其实是一家公司内部各个部门的延伸。如果采购部门采购产品超量,必然由仓库储存保管来承担后果。如果公司承诺第二天把产品交付订货的某客户,具体经办该交易的当然也是仓库。如果财务部门从卖方收到的发票与实际到货数量、质量或者品名不相吻合,需要核对、补充和调整等,这时候也要去仓库办理。因此,仓库是公司不可分割的一个重要部门,仓库管理系统实际上就是公司管理系统的延伸,但是仓库又是相对独立于公司其他部门的,具有相对独立的管理系统。因此,要想确保仓库管理系统成功运行,图6-9所示的七步是关键。

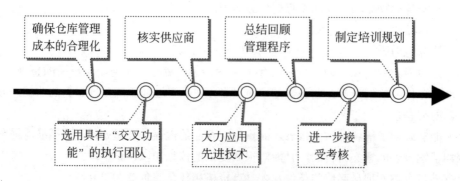

图6-9 建立仓库管理系统的步骤

1. 确保仓库管理成本的合理化

（1）仓库空间的优化利用。要从尺寸大小、物体重量和特别操作要求等方面入手，由仓库管理人员从各种计算数据中找到最实用和最恰当的解决方案，为物料在仓库中寻找最佳储存空间。

（2）把低效率操作减少到最低点，尽量避免重复劳动。

（3）反复清点库存。这项工作必须按照日常工作时间表进行，入库的原材料、成品必须经检验合格后方可办理入库手续。保管人员应查验检验人员出具的检验结论、合格证等。对保管物品登记入册，利用已有标志或新加标志和使用卡片标签等，标明物品的规格型号、名称与数量，做到账、卡、物一致。只有反复清点仓库中产品的种类和数量，才能确保仓库管理系统正常运行，提高存货的精确度。

（4）强化管理。这是每日忙于配送的仓库管理员的职责和义务。

（5）无论是手工操作还是计算机辅助管理都必须照章办事，提高货物储存整体的严密性、可靠性和安全性。

2. 选用具有"交叉功能"的执行团队

公司内部各个部门不一定直接与仓库管理系统发生联系，但是在工作中常常会联系到仓库业务。因此，下述工作也是仓库管理系统中的重要内容。

（1）采购往往需要在下订单的时候认真做好信息汇集、数量清点、质量检验、数据核对、收货到位和反复盘点，保证仓库管理系统功能正常发挥，达到有效的库存管理和控制，减少额外的采购，同时保证库存量满足客户订货或生产计划的需要。

（2）销售的好坏不仅直接影响到客户的满意度，而且还会影响到公司的业务发展，因此，仓库管理系统必须与公司销售部门紧密联系，并且从一开始就要全程做好信息共享，尤其要注意客户信息的汇总。

（3）信息系统必须正常运转，没有信息系统强有力的支持，各个部门，乃至每一个管理员之间的内部联系顿时变得迟钝，仓库管理系统甚至整个公司管理系统将会陷入瘫痪，信息系统是发挥交叉功能梯队作用的关键。

3. 核实供应商

进货渠道，尤其是负责供货的厂家是造成产品质量差、数量不足或者加工问题成堆的根源，因此在核实供应商的时候，不要纠缠于产品的价格而忽视产品的质量等关键问题，特别要注意厂家的信誉，信誉是货真价实的决定性因素，良好的信誉就是产品质量的保证。

> **专家提示**
>
> 仓库必须有一整套核实负责供货厂家的规划和管理措施，甚至可以采取"货比三家"的传统方法辨别厂家的真伪。

4. 大力应用先进技术

仓库管理中应用最普遍的技术是条形码等自动识别技术，不论货物流向哪里，条形码都可以自动地记录下货物的流动状况。

条形码解决方案可实现对仓库中的每一种货物、每一个库位作出书面报告，可定期对库区进行周期性盘存，并在最大限度地减少手工录入的基础上，确保将差错率降至零，且高速采集大量数据。

5. 总结回顾管理程序

仓库管理系统本身是一个工程项目，需要有自己的一整套运营程序，其中包括挑选、收货、反复核对计数、包装、进货订购、采购、加工返回等，这一切都受到仓库管理系统程序或者仓库管理系统工程项目的制约。其具体部署包括以下几点。

（1）制定程序总规划，凡是必不可少的程序都必须详细周到。

（2）分析各项程序，通过核查对照，确保程序完全吻合仓库管理新系统的每一个环节，然后把各项程序写成文件，以便在日常工作中遵照执行。

（3）对过去的管理程序进行改进，或者全面贯彻执行新的管理程序。

6. 进一步接受考核

仓库管理系统程序中的每一步都必须接受考核，测出其精确程度和运行规范，预先找出程序或者规划中存在的隐患根源，把所有的考核详情记录在案，这样做的主要目的就是确保客户服务质量不受损害，同时为仓库的日常工作和仓库管理人员的培训计划提供必要的资料。

7. 制定培训规划

培训的目的就是为了使仓库管理系统能够正常运转，为此，仓库管理系统的管理人员必须对其员工进行培训。培训对象不仅仅是新进员工，也包括仓库老员工。只有获得良好培训的员工才能正确实施和操作管理系统，发挥其优越性。

第二节　物料储存保管

一、物料储存保管的基本原则

各种原材料、在制品、成品均应储存在适宜的场地和库房，储存场所条件应与产品要求相适应，如必要的通风、防潮、温控、清洁、采光等条件，应规定入库验收、保管和发放的仓库管理制度或标准，定期检查库存品的状况，以防止产品在使用或交付前受到损坏或变质。储存控制应确保以下几点。

1. 储存区域应整洁，具有适宜的环境条件

对温度、湿度和其他条件敏感的物品，应有明显的识别标记，并单独存放，提供必要的环境。

2. 使用适当的储存方法

储存中可能会变质和腐蚀的物品，应按一定的防腐蚀和变质的方法进行清洗、防护、特殊包装和存放。

3. 要对储存品进行监控，采取必要的控制手段

（1）如定期检验、对在库产品实行先进先出的原则、定期熏蒸消毒等，做好库存品的检验记录。

（2）物品入库应验收合格，并注明接收日期，作出适当标记。对有储存期要求的物品，要实行储存品周转制度。物品堆放要有利于存取，并防止误用。

（3）定期检查库存品状况，禁止非仓库人员进入，物品出库手续应齐全，加强仓库管理。

（4）储存物品应有一套清楚完整的账物卡管理制度。

二、物料堆放

在物料验收入库时，要先根据仓库储存规划确定好货位后，再进行堆放作业。

1. 物料堆放原则

（1）面向通道。为方便物料的移动和存取，需将物料面向通道存放保管。

（2）分层堆放。多利用货仓空间，尽量利用货架堆放，提高货仓实用率。

（3）按周转频次存放。进货、发放次数频繁的物料应放在靠近进出口的位置，以缩短出入库作业路线，提高工作效率。

（4）把同类物料或类似的物料放在相同的位置。

（5）为了安全和操作方便，较重的物料应放置在地上或货架底层，较轻的物品放置在货架的上层。

（6）包装标准化的物品可放货架上保管，包装非标准化的物品结合形状进行保管。如对扁平、细长、过长等物品应采取竖置方式，以免造成空间的浪费。

（7）一个物品对应一个货位。将品种、数量、保管位置（如货架编号、层号和列号等）明确、清晰地标示出来，使该项物品能够被准确无误地找到。

（8）通道应有适当的宽度，并保持一定的装卸空间，以便于物料搬运的顺畅，提高物料装卸的工作效率。

（9）物料的堆放，要考虑存储数量读取方便。

（10）物料的堆放应容易识别与检查，如良品、不良品、呆料、废料要分开处理。

2. 物料堆放方法

物料堆放方法有许多，如图6-10所示。

五五堆放法	以五为基本计量单位，码成各种总数为五的倍数的货垛，即大的物品码成五五成方，小的物品码成五五成包，方的码成五五成行，矮的码成五五成堆，带眼的码成五五成串。这种堆放方法过目成数，清点方便，数量准确，不易出差错，收发快，效率高，适用于按件计量的货物
六号定位法	按"库号、仓位号、货架号、层号、订单号、物料编号"六号，对物料进行归类叠放，登记造册，并填制"物料储位图"，以便于迅速查找物料的仓位。此方法适用于产品体积较小、物料品种较少的企业

图6-10

托盘化管理法 ┄┄→ 将物料码放在托盘上、卡板上或托箱中,便于成盘、成板、成箱地叠放和运输,有利于叉车将物料整体移动,提高物料保管的搬运效率。此方法适用于机械化仓库作业的企业

分类管理法 ┄┄→ 分类管理法是将品种繁多的物料,按其重要程度、进出仓率、价值大小、资金占用情况进行分类,并放置在不同类别的仓区,然后采用不同的管理规定,做到重点管理,兼顾一般

图6-10 物料堆放方法

三、温度、湿度控制

为了维护仓储物料的品质完好,创造适宜于物料储存的环境,当库内温度、湿度适宜物料储存时,就要设法防止库外气候对库内的不利影响;当库内温度、湿度不适宜物料储存时,就要及时采取有效措施调节库内的温度、湿度。

1. 采用调控的方法

控制和调节库内温度、湿度有效的方法是采用密封、通风和吸潮相结合。其具体方法如下。

(1)密封调控法。密封就是把物料尽可能严密地封闭起来,减少外界不良气候的影响,以达到安全保管的目的。采用密封方法,要和通风、吸潮结合运用,如运用得当,可以收到防潮、防霉、防热、防融化、防干裂、防冻、防锈蚀、防虫等多方面的效果。

密封保管时应注意图6-11所示的事项。

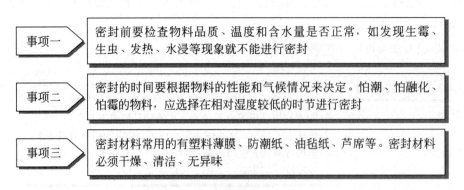

图6-11 密封保管的注意事项

(2)通风调控法。通风就是利用库内外空气温度不同而形成的气压差,使库内外空气形成对流,来达到调节库内温度、湿度的目的。空气是从压力大的地方向压力小的地方流动。当库内外温度差距越大时,空气流动就越快。若库外有风,借风的压力更能加速库内外空气的对流,但风力也不能过大(风力超过5级灰尘较多)。

通风分为降温（增温）和散潮两种。所以，正确地进行通风，不仅可以调节与改善库内的温、湿度，还能及时地散发物料及包装物的多余水分。

（3）吸潮调控法。在梅雨季节或阴雨天，当库外湿度过大不宜进行通风散潮时，可以在密封库内用吸潮的办法降低库内湿度。仓库中通常使用的吸潮剂有氯化钙、硅胶等。

2. 掌握库内温、湿度

在仓库内可放置温度计和湿度计来测量库内的温度和湿度，每天上午8～10时和下午2～4时各观察一次，并将观察结果记录下来。

在观察温度、湿度计时，不要把手、头、灯等接近温度计、湿度计的球部，更不能触及其表面，视线与水银柱的顶端应保持同一高度。

四、防锈除锈处理

防止金属锈蚀是金属材料和金属制品保管的一项重要任务。金属锈蚀的原因很多，如大气锈蚀、土壤锈蚀、海水锈蚀、接触锈蚀等；而产生这些锈蚀的根本原因，是化学锈蚀和电化学锈蚀，其中电化学锈蚀最为普遍，最为严重。金属材料和金属制品的保养方法分为两大类：即防锈和除锈。

1. 金属防锈

仓储保管应以预防为主，加强物品的储存保养。对金属材料和金属制品的防锈方法很多。在仓储保管中所采用的防锈办法，主要有以下几种。

（1）控制和改善储存条件

① 选择适宜的保管场所。应尽可能选择远离有害气体和粉尘的厂房，远离酸、碱、盐类物质或气体。储存场所需具有良好的排水系统，货场要用碎石或炉灰垫平，以增强地面表层的透水性，保持库区的干燥，不同材料的保管场所其要求也不同。

② 保持库房干燥。保持库房相对湿度在70%以下，较精密的金属制品必须在库房储存，并禁止与化工物资或含水量较高的物资同库储存。

③ 保持物资及储存场所的清洁。

④ 妥善码垛和苫盖。码垛时要垫高垛底，以加强垛下的通风。

⑤ 保持、保护材料的防护层和包装的完好。如果包装损坏，应进行修复或更换；当包装受潮时，应对包装材料进行干燥处理；如果发现防锈油已破坏或干涸，应及时进行清洗，重新涂油。

⑥ 坚持定期的质量检查，并做好质量检查记录。

（2）涂油防锈。在金属表面涂（或浸，或喷）一层防锈油脂薄膜。

（3）气相防锈。气相防锈是一种常用的防锈方法，具体如图6-12所示。

（4）可剥性塑料材料防锈。可剥性塑料材料是以塑料为基体的一种防锈包装材料。可剥性塑料涂抹于金属表面上成膜后，被一层吸住的油膜与金属隔开，所以，启封时不需借助溶剂而能用手轻易剥除。这种材料适用于钢、铁和铝等金属，而且膜的韧性好，但费用昂贵。

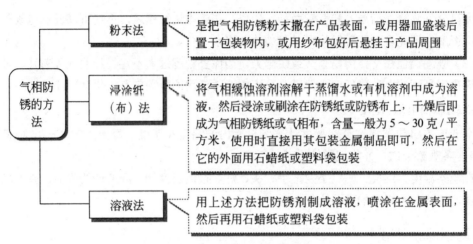

图6-12 气相防锈的方法

（5）涂漆防锈。涂漆防锈是在金属制品表面均匀地涂上一层油漆，是应用极其广泛的一种防锈方法。其优点是施工简单、适用面广；缺点是易开裂、脱落，而且可从漆层空隙间透过湿气，往往在漆层底下发生金属锈蚀。

（6）防锈水防锈。防锈水防锈也是应用比较广泛的防锈方法，但因防锈期限短，所以多用于工序间防锈。

2. 金属除锈

金属除锈的方法有人工除锈、机械除锈、化学除锈和电化学除锈。其具体内容如图6-13所示。

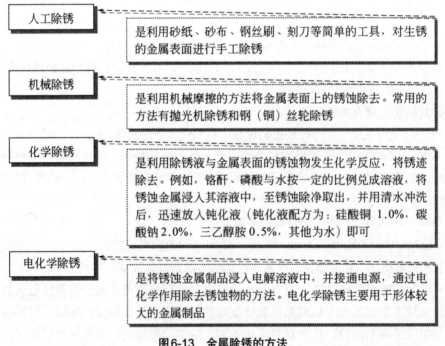

图6-13 金属除锈的方法

五、防霉除霉处理

对防治物品霉变所采取的措施有两条:一条是加强储存物品的保管工作;另一条是采取药物防霉腐。

1.储存物品的合理保管

(1)加强每批物品的入库检查,检查有无水渍和霉腐现象,检查物品的自然含水量是否超过储存保管范围,包装是否损坏受潮,内部有无发热现象等。

(2)针对不同物品的性质,采取分类储存保管,达到不同的物品采用不同的储存保管条件,以防止物品的霉变。

(3)根据各季节和各地区不同的储存保管条件,采取相应的通风降温措施,使库内温度和湿度达到抑制霉菌生长和繁殖的要求。

2.药剂防霉腐

药剂防霉腐即采取对霉腐微生物具有抑制和杀灭作用的化学药剂,喷洒到物品上,达到防止霉腐作用。防霉腐药剂的种类很多,常用的工业品防腐药剂有亚氯酸钠、水杨酰苯胺、多聚甲醛等。

另外,由于多数霉腐微生物只有在有氧气的条件下才能正常繁殖,所以,可采用氮气或二氧化碳气体取代物品储存环境的空气,使物品上的微生物不能生存,达到防霉腐效果。这种方法常用于工业品仓库。

六、仓库虫害防治

仓库害虫简称"仓虫",是指能在仓库环境中生长,危害库存物资、包装物和仓库设备的昆虫。仓虫的种类很多,现已发现的就有60多种,严重危害物资的达30多种。仓虫不仅蛀蚀物资,造成物资减量、变质,而且对仓库建筑、设备也有损坏,因此,必须做好仓虫的防治工作。

1.预防仓虫的主要措施

预防仓虫的主要措施有许多,具体如表6-6所示。

表6-6 预防仓虫的主要措施

序号	预防措施	具体说明
1	把好物资入库关	(1)仓虫的来源,一是潜藏在仓库建筑和设备缝隙中的越冬害虫,二是随着入库物资及其包装带入库的害虫。因此,在物资入库前要对库房进行严格检查,摸清仓虫的潜伏情况,采取措施进行杀灭 (2)对准备入库的物资,先检查包装,看其周围缝隙处有无虫茧形成的絮状杂黏物和仓虫排泄物。然后打开包装检查,看其是否有蛀痕和虫迹。如在入库前发现包装或物资已生虫,应隔离存放,进行杀虫处理,否则不得入库堆垛
2	搞好仓库清洁卫生	库房内要常打扫,凡仓虫容易潜伏的地方,要特别注意清扫,各种缝隙应采取剔、刮、填补和粉刷等措施,将其除净填平,库外四周要清除杂草,疏通渠道,消除积水和垃圾

续表

序号	预防措施	具体说明
3	控制库内温度、湿度	由于大多数仓虫喜潮湿、温暖、黑暗,所以库房内应保持干燥、明亮,使之不利于仓虫的孳生
4	勤检查	对库存物资及包装要常检查,看有无仓虫孳生,一旦发现,应立即采取防治措施
5	使用驱虫药剂	药剂可以起到防虫作用,常用的驱虫药剂有萘、对二氯化苯和樟脑精等

2. 杀灭仓虫的主要方法

(1) 物理机械防治法。如采用高温杀虫,主要是利用日光曝晒、烘烤、热蒸和远红外线照射。采用低温杀虫,主要是利用通风降温,必要时可利用冷冻设备,将库温降到0℃以下,从而达到杀虫的目的。

(2) 化学药剂防治法。化学药剂防治法主要是使用各种有毒性的化学药剂,使仓虫中毒死亡。常用的化学药剂有敌敌畏、敌百虫、滴滴涕、磷化铝、氯化苦和硫黄等。使用药剂灭虫,速度快、效率高,但是会污染环境,有损物资质量,对人体有害,因此,必须按照一定的配量和规定的方法来进行,切不可任意乱用。

第三节 仓库安全管理

一、仓库意外事故原因

仓库一旦发生意外,就会关系到人员的安全及财物的损失,因此,仓库安全的预防及维护,应特别予以重视。仓库意外事故发生的原因主要如图6-14所示。

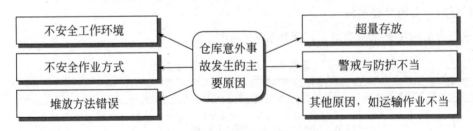

图6-14 仓库意外事故发生的主要原因

二、库区安全管理

1. 库房的安全管理

仓管人员应经常检查库房结构情况,对于地面裂缝、地基沉陷、结构损坏,以及周围山体滑坡、塌方,或防水防潮层和排水沟堵塞等情况应及时维修和排除。

库房钥匙应集中存放在仓库控制区保安值班室,实行业务处、保安值班和仓管员三方控制。仓管员领取钥匙要办理手续，下班后即交回注销。对于存放易燃易爆、贵重物品的库房要严格执行两人分别掌管钥匙和两人同时进库的规定。有条件的库房，应安装安全监控装置，并认真使用和管理。

2. 仓库电器设备安全

仓库电器设备安全要达到以下要求。

（1）各种用电系统的设计、用电装置的选择和安装，都必须符合相关的技术规范或规程。

（2）经常检查电器线路有无破损、漏电现象，电线是否有年久失修现象。

（3）电源开关安装的位置离地面应大于1.5米。灯泡离地面应大于2米，与可燃物间的距离应大于0.5米。灯泡正下方，不准堆放可燃物。

（4）仓库内的灯泡严禁用纸、布或其他可燃物遮挡。仓库内可使用60瓦以下灯泡，不准用日光灯及60瓦以上的灯泡，最好用防爆灯。

（5）库房内禁止使用电炉等电热器具，不准私拉乱接电线。

（6）库房内不准设置移动式照明灯具，必须使用时需报消防部门批准，并有安全保护措施。

（7）库房内敷设的配电线路，需穿金属管或用非燃性硬塑料管保护。

（8）库房内不准使用电炉、电烙铁、电熨斗、电热杯等电热器具和电视机、电冰箱等家电用品。对使用电刨、电焊、电锯、各种车床的部门要严格管理，必须制定安全操作规程和管理制度，并报消防部门批准，否则不得使用。

（9）仓库电器设备的周围和架空线路的下方，严禁堆放物品。对输送机、升降机、吊车、叉车等机械设备易产生火花的部位和电机、开关等受潮后易出现短路的部位要设置防护罩。

（10）仓库必须按照国家有关防雷规定设置防雷装置，并定期检测，保证有效。对影响防雷装置效应的高大树木和障碍，要按规定及时清理。

3. 运用颜色管理

在仓库中运用颜色管理是防止人员和物料发生意外的有效措施之一，企业在平时就应培训仓管人员了解各项安全法则及各种颜色的意义。

（1）红色标志具有警告及禁止的含义，如所有危险标记，装有危险品的容器及禁止烟火等，都漆以红色标志。

（2）黄色具有特别注意的含义。

（3）绿色有指导安全的含义。

（4）白色或黑色相间的斜色，用以指示目标物。

（5）紫色指物品有放射性危险等。

三、仓库安全作业管理

仓库安全作业管理是指在物品进出仓库装卸、搬运、储存、保管过程中，为了防止和消除伤亡事故，保障员工安全和减轻繁重的体力劳动而采取的措施，它直接关系到员工的人身安全和生产安全，也关系到仓库的劳动生产率能否提高等重要问题，为此要做好图6-15所示的工作。

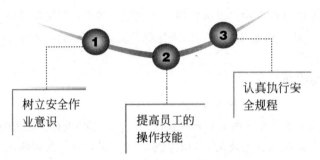

图6-15 仓库安全作业管理措施

1.树立安全作业意识

为使仓库能安全地进行作业,树立安全作业意识是非常重要的。为此,企业应定期对仓管人员进行安全作业方面的培训,使仓管人员从思想上重视安全作业。

2.提高员工的操作技能

可通过提高仓储设备的技术水平,减少手动直接装卸、搬运,更多地采用机械设备和自动控制装置,以提高作业的安全性,有效地降低事故的发生率。因此,企业要对仓管员开展岗位培训和定期技能考核,这样既能提高企业的生产效率,又能提高自身劳动的安全。

3.认真执行安全规程

仓库作业的安全操作规程,是经过实践检验、能有效减少事故发生的规范化的作业操作方法,因此,仓管员应严格执行操作规程,并对不按照安全操作规程的行为进行及时且严厉的阻止。

四、仓库储存物品的安全管理

1.一般物品安全管理

物品储存要分区分类,要求不同类型物品不能混存。物品在库储存,要有专人负责,仓管员要经常检查。

2.特殊物品安全管理

特殊物品是指稀有贵重金属材料及其成品、珠宝玉器及其他贵重工艺品、贵重药品、仪器、设备、化工危险品、特需物品等。储存此类物品除要遵循一般物品的管理制度和公安部门的管理规定外,还要根据这些物品的性质和特点制定专门的储存管理办法。其主要内容如下。

(1)设专库(柜)储存。储存场所必须要符合防盗、防火、防爆、防破坏等条件。根据情况可以安装防盗门、监视器、报警器等装置。并且要求外部人员严禁进入库房。

(2)保管特殊物品要指定有业务技术专长的人员负责,并且必须是两人以上,一人无收发权。

(3)要坚持严格的审批、收发、退货、交接、登账制度,预防在储存、运输、装卸、堆码、出入库等流转过程中发生丢失或错收、错发事故。

(4)特殊物品要有特殊的保管措施,要经常进行盘点和检查,保证账物相符。

(5)对过期失效和报废的易燃、易爆、剧毒、腐蚀、污染、放射性等物品,要按照公安部门和环保部门有关规定进行处理和销毁,不得随意处置。

五、仓库防盗管理

盗窃事件的发生，多数是因放置场所不当或仓库位置、构造、关锁不当等，因此，在管理中应注意以下事项。

（1）限定仓库人员出入，其他人员一律禁入。

（2）仓库进出应登记，包括时间、姓名、任务等记录，以备日后查明之用。

（3）提送货人员要进库办理业务，必须向保安出示提送货凭证，保安要做好入库登记，收存入库证，指明提送货地点。提送货人员一般不得进入库房，需要进入库房时，要经仓管员同意，并佩戴入库证，由仓管员陪同出入。业务办理完毕后，离开仓库时要交还入库证，随身带出物品要向保安递交出门证，经保安查验无误后，方可离开。

（4）容易被盗窃物品的收藏处应告知值勤保安人员，要求其加强巡逻。

（5）小件而高价的物品应加锁保管。

（6）企业对内部人员应强化监督措施，如增加监督设施、提升监管水平、定时进行业务盘点、开展有奖举报等。

六、仓库消防管理

1. 仓库中的常见火险隐患

仓库中的常见火险隐患如表6-7所示。

表6-7 仓库中的常见火险隐患

序号	隐患点	产生原因
1	电器设备方面	（1）电焊、气焊违章作业，没有消防措施 （2）用电超负荷 （3）违章使用电炉、电烙铁、电热器等 （4）使用不符合规格的保险丝和电线 （5）电线陈旧，绝缘破裂
2	储存方面	（1）不执行分区分类，易燃易爆等危险品存入一般库房 （2）储存场所温、湿度超过物品规定极限 （3）库区内的灯距不符合要求 （4）易燃液体挥发渗漏 （5）可自燃物品堆码过实，通风散热散潮不好
3	机具方面	（1）无防护罩的汽车、叉车、吊车进入库区或库房 （2）使用易产生火花的工具 （3）库内停放、修理汽车 （4）用汽油擦洗零部件 （5）叉车内部皮线破露，油管老化漏油
4	火种管理方面	（1）外来火种和易燃品因检查不严带入库区 （2）在库区吸烟 （3）库区擅自使用明火 （4）炉火设置不当或管理不严 （5）易燃物未及时清理

2. 仓库防火措施

（1）健全防火组织和消防制度。各个库房、料棚和货场要有专人负责消防。
（2）灭火设施要齐备。灭火器、水源和消防沙包要随时处于良好的使用状态。
（3）定期对全体职工进行消防培训。人人熟悉消防知识和灭火工具的使用方法。
（4）库内严禁使用明火。
（5）经常检查库内的电器设备和线路，并及时维修。

3. 库存危险品防火要点

库存危险品防火要点如表6-8所示。

表6-8　库存危险品防火要点

序号	要点	具体措施
1	防止明火引起的火灾	禁止把火种带入库区，严禁在库区、货区吸烟。当金属容器进行焊接时，必须在库房外指定的安全地带操作
2	防止摩擦和冲击引起的火灾	在搬运装有易燃、易爆危险品的金属容器时，严禁滚、摔或拖拉，以防止商品之间的相互撞击、摩擦发生火花；同时也不得使用能够发生火花的工具开启容器；进入库房内的任何工作人员，都不能穿带铁钉的鞋，以防铁钉与地面摩擦产生的火花
3	防止电器设备引起的火灾	在装卸搬运易燃、易爆的危险品所使用的电瓶车、电动吊车、电动叉车以及库房内电源线路和其他电器设备时，必须采用防爆式，并在工作结束后，立即切断电源
4	防止化学能引起的火灾	浸油的纱布、抹布等不得放置在库房内，以防止自燃
5	防止日光聚集引起的火灾	用玻璃容器盛装的可燃、易燃液体，在露天搬运和储放时，应防止太阳聚光而引起的燃烧；易燃、易爆物品的库房窗玻璃应涂以浅色油漆，防止日光照射物品；装有压缩或液化气体的钢瓶、低沸点的易燃液体的铁桶容器、易燃易爆的物品以及受热容易蒸发汽化的物品，都不得曝晒在阳光下

4. 火灾的救护

仓库平时应组织所有员工成立消防组织，配备各类消防器具，定期进行救护培训与演习。当火灾发生时，现场人员应先迅速利用自有的消防设备，尽力救护扑灭，并立即拨打报警电话"119"请消防队前来施救。

第四节　智慧仓储管理

智慧仓储是当今仓储行业变革的重要方向，主要是针对传统仓储行业人力成本高，仓储效率慢，仓储管理复杂等问题结合现代科技设计的一套仓库管理系统。

一、智慧仓储的认知

所谓智慧仓储是指在仓储管理业务流程再造基础上，利用RFID（射频识别）、网络通信、信息系统应用等信息化技术及先进的管理方法，实现入库、出库、盘库、移库管理的信息自动抓取、自动识别、自动预警及智能管理功能，以降低仓储成本、提高仓储效率、提升仓储智慧管理能力。

1.智慧仓储的任务

智慧仓储的任务包括图6-16所示的几点。

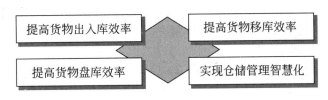

图6-16　智慧仓储的任务

（1）提高货物出入库效率。实现非接触式货物出入库检验，问题货物标签信息写入，检验信息与后台数据库联动。

（2）提高货物盘库效率。库管员持移动式阅读器完成非接触式货物盘库作业，缩短盘库周期，降低盘库人工成本，盘库信息与后台数据库联动，自动校验。

（3）提高货物移库效率。实现仓储货物在调拨过程中进行全方位实时管理，准确快速定位移库货物，提高移库工作灵活性；通过对移库货物的移库分析，找出最佳货物存放何置。

（4）实现仓储管理智慧化。各类仓储单据、报表快速生成；问题货物实时预警，特定条件下货物自动提示；通过信息联网与智能管理，形成统一的信息数据库，为供应链整体运作提供可靠依据。

2.智慧仓储的功能

智慧仓储具有图6-17所示的功能。

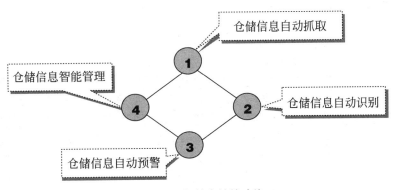

图6-17　智慧仓储的功能

（1）仓储信息自动抓取。仓储信息自动抓取功能是指对贴有电子标签的货物、库位、库架信息自动抓取，包括货物属性、库位及库架分类等，无须通过人工一一辨认。

（2）仓储信息自动识别。仓储信息自动识别功能是通过与后台服务器的连接，在自动抓取信息基础上，实现信息自动识别，快速验证出入库货物信息、库内货物正确堆放信息等。

（3）仓储信息自动预警。仓储信息自动预警功能是通过信息系统程序设定，对问题货物进行自动预警，提前应对。

（4）仓储信息智能管理。仓储信息智能管理功能是自动生成各类单据，为供应链决策提供实时信息的功能模块。

3. 智慧仓储的工作单元

智能仓储项目的工作单元包括软件单元、硬件单元、网络单元、管理单元四大部分。

（1）软件单元。智慧仓储的软件单元为智慧仓储管理信息系统，主要包括基本信息管理模块、货物出入库管理模块、货物盘库管理模块、标签、阅读器管理模块、货物预警模块与智慧仓储管理模块7大模块。

（2）硬件单元。硬件单元包括RFID电子标签、读写器、阅读器、RFID电子标签打印机、服务器、终端、仓库基础设施等。

（3）网络单元。网络单元由计算机有线网络及无线网络组成，其中无线网络主要指Wi-Fi及GPRS（通用分组无线服务技术）两类。

（4）管理单元。管理单元是指一套基于智能仓储的管理业务流程与规范，主要包括出入库、盘库、移库作业流程及相应的规范要求。

二、智慧仓储管理的好处

由于智能化程度低下，缺少科学的规划和管理，在很多传统制造企业的老式仓库中，长久以来存在以下这样的现象。

（1）总感觉仓库不够用，东西太多。

（2）想要的东西总是找不到，不想要的东西又没有及时丢掉。

（3）仓库建设缺乏长远规划，大多使用手工管理模式，导致仓库数据不准确，管理人员不能及时处理缺货、爆仓等情况，影响企业的正常生产运营。

而智慧仓储和物流技术的引入，具有图6-18所示好处。

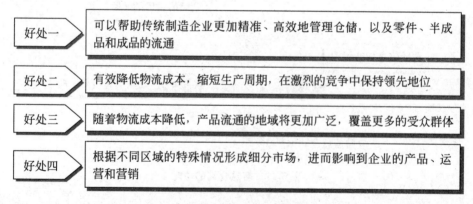

图6-18 引入智慧仓储管理的好处

未来物流发展到理想状态，甚至可以直接连接生产者和消费者，企业可以直接面对消费者，动态地调整生产和经营战略。

比如，2017年4月26日，奥康投资3.8亿元，耗时4年建成的"中国鞋行业首家智能运营中心"——上海华东运营中心正式启用。该运营中心集办公、运营、仓储、物流、售后服务等多功能于一体，高度智能化、自动化。

其中，物流仓储区采用全自动流水线和进口机器人，从产品进仓卸货到扫单入库、存储、提货、打包、发货全部由机器完成。其日处理电商订单可超5万单，订单生成到商品出库只需要30分钟，同时还能完成奥康线下门店5000箱的发货任务。

三、智慧仓储技术的应用

智慧仓储是智慧物流的重要节点，仓配数据接入互联网系统，通过对数据的集合、运算、分析、优化、运筹，再通过互联网分布到整个物流系统，实现对现实物流系统的智慧管理、计划与控制。

智慧仓储技术的应用主要集中在图6-19所示的四个方面。

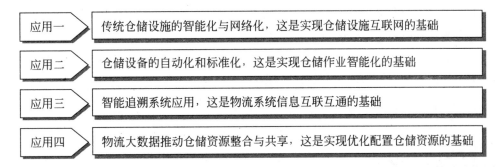

图6-19　智慧仓储技术的应用

四、智慧仓储体系建设

对于智慧仓储体系建设，企业可从图6-20所示的三个方面来规划。

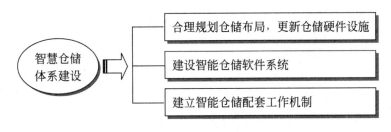

图6-20　智慧仓储体系建设

1. 合理规划仓储布局，更新仓储硬件设施

合理规划仓储布局是指通过科学的堆码垛，使单位仓储面积的利用率得到提高。

比如，针对货物的种类设计采用不同标准的托盘和货架等，普通立体货架可以用来存放存储量大、包装标准的货物，而悬臂货架可以用来存放异型货物和杆状物料等，小型货架则可以专门用来存放小型专业备品备件和一些小型工器具等，这相对于采用统一设计标准的货架而言，无疑会增大仓库空间的利用率。

在对仓储布局进行合理规划的前提下,还可以投入现代化的仓库服务设施来提高物流的运作效率,如可用具有自动控制功能的托盘和自动识别系统来完成货物的分拣、加工和包装等操作,还可以应用自动搬运小车和立体升降设备来提高货物的装卸和搬运效率。这些新型硬件设备的使用无疑会增大仓储的自动化水平和物流运作效率,这不仅会给企业带来可观的经济收益,而且还能提升物资服务水平,进而提升客户的满意度。

2. 建设智能仓储软件系统

智能仓储体系的一个较大特点就是多功能集成,除了传统的库存管理外,还要实现对流通中货物的检验、识别、计量、保管、加工以及集散等功能,而这些功能得以顺利实现,都依赖于智能仓储软件管理系统。现代仓储系统内部不仅采用了先进的硬件设施,而且通常还留有与互联网、无线网扩展的接口,通过采用计算机网络可以实现对这些硬件设备的互联互通,然后在以仓储为核心的物流软件中对这些设备进行远程控制,而这正是实现现代智能仓储体系统一集成管理的基础。

3. 建立智能仓储配套工作机制

要构建现代智能仓储体系,除了需要加强先进硬件和软件方面的投入外,更要创设与智能仓储体系运行方式相适宜的工作机制。只有建立合适的工作机制,才能使智能仓储体系的功能得到较大限度地发挥,进而才谈得上产生效益。

拓展阅读

华为的自动化立体仓库

华为制造业务由深圳坂田搬迁至东莞SSH工业园,实现华为原材料到自动立体仓库的集自动收货、质检、储存、分拣和发货为一体的配套系统。包括:自动传输系统、物料分拣系统、货架系统、堆垛机系统、输送机系统、业务管理和控制系统、条形码系统、箱输送系统等的设计、制作、运输、装卸、安装及调试验收交付、技术资料、验证文档、售后服务等全过程。

一、仓库特点

1. 从入库到出库的全程自动化

(1)入库周转箱从月台到拆包装区的自动化搬送。

(2)入库托盘与周转箱的自动上架。

(3)补货料箱的自动化搬送与分流。

(4)拣选货物的自动供给。

(5)分拣机实现自动化分拣。

2. 业务优化

(1)GTP作业模式。

(2)PTL灯光指示拣选。

（3）提前拣选。
（4）高价值商品的紧急应对。
（5）夹层拆包、贴标业务处理。

3.有限空间的充分利用

（1）自动仓库实现密集存储。
（2）水平旋转货架创造更多的拣选点。
（3）空托盘/料箱收集与供应。
（4）逆向物流的自动化作业。

二、亮点分析

1.GTP站台

GTP站台采用货到人的接力式拣选模式，有效地节省了人工搬运距离，提高了作业效率，本站台的设计完全符合人体工程学，有效地将PTL拣选模式、自动输送模式整合一体，同时本设计方案具备后续业务的扩展性。

2.夹层

夹层方案设计，对料箱业务进行提前的预处理，同时有效地利用了物流中心建筑的空间，提高了空间利用率，保证了入库暂存区的面积。同一层面的自动化库内有效利用空间，设置了料箱业务的二次回库及出库作业，增加了货位，提高库存能力。

3.侧边拣选

侧边拣选区域实现了自动化入库、补货、PTL拣选三位一体的立体拣选模式，采用接力拣选模式为生产线直接供料。

4.大件在线拣选

对于拉手条等大件商品实现在线直接拣选，提高作业效率，节省了离线作业的暂存场地，同时在设计时充分考虑作业高峰期的应对策略，设计有备用暂存拣选站台。

5.特殊情况下的灾备方案

整个华为物流中心的设计采用了一二级库分级管理，确保整个供料系统可以有双重防护面对临时灾难性状况导致的供料中断，通过各功能区的并行库存管理及多站点式拣选，可以有效降低单个站点或功能区障碍导致的无法拣料，在华为项目设计伊始就充分考虑了防灾预备方案，确保整个物流中心在紧急情况下仍然可以为生产线供料。

五、智能机器人的应用

随着工业4.0进程的加快，AI、机器人等技术正快速刺激着仓储领域的智能变革。面对全新的挑战，智能仓储的成功离不开人工智能技术的大力推动。

从目前应用来看，仓储机器人主要以承担着搬运、码垛、分拣等功能的机器人为主。这些机器人不仅可以让整个物流环节更加便利，减少错误信息的发生，而且可以降低劳动力的体力负担，提高工作效率。

1.AGV机器人

Automated Guided Vehicle 简称AGV，当前常见的应用有AGV搬运机器人和AGV小车，主要功用集中在自动物流搬转运。AGV搬运机器人是通过特殊地标导航自动将物品运输至指定地点，最常见的引导方式为磁条引导、激光引导，目前最先进、扩展性最强是由米克力美科技开发的超高频RFID引导。磁条引导的方式是常用也是成本最低的方式，但是站点设置有一定的局限性，以及对场地装修风格有一定影响；激光引导成本最高，对场地要求也比较高，所以一般不采用；RFID引导成本适中，其优点是引导精度高，站点设置更方便，可满足最复杂的站点布局，对场所整体装修环境无影响，另外RFID高安全性、稳定性也是磁条导航和激光导航方式不具备的。

市面上的AGV搬运机器人主要集中应用在制造业物料搬运上，AGV在制造业应用中可以高效、准确、灵活地完成物料的搬运任务。并且可多台AGV组成柔性的物流搬运系统，搬运路线可以随着生产工艺流程的调整而及时调整，使一条生产线上能够制造出十几种产品，大大提高了生产的柔性和企业的竞争力。

2.码垛机器人

码垛机器人，是机械与计算机程序有机结合的产物，能适应于纸箱、袋装、罐装、箱体、瓶装等各种形状的包装成品码垛作业。码垛机器人为现代生产提供了更高的生产效率，具有图6-21所示的优势。

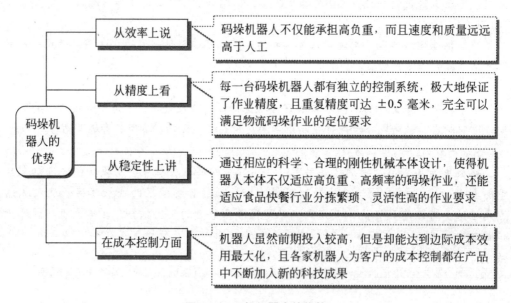

图6-21 码垛机器人的优势

3.分拣抓取机器人

分拣机器人（Sorting robot），是一种具备了传感器、物镜和电子光学系统的机器人，可以快速进行货物分拣。

比如，位于东莞麻涌的京东智能机器人分拣中心占地1200平方米，有8条自动化的传送通道，每小时的分拣量超过12000单，是人工分拣效率的8倍。峰值分拣可达到每天24万单，极大地提高了中小件商品的分拣速度。

与传统履带式分拣相比，智能机器人分拣不仅灵活、高效还适用性很强，机器人对场地要求比较低，数量也能根据场地条件进行增减；设备维护维修简单，一旦发生故障，可以直接将单个机器人拿走维修，从发生故障到恢复生产只要20秒时间，在相同分拣量的情况下，智能机器人分拣只需要传统分拣1/3的人员，又节省了不少人力。

拓展阅读

京东建成全球首个全流程无人仓

2017年10月，京东物流首个全流程无人仓正式亮相，这是全球首个正式落成并规模化投入使用的全流程无人的物流中心。这也是全球首个大型绿色无人仓库，房顶全部是太阳能电池板，白天充电，晚上供库房工作。

这次亮相的全流程无人仓实现了从入库、存储、包装、分拣的全流程、全系统的智能化和无人化，对整个物流领域而言都具有里程碑意义。

机器人军团最强集结，场内联动秀出智能新高度

此次亮相的京东无人仓，坐落在上海市嘉定区的仓储楼群，属于上海亚洲一号整体规划中的第三期项目，建筑面积40000平方米，物流中心主体由收货、存储、订单拣选、包装四个作业系统组成，存储系统由8组穿梭车立库系统组成，可同时存储商品6万箱。

在货物入库、打包等环节，京东无人仓配备了3种不同型号的六轴机械臂，应用在入库装箱、拣货、混合码垛、分拣机器人供包4个场景下。

另外，在分拣场内，京东引进了3种不同型号的智能搬运机器人执行任务；在5个场景内，京东分别使用了2D视觉识别、3D视觉识别，以及由视觉技术与红外测距组成的2.5D视觉技术，为这些智能机器人安装了"眼睛"，实现了机器与环境的主动交互。

未来，京东无人仓正式运营后，其日处理订单的能力将超过20万单。

智能设备覆盖率100%，化解双11潮汐性订单

此前，京东于2014年建成投产的上海亚洲一号是代表了国内智慧物流领域最高水平，其仓库管理、控制、分拣和配送信息系统等均由京东开发并拥有自主知识产权，整个系统由京东总集成，90%以上操作已实现自动化。经过三年的实践与应用，上海亚洲一号已经成为京东物流在华东区的中流砥柱，有效缓解了618、双11订单量暴涨带来的压力。

无人仓则是京东在智能化仓储方面的一次大胆创新，其自动化、智能化设备覆盖率达到100%，可以应对电商灵活多变的订单的业务形态。

此次落成的京东无人仓，引入了目前业内最先进的大型设备，京东物流事业部基于在智慧物流领域强大的技术实力，对这些设备进行了软件系统的集成，天衣无缝地实现了不同硬件系统的对接，确保这些设备能够适应京东极其复杂的业务场景和潮汐式的订单波动。

除了引入目前业内最先进的大型设备之外,京东无人仓的最大特点是对于机器人的大规模、多场景的应用。在京东无人仓的整个流程中,从货到人到码垛、供包、分拣,再到集包转运,应用了多种不同功能和特性的机器人,而这些机器人不仅能够依据系统指令处理订单,还可以完成自动避让、路径优化等工作。

智能算法精确推荐包材,不浪费1厘米包装材料

上海智慧物流项目负责人表示,京东无人仓集成了视觉验收、自动码垛、自动分拣、耗材智能算法推荐等领先技术,这在电商物流行业是一次突破性的创新。

京东物流在无人仓的规划中融入了低碳节能的理念,其在系统中应用了包装材料的算法推荐,可以实现全自动体积适应性包装。简单来说,京东物流的仓内打包环节中,需要使用不同尺寸的纸箱,有了系统的推荐和全自动打包系统,包装过度和纸箱破损的问题就大大缓解了。

数据显示,中国快递行业一年消耗纸箱超过100亿个。而智能耗材算法推荐可以保证纸箱、包装袋等包装物的精确使用,让每1厘米纸箱都能发挥它的价值。

此前,京东集团董事局主席兼首席执行官刘强东曾指出,未来,零售的基础设施将变得极其可塑化、智能化和协同化,推动"无界零售"时代的到来,实现成本、效率、体验的升级。京东无人仓的亮相,恰恰暗合了这一点,通过将无人化带入到仓储中心的全流程操作场景,带动了物流效率的提升。

第七章
供应链之物流运输

情景导入

在开始今天的分享和讨论之前,让我们看一份市场调研报告。

这是由埃森哲发布的《"95后"消费者调研》,调研报告显示:中国"95后"消费者的七大特征之一就是——"更愿意为速度买单"。

"95后"比千禧一代更看重配送速度。他们会因为配送时间模糊不清而取消网购订单,他们会计算配送时间,并希望在购物当天甚至半天内就能收到产品,他们也更愿意为快递支付额外的费用,只有少数愿意等待免费配送。此外,如果零售商能提供预约配送时间这一服务,"95后"会更乐于选择该商家。

再看一下《第一财经周刊》发布的《2017年中国新中坚人群品质生活报告》,新中产的消费特点:爱"偷懒",乐于接受缩短反馈周期的事项。

对于新中产而言,如果有什么事情比钱更加重要,时间一定是首选。

新中产的一种普遍现象是,具有美好价值的事物太多,而一旦获得价值的流程或周期很长,他们会选择不做或推迟做——反正还不着急,那我先偷个懒也完全没有影响。

对于爱"偷懒"的新中产而言,任何能缩短反馈周期的事项,他们都乐于接受。

我们在现场也做一下市场调研:

你在购物时愿意为更快的速度和更好的交付服务买单吗?

……

大家耳熟能详的顺丰、京东物流,不断地通过技术手段,缩短交付周期,获得客户忠诚度和满意度。

正是因为大家买东西希望越快越好,因为"时间就是金钱"。所以,构建点对点的运输模式以及构建贴近客户的仓库尤其重要。谁能够用最快的速度将物品送到客户手中,谁就可以赢得客户的芳心和钱包里的东西。

供应链管理是21世纪企业的核心竞争力,而物流管理能力也是供应链管理的核心能力之一。

第一节 物流与供应链管理

采购、库存、物流是供应链的三大组成成分。三者是相辅相成的关系,但也有一定的独立性。

一、物流的概念

物流一词源于国外,最早出现在美国,1915年,阿奇·萧在《市场流通中的若干问题》

一书中就提到"物流"一词,并指出"物流是与创造需求不同的一个问题"。在20世纪初,西方一些国家已出现生产大量过剩、需求严重不足的经济危机,企业因此提出了销售和物流的问题,此时的物流指的是销售过程中的物流。

中国的物流术语标准将物流定义为:物流是物品从供应地向接收地的实体流动过程中,根据实际需要,将运输、储存、装卸搬运、包装、流通加工、配送、信息处理等功能有机结合起来实现用户要求的过程。

二、物流在供应链管理中的地位

供应链作为一个有机的网络化组织,在统一的战略指导下提高效率和增强整体竞争力。物流管理将供应链管理下的物流进行科学的组织计划,使物流活动在供应链各环节之间快速形成物流关系和确定物流方向,通过网络技术将物流关系的相关信息同时传递给供应链各个环节,并在物流实施过程中,对其进行适时协调与控制,为供应链各环节提供实时信息,实现物流运作的低成本、高效率的增值过程管理。如图7-1所示。

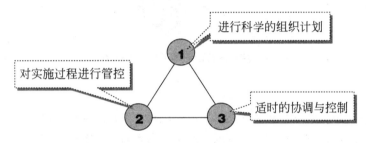

图7-1 物流在供应链管理中的地位

图7-1所示说明:

(1)物流计划的科学性是物流成功的第一步,也是关键的一步。

(2)物流的实施过程管理是对物流运作的实时控制以及对物流计划的实时调整,是对物流活动进程的掌握,有利于供应链各环节了解物品物流动向,协调相应的各部门的计划。

(3)适时的协调与控制是对已进行的物流进行分析总结,总结成功的经验和寻求存在问题的原因,为改进物流的管理提供经验与借鉴,同时也是第三方物流企业进行经营核算管理的环节。

三、物流与供应链的关系

物流是供应链的组成部分,并贯穿整个供应链,连接供应链中的各个环节,成为企业合作的纽带。

供应链与物流有着密切的联系,两者有许多相同点,但是也有一些不同点。在现阶段如何解决物流与供应链的相互关系,已经成为管理方向的一个重要话题,只有认清、解决了物流和供应链的相互关系,才能使企业条理清晰,有针对性地进行配置、调控,做出更加适应企业发展的管理模式,使企业得到更大的效益。

现代市场环境的变化,要求企业加速资金周转,快速传递与反馈市场信息,不断沟通生产与消费的联系,提供低成本的优质产品,生产出满足顾客需求的产品,提高用户满意度。因此,只有建立敏捷而高效的供应链物流系统才能达到提高企业竞争力的要求。

四、供应链管理环境下物流管理的特征

由于供应链管理下物流环境发生了很大变化,从而供应链管理下的物流管理和传统的物流管理的理念、内容形式、技术手段、意义和方法等都发生了很大的变化,有许多新的特点。

供应链管理环境下物流管理的特征如图7-2所示。

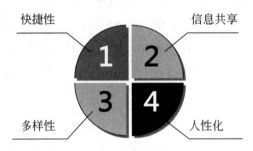

图7-2 供应链管理环境下物流管理的特征

1.快捷性

通过快捷的交通运输以及科学的物流事前管理和事中管理来实现快捷的物流。在供应链管理中,快捷的物流是供应链的基本要求,是保证高效的供应链的基础。

2.信息共享

和传统的纵向一体化物流模型相比,供应链一体化的物流信息的流量大大增加。需求信息和反馈信息传递不是逐级传递,而是网络式的,企业通过因特网可以很快掌握供应链上不同环节的供求信息和市场信息,达到信息共享和协调一致。共享信息的增加和先进技术的应用,使供应链上任何节点的企业都能及时地掌握到市场的需求信息和整个供应链上的运行情况,每个环节的物流信息都能透明地与其他环节进行交流与共享,从而避免了需求信息的失真现象。

同时,通过消除不增加价值的过程和时间,使供应链的物流系统进一步降低成本,为实现供应链的敏捷性、精细化运作提供了基础性保障。

3.多样性

在物流管理供应链中,物流的多样性体现在物流形式的多样性和物流物品的多样性。物流形式的多样性主要是指物流运输方式、托盘等的多样性。

4.人性化

物流是根据用户的要求,以多样化产品、可靠的质量来实现对客户的亲和式服务。在供应链管理中,物流既需要科学的方法进行管理,同时又要实时适应客户需求变化,体现人性化需求的特点。

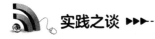

实践之谈

物流,供应链上重要的一环。众所周知,苹果供应链管理是全世界最好的企业,之所以被业界人士所称道,物流也贡献了极佳口碑。

苹果物流的成功在于苹果有能力使每年新发布的产品迅速、准点和高效地上市(快—准—狠)。

我认为,其物流和供应链协同管理成功的原因可以归纳为以下几点。

(1)专注。苹果本身产品线少且产品标准化,iPhone、iPad、iMac、iWatch等产品线拥有许多共同的元器件和组件,综合而言,可以简化供应链的管理范围和管理成本,也缩短Inbound(入库)和Outbound(出库)的流程。

(2)数字技术。苹果是少数最早通过供应链监控技术——可视化系统来监控货物的移动,观察库存变化的高科技制造公司。通过这种可视化数据平台,苹果物流和仓管管理人员可以在任何时候,根据市场的实际需要进行动态调整,协调EMS制造商如富士康、和硕、广达等将产品从中国的装配原产地运送到世界上任何需要的地方。

(3)拥有长期可信赖的供应商。苹果严格控制供应商数量,对现有供应商保证其充足的产能和产量,与供应商建立紧密的合作关系。凭借巨大的天量需求,苹果在与供应商谈判时有相当大的影响力,供应商也将苹果置于最高优先级的客户,总是将最佳资源倾斜给苹果使用,苹果构建了超级强大的供应链支撑体系和竞争优势。不仅如此,苹果还能够保持对供应商的严密控制,用《供应商行为准则》和《供应商责任标准》进行规范,确保供应商遵循苹果的原则和价值观。

(4)确保空运能力。每年新产品上市前几周或者在旺季时,苹果会将国际航空运力全部买断,既保障了自己的产品能够及时上市,又阻止了竞争对手的上市,使得竞争对手不得不延期上市或错开上市。

现代企业的竞争,不是普通的竞争,可以说是供应链与供应链之间的竞争。

第二节 物流管理战略

物流管理战略对于供应链管理来说是非常重要的,重视物流战略问题是供应链管理区别于传统物流管理的一个重要标志。

一、物流管理战略的意义

物流为企业产品打入市场架桥铺路,为生产源源不断地输送原材料。在传统的企业管理中,由于物流被看作是企业经营活动中的辅助内容,因此许多企业没有物流战略,缺乏战略性的物流规划和运筹。

供应链管理环境下的物流管理的战略思想就是要通过企业与企业之间的有效合作,建立一种低成本、高效率、响应性好、具有敏捷性的企业经营机制,产生一种超常的竞争优势;

就是要使企业从成本、质量、时间、服务、灵活性等方面显著提高竞争优势,加快企业产品进入市场的速度。

> **专家提示**
>
> 现代物流管理系统处于复杂多变的环境,物流管理需要参与决策,要为提高供应链的竞争力提供有力保证,因此,物流战略在供应链管理战略中有重要意义和作用。

二、物流管理战略的框架

供应链管理战略思想的实现需要供应链物流系统从企业战略的高度去规划与运筹,并把供应链管理战略通过物流战略的贯彻实施得以落实。具体来说,物流管理战略内容分为图7-3所示的四个层次。

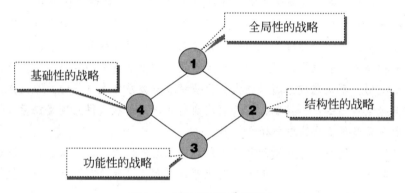

图7-3 物流管理战略的层次

1.全局性的战略

物流管理的最终目标是满足用户需求(把企业的产品和服务以最快的方式、最低的成本交付用户),因此,用户服务应该成为物流管理的最终目标,即全局性的战略性目标。通过良好的用户服务,可以提高企业的信誉,获得第一手市场信息和用户需求信息,增加企业和用户的亲和力并留住顾客,使企业获得更大的利润。

2.结构性的战略

物流管理战略的第二层次是结构性的战略,包括图7-4所示的内容。

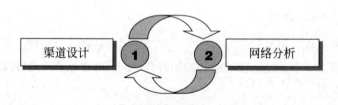

图7-4 结构性战略包括的内容

（1）渠道设计。渠道设计是供应链设计的一个重要内容，包括重构物流系统、优化物流渠道等。通过优化渠道，提高物流系统的敏捷性和响应性，使供应链获得最低的物流成本。

（2）网络分析。网络分析是物流管理中另一项很重要的战略工作，它为物流系统的优化设计提供参考依据。网络分析主要包括图7-5所示的内容。

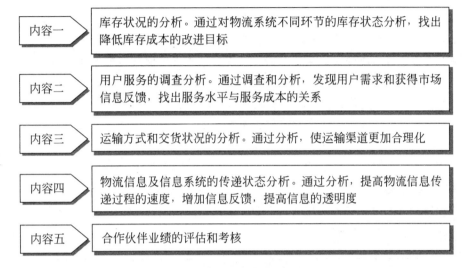

图7-5　网络分析包括的内容

对物流管理系统的结构性分析的目标是要不断减少物流环节，消除供应链运作过程中不增加价值的活动，提高物流系统的效率。

3.功能性的战略

物流管理第三层次的战略为功能性的战略，包括图7-6所示的三个方面的内容。

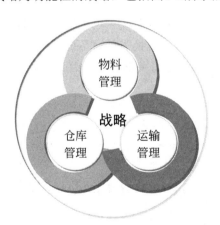

图7-6　功能性战略包括的内容

物料管理与运输管理是物流管理的主要内容，必须不断地改进管理方法，使物流管理向零库存这个极限目标努力，降低库存成本和运输费用，优化运输路线，保证准时交货，实现物流过程的适时、适量、适地的高效运作。

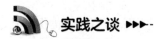

实践之谈

苹果在国内的物流合作公司有 EMS、顺丰、嘉里大通，苹果对合作的物流一般有以下几个要求。

（1）要求"零丢失""零破损"。

（2）运送与其他货物分开，也就是专线物流，必须安排安保车辆进行一对一押运。

（3）车辆停靠点要事先规划，出城和进城规定距离范围内，不允许停车。

（4）为防止市内运输因堵车带来的安全隐患，市内运输要选用一条备用线路，当天再根据实际情况临时决定。

（5）新品面市当天的及时投递率要达到 98.00% 以上。

（6）在投递预约电话、投递预约短信发送及客户热线接通等服务方面，均要求做到百分之百。

---

4. 基础性的战略

第四层次的战略是基础性的战略，主要作用是为保证物流系统的正常运行提供基础性的保障。主要内容如图 7-7 所示。

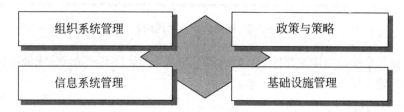

图 7-7 基础性战略包括的内容

其中，信息系统是物流系统中传递物流信息的桥梁，库存管理信息系统、配送分销系统、用户信息系统、EDI/Internet 数据交换与传输系统、电子资金交易系统（EFT）、零售点 POS，对提高物流系统的运行效率起着关键作用，因此，必须从战略的高度去规划与管理，才能保证物流系统高效运行。

拓展阅读

华为的 SSH 自动物流中心项目

一、项目背景

华为技术有限公司是一家生产销售通信设备的民营通信科技公司，总部位于中国广东省深圳市龙岗区坂田华为基地。华为的产品主要涉及通信网络中的交换网络、传输网络、无线及有线固定接入网络和数据通信网络及无线终端产品，为世界各地通信运营商及专业网络拥有者提供硬件设备、软件、服务和解决方案。

二、项目需求

在2012年,华为将制造业务由深圳坂田搬迁至东莞松山湖工业园区,想要实现华为南方工厂原材料到自动立体仓库的自动收货、质检、储存、分拣和发货为一体的配套系统。

三、解决方案

上海冈村(上海冈村官方旗舰店)作为系统总集成商,基于华为技术有限公司的整体战略思想,采用国际领先技术及设备,历时2年在松山湖基地建成了集光、机、电、信息于一体的高度复杂的自动化物流系统工程。松山湖自动物流系统是国内迄今为止最为尖端、先进的自动化物流系统,备受业界瞩目与广泛好评。

自2015年开始,随着华为产业规模的不断扩张,上海冈村与华为在物流系统战略上不断持续开展新合作,双方共赢获得持久信任与共同发展。

四、项目内容

本项目包括自动传输系统、物料分拣系统、货架系统、堆垛机系统、输送机系统、业务管理和控制系统、条形码系统、箱输送系统等,借由机器设备的多样性与丰富性、信息系统的复杂性与健壮性,达成松山湖基地的高端自动物流体系。

五、项目流程

1. 入库作业

基于09码收货流程:① 根据ASN收货;② 根据PO收货;③ VMI根据ASN收货;④ VMI根据PO收货;⑤ 香港物料收货;⑥ 正常收货异常流程;⑦ 保税仓转入收货。

2. 退货收货流程

① 任务令(车间/外协)撤销退料收货;② 更改任务令(车间/外协)退料收货;③ 国内EMS订单退料收货;④ 外EMS订单更改退料收货。

3. 质检流程

4. 转运流程

5. 上架流程

① 托盘区上架;② 料箱区上架;③ 侧边拣选区/看板区上架;④ 料箱拆箱区/水平旋转货架上架;⑤ 垂直旋转货架上架;⑥ 从质检区上架到立库;⑦ 上架异常处理。

6. 出库作业

7. 订单管理流程

8. 波次管理流程

9. 分配库存流程

① 自制任务令-无线线体;② 自制任务令-网络线体;③ 自制任务令-PCB发料;④ 转库(外协共管转库);⑤ EMS/外协任务令/整机预留;⑥ 零星领料;⑦ 快速领料

任务；⑧杂项出库（转故障品，转废品库，转送外维修，CC转TC）；⑨自提出库（供应商召回）；⑩配货异常。

10. 分箱计算流程

11. 任务发放流程

12. 拣货流程

①侧边拣货流程；②GTP工作台拣货流程；③看板区工作流程；④紧急拣选区（垂直旋转货架）工作流程；⑤托盘分拣区工作流程；⑥拣货过程中的打印PSN流程；⑦拣选过程中的异常。

13. 集货（齐套）流程

14. 发运流程

15. 补货作业

①托盘区→料箱原箱区补货；②料箱原箱区→料箱拆箱区补货；③料箱原箱区→水平旋转货架补货；④料箱原箱区→侧边存储区补货；⑤料箱原箱区→侧边拣选区补货；⑥料箱原箱区→看板区补货；⑦侧边存储区→侧边拣选区补货；⑧紧急物料→垂直旋转货架补货；⑨贵重物料→垂直旋转货架补货；⑩主动补货；⑪补货异常处理。

六、项目特点

（1）基于业界单一项目中最为丰富的自动化设备与最智能化的信息系统，完美实现了松山湖现代化的物流系统战略，充分展示了华为与时俱进的形象及现代化的物流管理能力。

（2）通过INFOR WMS强大的业务管理功能，实现电子元器件的各种特性管理需求，包括潮敏管理、超期管理、PSN管理、VMI发料物权管理、看板管理等，在行业内具有领先地位。

（3）基于OK-WCS智能化的功能与严谨的控制，轻松实现了正向物流从入库到出库的全程自动化作业、逆向退货返品物流的全程自动化作业，以及空托盘/料箱的自动收集与供应，其复杂的系统逻辑控制与高度的自动化程度，在行业内具有广泛的借鉴意义与深远的影响力。

（4）借由OK-WCS的合理优化调度，创造了多样化的拣选模式，包括自动仓库堆垛机拣选、水平旋转货架拣选、侧边拣选作业、GTP（Goods To Person）区域灯光拣选、看板区手持RF拣选，以及提前拣选、高价值紧急拣选等，将复杂作业模式以智能化方式展现出来，达到了人与机器的高度和谐统一，在行业内具有前瞻指导意义。

（5）OK-WCS的高度智能化与复杂化，还体现于全自动化的补货作业，包括，托盘自动仓库向料箱自动仓库补货，料箱自动仓库向水平旋转货架、侧边区、看板区补货，侧边堆垛机存储位向拣选位补货等，复杂的业务处理具有高度的创新性、开拓性，为OK-WCS带来了更多的挑战与机遇。

第三节　物流运输形式

公司采购的各类物资，必须通过有效的渠道送到公司，才能用于日常工作，这就要求公司做好物流运输工作。物流运输的方式很多，如供应商直接送货、托运、自提等。无论是通过哪种方式，都要保质保量地将物资送到公司，确保公司利益。

一、供应商直接送货

供应商直接送货是指供应商负责将物资送到公司仓储部门。对公司而言，这是一种最省事的方式。其好处就是把运输交货的所有事务都交给了供应商，由供应商承担运输费用、货损、货差和运输风险。而公司只等供应商送货上门，只需要与供应商进行一次交接，进行一次验收工作就可以完成此次采购任务了。

一般来说，供应商直接送货的流程如图7-8所示。

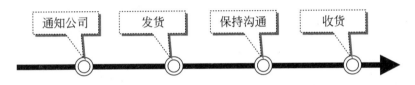

图7-8　供应商直接送货的流程

1. 通知公司

供应商在送货之前应当提前通知公司，具体可采用电话、电子邮件等方式。只有当公司正式进行回复，确认发货日期后，供应商才能送货，以避免提早送货导致公司无法安排储存区域。

2. 发货

供应商发货前要检查物资质量，确保无损坏、缺失，确认一切无误后才能按期发货。

3. 保持沟通

供应商在发货过程中，公司应与其保持沟通，询问送货进度，以便提前安排好收货、储存等工作。

4. 收货

供应商送货到公司后，公司要及时安排验收，并将验收合格的物资存入仓库中。

二、托运

托运即委托运输，由公司或供应商委托一家运输公司，把物资送到采购方手中。这种方式比较省事，这个运输商通常是铁路部门或是汽车运输公司。这里以公司托运的方式来说明托运的流程，如图7-9所示。

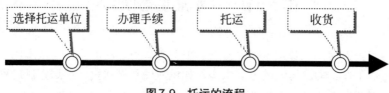

图7-9　托运的流程

1. 选择托运单位

公司要选择合适的托运单位，在选择时要考虑以下要点。

（1）是否能保证及时送货。

（2）送货价格是否合适。

2. 办理手续

办理手续可以由公司委托供应商与货运单位办理，也可以由公司与货运单位直接办理完手续，然后由货运单位前往供应商处取走物资。

3. 托运

货运单位在送货过程中，公司应与其保持联系，定期查看物资运送进度。

4. 收货

物资送到以后，公司要对物资进行必要的检验，如果无误则签收。

三、自提

自提是公司自行到供应商处去提货，自己承担运输交货业务。这种方式要和供应商进行一次交接、一次验货。但是，自己要全部承担运输途中的风险及费用，而且入库时，自己还要进行一次入库验收。其流程如图7-10所示。

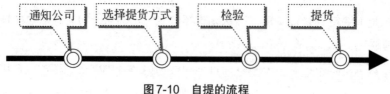

图7-10　自提的流程

1. 通知公司

供应商在所有物资准备完毕后，要及时通知公司前来提货。

2. 选择提货方式

公司要与供应商进行沟通，确认提货的日期、方式等。不同的提货方式有不同特征，具体如下。

（1）一般大宗物资用火车、轮船；中小宗物资用汽车、飞机。

(2) 跨省长途运输一般用火车、轮船、飞机；省内短途一般用汽车。

(3) 有公路设施的地方，用公路运输；有水路的地方，用水路运输；没有方便的陆上运输，只好用飞机。

(4) 如果是急需品，应使用飞机运输。

3. 检验

公司要对供应商准备好的货品进行仔细检验，发现质量问题要立刻处理，如换货或退货等。确认无质量问题后，才能予以验收。

4. 提货

检验完毕后，公司按所选择的提货方式将物资运送回公司。提货过程中，要严格注意确保物资安全，不得在运输途中损坏。

四、快递公司送货

目前国内、国际各类快递公司很多，如顺丰速运、韵达快递、圆通快递等。直接通过快递公司送货非常方便，也成为很多公司的物流运输方式。送货的快递公司可以由供应商安排，也可以由公司安排，这里以公司安排为主。

快递公司送货流程如图7-11所示。

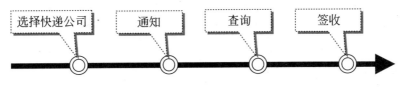

图7-11　快递公司送货流程

1. 选择快递公司

公司应当选择合适的快递公司进行合作，选择时应注意以下两点。

(1) 快递公司应具备合格资质，同时拥有完善的物流网络。

(2) 邮资价格要合适。

2. 通知

(1) 供应商送货前要先通知公司，与公司协商发货时间，只有确认发货后才能发货。

(2) 供应商通知快递公司前来取货，邮资由公司支付。

(3) 供应商送货交给快递公司收件员后，要将生成的订单号或运单号告知公司。

3. 查询

快递公司在物资运输过程中，公司可通过订单号或运单号查询送货进度。

4. 签收

快递员送货到公司后，公司要及时安排签收，签收前要检验产品质量，质量合格才予以签收。

第四节 新型物流模式

在当今全球经济一体化、企业之间日益相互依赖、用户需求越来越个性化的环境下,供应链管理正日益成为企业一种新的竞争战略。通过多年的工作实践,我总结出,在供应链管理环境下,以下几种新型物流将会发展得越来越快。

一、第三方物流

第三方物流是由供方与需方以外的物流企业提供物流服务的业务模式。第三方物流是在物流渠道中由中间商提供的服务,中间商以合同的形式在一定期限内,提供企业所需的全部或部分物流服务。

1. 第三方物流介入企业采购的原因

采购位于供应链上游,企业必须对客户需求驱动的物流运营流程进行调整,实施同供应链业务伙伴相互协调的供应链管理。传统的采购过程具有信息封闭、产品交货期不稳定、质量控制难度大的特点,采购过程缺乏有效地协调、沟通,对于用户需求的变化不能及时反应,采购过程缺乏有力的监督与控制等缺点,所以众多企业纷纷转向第三方物流的物流模式,第三方物流介入企业的采购,其所形成的供应链的采购管理是以采购订单作为核心的,围绕采购订单对采购过程当中物流运动的每个环节状态都进行严密地监督、跟踪,对企业的采购活动进行科学的管理。

2. 第三方物流介入企业采购的优势

供应链管理下基于第三方物流的采购能够克服传统的采购模式所具有的种种弊端,体现出第三方物流采购的优越性,具体如图7-12所示。

优势一	供应链的环节下,第三方物流同制造商、中商间在同一的信息网络当中,信息实现了共享,实现了供、需同步,提高了供需双方的市场反应能力,减少由于信息封闭而产生的风险
优势二	第三方物流企业利用自身的物流优势,在最短的时间内,将产品保质保量地送达中间商,有效完成了供应链传递,保证了供方、需方、物流方的利润最大化
优势三	同第三方物流建立供应链伙伴关系,能够协调三方的制造、采购、销售计划,避免时间不必要的浪费
优势四	第三方物流采购能够有效降低各方成本,并提高采购的绩效,取得规模经济效益,使各方企业的成本、费用控制实现供应链整体最优

图7-12 第三方物流介入企业采购的优势

总之，第三方物流具有无可替代的业务优势，企业将第三方物流纳入其战略发展的轨道中，是基于企业的生存与发展需要，也是对于供应链优势资源进行战略整合的结果。

> **专家提示**
>
> 企业对于供应链管理下基于第三方物流的采购要根据其主营业务的特点，运用科学手段，建立能够正确反映现实利益关系的采购模型，为企业制定采购策略提供关键的参考，从而达到采购战略同企业的业务部门战略相结合，降低采购成本，提升企业效益的目的。

二、第四方物流

第四方物流是1998年美国埃森哲咨询公司率先提出的，是专门为第一方、第二方和第三方提供物流规划、咨询、物流信息系统、供应链管理等活动。第四方并不实际承担具体的物流运作活动。

1. 第四方物流的特征

第四方物流具有图7-13所示的特征。

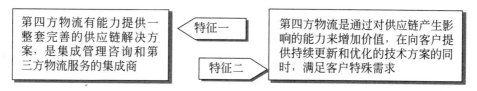

图7-13　第四方物流的特征

2. 成为第四方物流的条件

成为第四方物流企业需具备一定的条件。

（1）能够制定供应链策略、设计业务流程再造、具备技术集成和人力资源管理的能力。

（2）在集成供应链技术和外包能力方面处于领先地位，并具有较雄厚的专业人才。

（3）能够管理多个不同的供应商，并具有良好的管理和组织能力等。

3. 第四方物流的优势

第四方物流具有图7-14所示的优势。

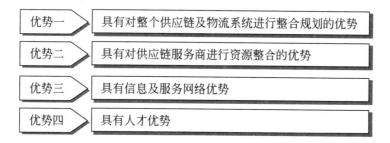

图7-14　第四方物流的优势

（1）具有对整个供应链及物流系统进行整合规划的优势。第三方物流的优势在于运输、储存、包装、装卸、配送、流通加工等实际的物流业务操作能力，在综合技能、集成技术、战略规划、区域及全球拓展能力等方面存在明显的局限性，特别是缺乏对整个供应链及物流系统进行整合规划的能力。而第四方物流的核心竞争力就在于对整个供应链及物流系统进行整合规划的能力，也是降低客户企业物流成本的根本所在。

（2）具有对供应链服务商进行资源整合的优势。第四方物流作为有领导力量的物流服务提供商，可以通过其影响整个供应链的能力，整合最优秀的第三方物流服务商、管理咨询服务商、信息技术服务商和电子商务服务商等，为客户企业提供个性化、多样化的供应链解决方案，为其创造超额价值。

（3）具有信息及服务网络优势。第四方物流公司的运作主要依靠信息与网络，其强大的信息技术支持能力和广泛的服务网络覆盖支持能力是客户企业开拓国内外市场、降低物流成本所极为看重的，也是取得客户的信赖，获得大额长期订单的优势所在。

（4）具有人才优势。第四方物流公司拥有大量高素质国际化的物流和供应链管理专业人才和团队，可以为客户企业提供全面的卓越的供应链管理与运作，提供个性化、多样化的供应链解决方案，在解决物流实际业务的同时实施与公司战略相适应的物流发展战略。

三、电子物流

电子物流就是利用电子化的手段，尤其是利用互联网技术来完成物流全过程的协调、控制和管理，实现从网络前端到最终客户端的所有中间过程服务，最显著的特点是各种软件技术与物流服务的融合应用。

1. 电子物流的特点

电子物流具有图7-15所示的特点。

图7-15 电子物流的特点

（1）信息化。物流信息化表现为物流信息的商品化，物流信息收集的自动化，物流信息处理的电子化和计算机化，物流信息传递的标准化和实时化，物流信息存储的数字化等。信息化是一切的基础，没有物流的信息化，任何先进的技术设备都不可能应用于物流领域。

（2）自动化。物流自动化的基础是信息化，核心是机电一体化，外在表现是物流活动的程序化批处理。物流自动化的效果是省人、省力，另外还可以扩大物流作业能力，提高劳动生产率，减少物流作业的差错等。物流自动化的设施非常多，如条码、射频自动识别系统、货物自动分拣与自动存取系统、自动导向车及货物自动跟踪系统等。

（3）网络化。物流网络化是物流配送系统的计算机信息网络，包括物流配送中心与供应商或制造商的联系要通过计算机网络，另外与下游顾客之间的联系也要通过计算机网络通信，比如物流配送中心向供应商提出订单这个过程，就可以使用计算机通信方式，借助于增值网上的电子订货系统和电子数据交换技术来自动实现，物流配送中心通过计算机网络收集下游客户订单的过程也可以自动完成。

（4）智能化。物流智能化是物流自动化、信息化的一种高层次应用，物流作业过程大量的运筹和决策，如库存水平的确定、运输（搬运）路径的选择、自动导向车的运行轨迹和作业控制、自动分拣机的运行、物流配送中心经营管理的决策支持等问题都需要借助于大量的支持才能解决。在物流自动化的进程中，物流智能化是不可回避的技术难题。

2. 电子物流的优势

电子物流的目的就是通过物流组织、交易、服务、管理方式的电子化，使物流商务活动能够方便、快捷地进行，以实现物流的速度、安全、可靠、低费用。具体来说，电子物流能为企业带来图7-16所示的好处。

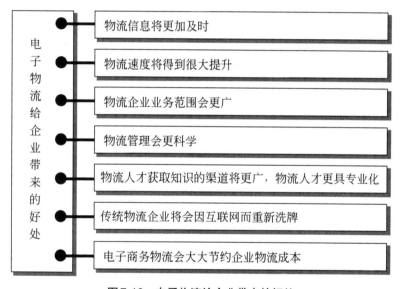

图7-16 电子物流给企业带来的好处

四、绿色物流

绿色物流是指以降低对环境的污染、减少资源消耗为目标，利用先进物流技术规划和实施运输、储存、包装、装卸、流通加工等物流活动。

绿色物流是以经济学一般原理为基础，建立在可持续发展理论、生态经济学理论、生态伦理学理论、外部成本内部化理论和物流绩效评估的基础上的物流科学发展观。同时，绿色物流也是一种能抑制物流活动对环境的污染，减少资源消耗，利用先进的物流技术规划和实施运输、仓储、装卸搬运、流通加工、包装、配送等作业流程的物流活动。

1. 绿色物流的内涵

绿色物流的内涵包括图7-17所示的五个方面。

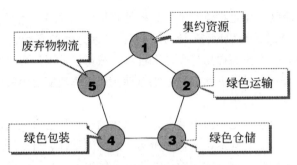

图7-17　绿色物流的内涵

（1）集约资源。这是绿色物流的本质内容，也是物流业发展的主要指导思想之一。通过整合现有资源，优化资源配置，企业可以提高资源利用率，减少资源浪费。

（2）绿色运输。运输过程中的燃油消耗和尾气排放，是物流活动造成环境污染的主要原因之一。因此，要想打造绿色物流，首先要对运输线路进行合理布局与规划，通过缩短运输路线，提高车辆装载率等措施，实现节能减排的目标。另外，还要注重对运输车辆的养护，使用清洁燃料，减少能耗及尾气排放。

（3）绿色仓储。绿色仓储一方面要求仓库选址要合理，有利于节约运输成本；另一方面，仓储布局要科学，使仓库得以充分利用，实现仓储面积利用的最大化，减少仓储成本。

（4）绿色包装。包装是物流活动的一个重要环节，绿色包装可以提高包装材料的回收利用率，有效控制资源消耗，避免环境污染。

（5）废弃物物流。废弃物物流是指在经济活动中失去原有价值的物品，根据实际需要对其进行搜集、分类、加工、包装、搬运、储存等，然后分送到专门处理场所后形成的物品流动活动。

2.绿色物流的特点

与传统的物流相比，绿色物流在目标、行为主体、活动范围及其理论基础四个方面都有自身的一些显著的特点，具体如图7-18所示。

特点一	绿色物流的理论基础更广，包括可持续发展理论、生态经济学理论和生态伦理学理论
特点二	绿色物流的行为主体更多，它不仅包括专业的物流企业，还包括产品供应链上的制造企业和分销企业，同时还包括不同级别的政府和物流行政主管部门等
特点三	绿色物流的活动范围更宽，它不仅包括商品生产的绿色化，还包括物流作业环节和物流管理全过程的绿色化
特点四	绿色物流的最终目标是可持续性发展，实现该目标的准则不仅仅是经济利益，还包括社会利益和环境利益，并且是这些利益的统一

图7-18　绿色物流的特点

拓展阅读

实施企业绿色物流供应链管理的意义

实施企业绿色物流供应链管理将不仅给企业带来比以往更大的经济效益,更重要的将给社会带来巨大的环境效益和社会效益。

1. 改善环境,创造新的经济增长点

我国企业实施绿色物流供应链管理有利于减少或消除环境污染,全面改善或美化工作环境,提高员工的主观能动性和工作效率,更好地把握未来机遇,同时给企业带来良好的声誉和绿色产品的品牌形象,从而扩大产品的市场。

2. 提高供应链的客户满意度

供应链管理追求的目标是满足客户服务的要求,检验供应链管理绩效的最终指标是客户满意度。随着社会对环保的重视和人们知识水平的提高,绿色消费将从时尚消费走向大众化,成为人们消费的基本标准。实施企业绿色物流供应链管理,将大大提高供应链以客户导向为中心的意识和能力,实施企业绿色物流供应链管理的先行企业可以利用自己独家掌握的第一手资料,及时掌握市场动向,有效运用延迟策略,提高定制化产品的销售比重和准时交货订单比例,在提高客户满意度的同时,也提高了供应链的敏捷性,从而提高自己的竞争能力。

3. 提高供应链的整体竞争力

企业绿色物流供应链管理采用全新的生态设计。企业为了获得可持续发展,必须积极解决经济活动中的环境问题,放弃危及企业生存和发展的生产方式,建立企业绿色物流供应链管理体系,创造自身的竞争优势,使企业减少使用能源和原材料,为企业节约了生产成本,同时减少了环境治理的费用,所以企业绿色物流供应链管理在资源日益紧缺、环境污染日益严重、全球经济竞争日趋激烈的今天,对提高我国产品占据市场份额,提升企业竞争优势,实现经济、社会和环境的三赢,具有重要的现实意义。

4. 优化企业形象

企业形象是企业的一笔无形资产,对企业的生存与发展起着非常重要的意义。实施企业绿色物流供应链管理,重视环境保护意识、节约利用资源、对废旧产品的原料进行回收等,这些将成为决定企业形象与声誉的重要因素。将环境保护纳入企业活动的各个环节来宣传本企业和产品,有利于在公众中树立良好的企业形象,有利于增强企业与顾客间的关系和忠诚度,增强投资者的信心,增进与政府部门、环保部门等管理当局以及媒体的关系,从而有助于企业拓展市场和获取竞争优势。

5. 解决供应系统和生态系统的矛盾

企业绿色物流供应链管理是以生态经济学和可持续发展理论为基础发展起来的,绿色供应链系统是生态系统的一个子系统,因此企业绿色物流供应链管理系统可以解决生态系统可持续发展问题。

第五节 智慧物流

传统的物流商业模式和基础设施设备已难以支撑现代物流的高速发展。随着互联网和物联网的发展及应用,物流已进入以网络技术、电子商务和共享经济为代表的信息化新阶段,智慧化已从仓储、平台延伸到供应链。

一、智慧物流的概念

IBM于2009年提出了建立一个面向未来的具有先进、互联和智能三大特征的供应链,通过感应器、RFID标签、制动器、GPS(全球定位系统)和其他设备及系统生成实时信息的"智慧供应链"概念,紧接着"智慧物流"的概念由此延伸而出。

与智能物流强调构建一个虚拟的物流动态信息化的互联网管理体系不同,"智慧物流"更重视将物联网、传感网与现有的互联网整合起来,通过以精细、动态、科学的管理,实现物流的自动化、可视化、可控化、智能化、网络化,从而提高资源利用率和生产力水平,创造更丰富社会价值的综合内涵。如图7-19所示。

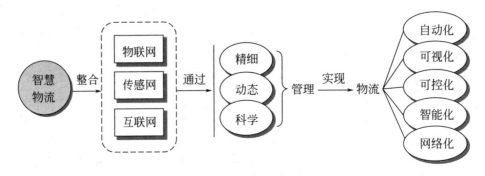

图7-19 智慧物流的原理

中国物联网校企联盟认为,智慧物流是利用集成智能化技术,使物流系统能模仿人的智能,具有思维、感知、学习、推理判断和自行解决物流中某些问题的能力。即在流通过程中获取信息从而分析信息做出决策,使商品从源头开始被实施跟踪与管理,实现信息流快于实物流。即可通过RFID、传感器、移动通信技术等让配送货物自动化、信息化和网络化。

> **专家提示**
>
> 智慧物流是整个商业链、供应链协同平台的基础设施,具备共享和协同理念的物流,将是下一个互联网的蓝海。

二、智慧物流的价值体现

智慧物流的建设顺应历史潮流,符合物联网发展的趋势。对企业、整个物流行业乃至整个国民经济的发展具有至关重要的意义。

1. 智慧物流对企业的价值

对企业来说，智慧物流的价值主要体现在图7-20所示的几个方面。

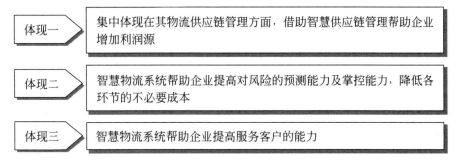

图7-20　智慧物流对企业的价值

2. 智慧物流对国家的价值

对国家来说，智慧物流的价值体现在图7-21所示的两个方面。

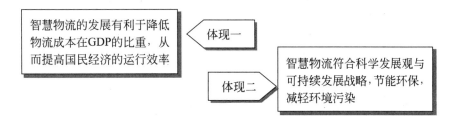

图7-21　智慧物流对国家的价值

三、智慧物流的功能

智慧物流与数字化仓储项目，利用物联网、大数据、IT服务化平台等技术，通过实时可视、安全高效、按需交付的物流服务能力构建，主动支撑交付保障，提升客户体验，改善物流运营效率。具体来说，智慧物流具有图7-22所示的功能。

1. 感知功能

运用各种先进技术能够获取运输、仓储、包装、装卸搬运、流通加工、配送、信息服务等各个环节的大量信息。实现实时数据收集，使各方能准确掌握货物、车辆和仓库等信息。初步实现感知智慧。

图7-22　智慧物流的功能

2. 规整功能

即感知之后把采集的信息通过网络传输到数据中心，用于数据归档，建立强大的数据库，分门别类后加入新数据，使各类数据按要求规整，实现数据的联系性、开放性及动态性。并通过对数据和流程的标准化，推进跨网络的系统整合，实现规整智慧。

3. 智能分析功能

运用智能的模拟器模型等手段分析物流问题，根据问题提出假设，并在实践过程中不断验证问题、发现新问题，做到理论实践相结合。在运行中系统会自行调用原有经验数据，随时发现物流作业活动中的漏洞或者薄弱环节，从而实现发现智慧。

4. 优化决策功能

结合特定需要，根据不同的情况评估成本、时间、质量、服务、碳排放和其他标准，评估基于概率的风险，进行预测分析，协同制定决策，提出最合理有效的解决方案，使做出的决策更加的准确、科学，从而实现创新智慧。

5. 系统支持功能

系统智慧集中表现于智慧物流并不是各个环节各自独立、毫不相关的物流系统，而是每个环节都能相互联系、互通有无、共享数据、优化资源配置的系统，从而为物流各个环节提供最强大的系统支持，使得各环节协作、协调、协同。

6. 自动修正功能

在前面各个功能的基础上，按照最有效的解决方案，系统自动遵循最快捷有效的路线运行，并在发现问题后自动修正，并且备用在案，方便日后查询。

7. 及时反馈功能

物流系统是一个实时更新的系统。反馈是实现系统修正、系统完善必不可少的环节。反馈贯穿于智慧物流系统的每一个环节，为物流相关作业者了解物流运行情况，及时解决系统问题提供强大的保障。

四、智慧物流的实施步骤

众所周知，物流是连接生产线的桥梁和纽带，影响整个进程。而传统的物流系统已经无法满足社会发展的需要，智慧供应链应运而生。先进的智慧物流能够把生产和制造业、销售、消费体验结合在一起，让制造企业们没有库存。

智慧物流的实施步骤如图7-23所示。

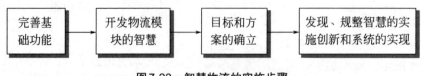

图7-23 智慧物流的实施步骤

1. 完善基础功能

完善基础功能是指提高既有资源的整合和设施的综合利用水平。加强物流基础设施在规划上的宏观协调和功能整合，使物流基础设施的空间布局更合理，功能更完善，逐步提高各种运输服务方式对物流基础设施的支持能力，物流基础设施的经营与网络化服务能力以及物流基础设施的信息化水平。

2. 开发物流模块的智慧

智慧物流系统设计可以采取模块设计方法，即先将系统分解成多个部分，逐一设计，最后再根据最优化原则组合成为一个满意的系统，具体如下。

（1）在智慧物流感知记忆功能方面，包括基本信息维护模块、订单接收模块、运输跟踪模块、库存管理模块。

（2）在智慧物流的规整发现功能方面主要是调度模块，这是业务流程的核心模块。通过向用户提供订单按关键项排序、归类和汇总，详细的运输工具状态查询等智能支持，帮助完成订单的分理和调度单的制作。

（3）智慧物流的创新智慧主要表现在分析决策模块，系统提供了强大的报表分析功能，各级决策者可以看到他们各自关心的分析结果。

（4）而系统智慧体现在技术工具层次上的集成，物流管理层次上的集成，在供应链管理层次上的集成，物流系统同其他系统集成，共同构成供应链级的管理信息平台。

3. 目标和方案的确立

智慧物流的建设目标包括构建多层次智慧物流网络体系，建设若干个智慧物流示范园区、示范工程、产业基地，引进一批智慧企业。智慧物流系统的建设步骤如图7-24所示。

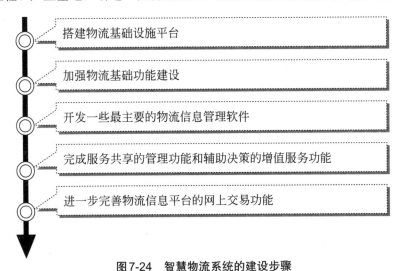

图7-24 智慧物流系统的建设步骤

4. 发现、规整智慧的实施，创新和系统的实现

利用传感器、RFID和智能设备来自动处理货物信息，实现实时数据收集和透明度。各方在能准确掌握货物、车辆和仓库等信息的基础上，通过对数据的挖掘和商业智能对信息进行筛选，提取信息的价值，找出其中的问题、机会和风险，从而实现系统的规整、发现智慧；然后利用智能的模拟器模型等手段，评估成本、时间、质量、服务、碳排放和其他标准，评估基于概率的风险，进行预测分析，并实现具有优化预测及决策支持的网络化规划、执行，从而实现系统的创新智慧和系统智慧。

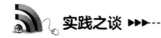
实践之谈 ▶▶▶

智慧物流通过信息技术手段将供应链上的各环节连接成一个整体，实现智能化协同与管理，在相关方面实现标准化、规范化，为智能物流向供应链延伸及供应链的智能化建设创造条件。这就需要对各区域内物流相关信息的采集与传递，为生产、销售企业及物流企业等信息系统提供基础物流信息，满足企业信息系统对物流公用信息的需求。

运输和货物的顺畅流动关乎我们国民经济的动脉，现代物流管理系统处于复杂多变的环境，物流管理也需要参与决策，为提高供应链的竞争力提供有力保证。

物流最根本的就是满足客户的以下诉求。

（1）简单。一站式服务，一点式接入，使客户获得服务的方式更加便捷。

（2）快速。在分秒必争的时代背景下，客户希望能够及时解决问题，并能随时随地得到帮助。

（3）多媒体互动和沟通。客户不仅仅想通过传统的手段与企业进行沟通，也想通过多种媒介方式与企业进行沟通和互动。

（4）信息共享。充分沟通，同其他同行业、同领域的用户进行各种信息的分享。

随着新一代RFID、传感器、条码技术、扫描技术、GPS、云计算、机器人等技术广泛应用于物流运输、仓储、包装、装卸、流通配送等环节，物流系统更加智能化、自动化、可视化、协同化。中国物流业存在着看得见的巨大发展机会，大有可为。

五、智慧物流系统核心应用技术

物流系统只有在物流技术、智慧技术与相关技术有机结合的支持下才能得以实现，两者相辅相成。只有应用这些技术，才能实现智慧物流的感知智慧、规整智慧、发现智慧、创新智慧、系统智慧。这些技术主要包括图7-25所示的内容。

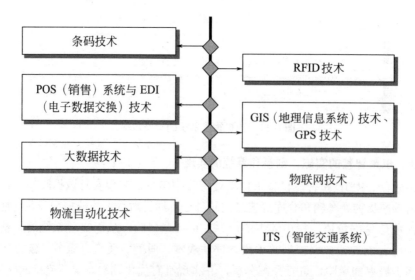

图7-25 智慧物流系统的核心应用技术

1.条码技术

条码技术的应用不仅可提高分拣运输效率,还可完成定价、订货、分拣等过程,大大提高了物流效率。

2.RFID技术

应用场景:通过射频信号自动识别目标对象来获取数据,可支持快速读写、移动识别、多目标识别、定位及长期跟踪管理。

3.POS(销售)系统与EDI(电子数据交换)技术

将销售的动态数据及时传送到生产、采购、供应环节,实现整个供应链即时数据的共享和数据的传输与交换。

4.GIS(地理信息系统)技术、GPS技术

GIS强大的地理数据功能主要用来完善物流分析技术,并配合GPS技术,实现车辆自定位、跟踪调度以及运输管理。

5.大数据技术

大数据的应用贯穿了整个物流企业的各个环节,主要表现在物流决策、物流客户管理及物流智能预警等过程中。

6.物联网技术

通过RFID、无线网络、传感器、复杂网络协议转换、智能化信息处理等技术,来实现一个完整物流系统的智能流动。

7.物流自动化技术

物流自动化系统需要与企业各管理系统进行集成,通过科学的管理流程衔接,实现整体物流管理的高效与协同。

8.ITS(智能交通系统)

在物流运作中,ITS主要应用于货物运输与配送活动,通过提高运输效率和安全性实现物流的最优化。

 拓展阅读

华为的智慧物流系统

在中国东莞松山湖有个占地面积达25000平方米的现代化自动物流中心——华为松山湖供应链物流中心。该物流中心采用射频(RF)、电子标签拣货系统(PTL)、货到人挑选(GTP)、旋转式传送带(Carrousel)等多种先进技术,集物料接收、存储、挑选、齐套、配送功能于一体,是华为重要的样板点基地之一。

华为松山湖供应链物流中心按功能模块分成不同区域,包括栈板存储区及料箱存储区、货到人拣选区、高频物料拣选区、集货区等,以多位一体的先进模式,实现物流端到端业务可视及决策性业务智能处理,极大提升物流各环节协同运作效率。

1. 栈板存储区及料箱存储区

栈板存储区及料箱存储区，可覆盖华为公司所有PCBA单板原材料管理；中心仓+线边仓的物料供应模式，实现了超期管理、潮敏管理、在线循环盘点和自动补货等功能；多维度、多层次的物料管理模式，满足了业务高可靠性、高复杂性需求。

2. 货到人拣选区

货到人拣选区为中低频物料拣选，采用货到人的作业模式，降低了人工作业劳动强度，其二级缓存库实现了全自动出入库作业。不仅如此，该区域还通过采用PTL技术、播种式拣选、自动关联条码打印，实现了可同时处理多个订单，以及全面作业质量防呆和条码追溯。

3. 高频物料拣选区

高频物料拣选区采用小型堆垛机和流利式货架，实现了自动存储和补货作业，打造了存储、补货、拣选三位一体的立体作业模式。订单由系统进行自动下发和任务关联，通过PTL/RF、接力式拣选和拣选防呆，可高效处理相关任务。

4. 集货区

集货区根据交付对象设置不同区域，并配有多个滑道，按任务令分滑道进行齐套，配合AGV无人智能送料小车，直接供应生产线，实现库房与产线无缝对接。自动物流日均可处理10000个订单行，日均出库16000个LPN（注册容器编码）。

松山湖的自动物流中心，是华为全球物流供应网络中的典型代表，也是华为供应、物流体系，从被动响应走向主动感知，向敏捷供应、智慧物流转型的结晶之一。

在松山湖自动物流中心建成之后，华为启动了智慧物流与数字化仓储项目，旨在通过构建实时可视、安全高效、按需交付的物流服务能力，主动支撑交付保障，提升客户体验，改善物流运营效率。截至目前，项目已经初步实现了物流全过程可视，打造了收发预约、装车模拟、RFID数字化应用等系列产品，已经取得了上千万的收益。

第八章
供应链之采购模式的发展

2018年3月,美国著名导演斯皮尔伯格推出一部电影叫《头号玩家》,是讲关于未来VR时代的故事。在VR世界里,想象力主宰一切,你可以去任何地方,做任何想做的事,成为任何想成为的人。

几十万年过去了,人类社会从茹毛饮血到当今科技高度发达,从原始社会到信息时代,现代科技几乎可以解决一切问题。

社会变得越来越快,一不小心,你就可能掉队了,跟不上这个时代的节奏和步伐。而网络的应用是21世纪最大的一次革命,如果你不去理解这种变化,就可能会沦落为上一个时代的人。

大家知道,华为内部鼓励一种文化,就是离开舒适区的文化,希望员工不断地寻求自我突破获得成长,不要停留在原来的模式和框架中。在当今时代下,特别需要这一点。

回到我们的话题,随着数字技术的发展,采购模式也从传统采购到最新理念变迁,未来的采购模式,将通过人工智能、物联网、机器人、云端协同等技术,为企业创造价值。

下面,让我们一起来看看采购模式是如何发展的。

第一节 MRP采购

物料需求计划(Material Requirement Planning,简称MRP),是20世纪初期在美国开始出现的。MRP采购主要应用于生产企业。它是生产企业根据生产计划和主产品的结构以及库存情况,逐步推导出生产主产品所需要的零部件、原材料等的生产计划和采购计划的过程。

一、MRP采购的原理

MRP采购是以生产为导向,根据市场营销情况或预测等信息,将最终产品所需原料和部件的相关要求与时间段联系起来,以达到库存最小化并能维持交货进度的计算机化方法。MRP首先根据主生产计划规定的最终产品需求总量和产品结构信息,对产品的需求进行分解,生成对部件、零件以及材料的毛需求量计划。然后根据库存状态信息计算出各个部件、零件及材料的净需求量及期限,并发出订单。如图8-1所示。

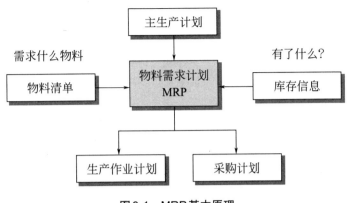

图8-1　MRP基本原理

二、MRP采购的目标

MRP采购的目标是以需求分析为依据，以满足库存为目的的。具体来说，MRP采购的目标如图8-2所示。

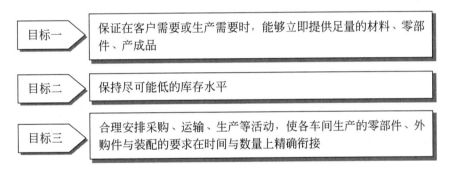

图8-2　MRP采购的目标

三、MRP采购的特点

MRP采购计划规定了采购品种、数量、采购时间和采购回来的时间，计划比较精确、严格。具体来说，MRP采购的特点如图8-3所示。

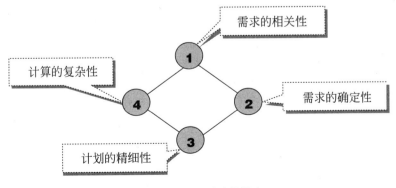

图8-3　MRP采购的特点

1. 需求的相关性

在流通企业，各种需求往往是独立的。而在生产系统中，需求具有相关性。

比如，根据订单确定了所需产品的数量之后，由新产品结构文件BOM即可推算出各种零部件和原材料的数量，这种根据逻辑关系推算出来的物料数量称为相关需求。不但品种数量有相关性，需求时间与生产工艺过程的决定也是相关的。

2. 需求的确定性

MRP的需求都是根据主产进度计划、产品结构文件和库存文件及各种零部件的生产时间或订货、进货时间精确计算出来的，品种、数量和需求时间都有严格要求，不可改变。

3. 计划的精细性

MRP计划有充分的根据，从主产品到零部件，从需求数量到需求时间，从出厂先后到装配关系都做了明确的规定，无一遗漏或偏差。计划还全面规定和安排了所有的生产活动与采购活动，不折不扣地按照这个计划进行，能够保证主产品出厂计划的如期实现。

4. 计算的复杂性

MRP计划根据主产品计划、主产品机构文件、库存文件、生产时间、采购时间，把主产品的所有零部件的需要数量、需要时间、先后关系等准确计算出来，其计算量是非常庞大的。特别主产品复杂、零部件数量特别多时，如果用人工计算，简直望尘莫及。所以MRP的产生和发展与计算机技术的发展有紧密的联系。

四、MRP采购实施的要点

一般的采购活动都有以下几个步骤：资源调查；供应商认证；询价及洽商；生成请购单；下达采购单；采购单跟踪；验收入库；结算。

实施MRP采购除了具有上述这些步骤外，还必须有一定的基础条件，最为重要的基础条件有两点，如图8-4所示。

图8-4　实施MRP采购的基础条件

1. 企业实施了MRP管理系统

如果企业没有实施MRP系统，就谈不上进行MRP采购，不运行MRP系统，物料的需求计划就不可能由相关性需求转换成独立性需求，没有MRP系统生成的计划订货量，MRP采购就失去了依据。如果手工计算，那计算量可想而知，对于复杂产品的物料相关性需求靠手工计算根本就是不可能的。而若采用订货点方法进行采购，必然造成零部件配不齐或者原材料的大量库存，占用大量的流动资金。因此，可以说MRP系统与MRP采购是相辅相成的，如果企业采用了MRP系统，则它对需要购买的物料必然实行MRP采购管理才能使它的

MRP 系统得到良好地运行；而企业若实行 MRP 采购管理，则必然是企业实行了 MRP 管理，否则 MRP 采购如同空中楼阁，失去了基础。

2.企业有良好的供应商管理

在 MRP 采购中，购货的时间性要求比较严格，如果没有严格的时间要求，那么 MRP 采购也就失去了意义。如果没有良好的供应商管理，不能与供应商建立起稳定的客户关系，则供货的时间性要求很难保证。除了上面的这些基础条件外，MRP 采购同一般采购管理还有一点不同，就是物料采购确定或者物料到达后，需要及时更新数据库，这里不仅仅包括库存记录，而且还有在途的物料和已发订货单数量及计划到货量。这些数据都会添加到 MRP 系统中，作为下次运行 MRP 系统的基础数据。

第二节　JIT 采购

JIT（Just In Time）采购又称为准时化采购，它是由准时化生产管理思想演变而来的。其基本思想是：把合适的数量、合适质量的物品、在合适的时间供应到合适的地点，最好地满足用户需要。

一、JIT 采购的原理

与传统采购面向库存不同，JIT 采购是一种直接面向需求的采购模式，它的采购送货是直接送到需求点上，如图 8-5 所示。

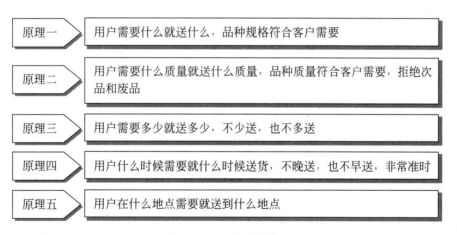

图 8-5　JIT 采购的原理

从图 8-5 中可以看出，JIT 采购既做到很好地满足企业对物资的需求，又使得企业的库存量最小，客户不需要设库存，只要在货架上（生产企业是在生产线边）有一点临时的存放，一天工作完（生产线是在一天工作完、生产线停止时），这些临时存放就消失了，库存完全为零，真正实现了零库存。依据 JIT 采购的原理，一家企业中的所有活动只有当需要进行的时候接受服务，才是最合算的。

二、JIT采购的特点

根据JIT采购原理,一个企业只有在需要的时候才把需要的物资采购到需要的地点,这种做法使JIT采购成为一种节省而有效率的采购模式。由此,JIT采购就具有图8-6所示的特点。

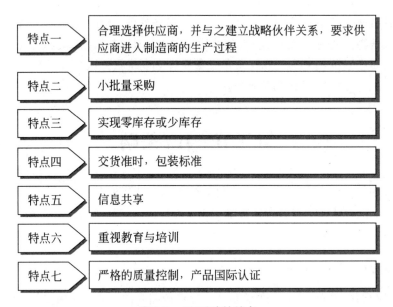

图8-6　JIT采购的特点

三、JIT采购与传统采购的区别

JIT采购与传统采购的区别如表8-1所示。

表8-1　JIT采购与传统采购的区别

项目	JIT采购	传统采购
采购批量	小批量,送货频率高	大批量,送货频率低
供应商的选择	长期合作,单源供货	短期合作,多源供货
供应商评价	质量、交期、价格	质量、交期、价格
检查工作	逐渐减少,最后消除	收货、点货、质量验收
协商内容	长期合作关系、质量和合理价格	获得最低价格
运输	准时送货,买方负责安排	较低成本,卖方负责安排
产品说明	供应商革新,强调性能宽松要求	买方关心设计,供应商没有创新
包装	小、标准化容器包装	普通包装,没有特地说明
信息交换	快速可靠	一般要求

四、JIT采购的实施条件

JIT采购的实施条件如图8-7所示。

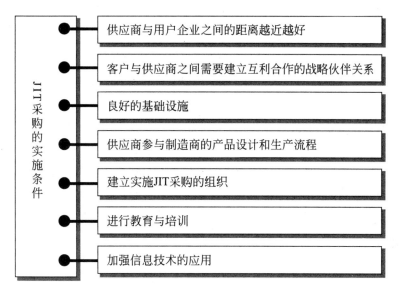

图8-7 JIT采购的实施条件

五、JIT采购的实施步骤

JIT采购必须遵循一定的科学实施步骤。从经验上来看,企业在实施JIT采购时,大体可以遵从图8-8所示的具体步骤。

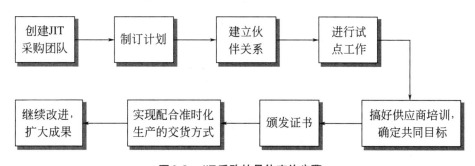

图8-8 JIT采购的具体实施步骤

1. 创建JIT采购团队

JIT采购团队的作用,就是全面处理JIT有关事宜,要制定JIT采购的操作规程,协调企业内部各有关部门的运作,协调企业与供应商之间的运作。JIT除了企业采购供应部门有关人员之外,还要有本企业以及供应商企业的生产管理人员、技术人员、搬运人员等共同组成。一般应成立两个班组:一个是专门处理供应商事务的班组,该班组的任务是培训和指导供应商的JIT采购操作,衔接供应商与本企业的操作流程,认定和评估供应商的信誉、能力,与供应商谈判签订准时化供货合同,向供应商发放免检签证等;另一个班组是专门协调本企业各个部门的JIT采购操作,制定作业流程,指导和培训操作人员,进行操作检验、监督和评估。这些班组人员对JIT采购的方法应有充分的了解和认识,必要时要进行培训。

2. 制订计划

要确保JIT采购有计划有步骤地实施,企业须有针对性的制定采购策略,制定出具体的分阶段改进当前传统采购的措施,包括减少供应商的数量、供应商的评价、向供应商发放签证等内容。在这个过程中,企业要与供应商一起商定JIT采购的目标和有关措施,保持经常性的信息沟通。

3. 建立伙伴关系

供应商和企业之间互利的伙伴关系,意味着双方充满了一种紧密合作、主动交流、相互信赖的和谐气氛,共同承担长期协作的义务。在这种关系的基础上,发展共同的目标,分享共同的利益。企业可以选择少数几个最佳供应商作为工作对象,抓住一切机会加强与他们之间的业务关系。

4. 进行试点工作

企业可以先从某种产品、某条生产线或是某些特定原材料的试点开始,进行JIT采购的试点工作。在试点过程中,取得企业各个部门的支持是很重要的,特别是生产部门的支持。通过试点总结经验,为正式的JIT采购实施打下基础。

5. 搞好供应商培训,确定共同目标

JIT采购是供需双方共同的业务活动,单靠采购部门的努力是不够的,需要供应商的配合,只有供应商也对JIT采购的策略和运作方法有了认识和理解,才能获得供应商的支持和配合,因此,需要对供应商进行教育和培训。通过培训,大家取得一致的目标,相互之间就能够很好地协调做好采购的准时化工作。

6. 颁发证书

企业在实施JIT采购策略时,核发免检证书是非常关键的一步。颁发免检证书的前提是供应商的产品100%的合格。为此,核发免检证书时,要求供应商提供最新的、正确的、完整的产品质量文件,包括设计蓝图、规格、检验程序以及其他必要的关键内容。经长期检验达到目标后,所有采购的物资就可以从卸货点直接运至生产线使用。

7. 实现配合准时化生产的交货方式

向供应商采购的原材料和外购件,其目标是要实现这样的交货方式:当生产线正好需要某种物资时,该物资就到货并运至生产线,生产线拉动它所需的物资,并在制造产品时使用该物资。

8. 继续改进,扩大成果

JIT采购是一个不断完善和改进的过程,需要在实施过程中不断总结经验教训,从降低运输成本、提供交货的准确性、提高产品质量、降低供应库存等各个方面进行改进,不断提高JIT采购的运作绩效。

> **专家提示**
>
> 准时化采购策略体现了供应链管理的协调性、同步性和集成性,供应链管理需要准时化采购来保证供应链的整体同步化运作。

第三节 VMI采购

VMI全称Vendor Managed Inventory,简称供应商管理库存,这是一种在用户和供方之间的合作性策略,对供需双方来说都是以最低的成本优化产品的可获性,在一个相互同意的目标框架下由供方管理需方的库存。

一、VMI的优点

供应商管理库存就是指供应商在征得需求方同意的大前提条件下,自己控制库存水平,决定最佳库存量,制定库存补充措施,以最低的成本实现产品的可得性,是供需双方之间持续改进的合作性策略。

实际上,供应商在供应链中占有主导地位,由于供需双方地位的不对等,供应商承担几乎全部的仓库保管费用、配送费用、税收保险费用和其他人为原因带来的各项损失(如货品丢失),承受巨大的经济风险。通过VMI的有效运作,合理控制库存水平,维持最佳的库存数量,降低库存成本,在一定程度上降低了供应商的库存风险。具体来说,实施VMI具有图8-9所示的好处。

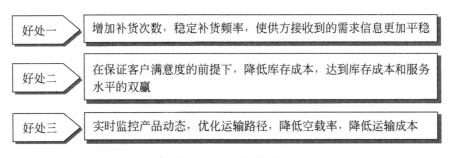

图8-9 实施VMI的好处

二、VMI的目标

VMI模式以建立供需双方深度长期稳定的高层次合作伙伴关系为目标。当提前期和需求具有明显不确定性的时候,VMI更加彰显其显著的优越性和必要性,其通过合理控制库存水平,决定补货时间和数量,缩短订货周期,快速反应客户需求,降低牛鞭效应带来的不良影响,合理预测市场需求,稳定生产。

通过VMI的有效实施,达到供需双方交换和共享信息,准确预测市场需求,及时满足产品库存需求，稳定生产，提升客户满意率，确定最佳库存水平，减少库存成本，增加利润，提高收益的具体目标。

三、VMI 的原则

VMI 模式以合作、互利、目标一致性、持续改善为实施原则。

1. 合作原则

合作原则就是供需双方应拥有强烈的合作意识，重视合作的必要性，达成合作意愿，在彼此信任和信息共享的基础上，贯彻合作理念，提高管理水平，实现企业的良性、可持续发展。

2. 互利原则

互利原则指的是 VMI 涉及成本的分配方法、费用的承担比例以及成本的缩减等众多方面，VMI 的应用势必大大减少供需双方的成本，增加利润，实现共赢。

3. 目标一致性原则

目标一致性原则的含义是供需双方通过谈判协定具体合作的框架协议，协议中规定供需双方的责任和义务，确立高度一致的合作愿景，界定具体相关责任人，加强企业各部门的联系，实现信息的及时沟通和传递。

4. 持续改善原则

持续改善原则则是在传统库存管理模式下，供需双方只考虑各自利益，从自身的角度制定库存策略，无法共享信息和资源，如何克服上述弊端，成为能否成功践行 VMI 的瓶颈。只有进行连续改进的业务流程优化重组，才能实现信息的共享和资源的节约。

四、VMI 的实施方法

VMI 的主要思想是供应商在需方用户的允许下设立库存，确定库存水平和补给策略，拥有库存控制权。其实施方法如图 8-10 所示。

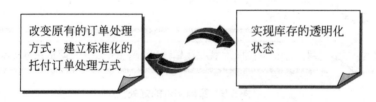

图 8-10　VMI 的实施方法

1. 改变原有的订单处理方式，建立标准化的托付订单处理方式

供需双方共同协定安全库存量、最佳库存量、订货批量等信息，形成统一的、标准化的订单处理方式，供应商全权负责订单下达、货物运送、信息处理等具体操作环节。

2. 实现库存的透明化状态

实现库存的透明化状态是实施 VMI 的重中之重。VMI 使得库存呈现透明化状态，销售商的库存信息能够及时传递到供应商，供应商依据市场预测需求和库存状况，随之改变企业的生产计划。信息的及时传递和共享是成功实施 VMI 的首要前提，为此供应链信息共享机制的形成迫在眉睫。机制的形成分为图8-11所示的两个阶段。

阶段一	建立网络化的企业运营方式

核心企业与其上下游企业作为供应链的成员，运用相同的信息管理系统，实现多个企业的同步化运作，从整体出发制订业务计划，共享资源和信息，发挥整体优势

阶段二	建立统一的信息系统架构

其重点是创建统一的操作标准以及信息传递和共享规范机制等，强调体系的一致性和标准化。当企业运行 EDI 系统时，务必使用文件的标准模式，不能任意更改格式，否则信息系统将陷入瘫痪状态。只有创建统一的信息系统架构，才能保证信息的及时传递和共享

图8-11　形成供应链信息共享机制的两个阶段

拓展阅读

VMI的正确打开方式

1. 选择合适的供应商伙伴

客户在选择供应商的时候应该设定一定的标准，比如供应商每年的采购金额。

比如，年采购额低于10万元人民币的供应商，净利润按照8%来计算，那么这家供应商就不太可能为了赚8000元钱来配合客户做VMI。所以，在挑选合作伙伴的时候，首选的供应商一定是要一起配合了较长时间的。双方在之前的合作过程中已经建立起了相互信任的基础，在此之上，VMI项目才能顺利地实施下去。

2. 双方共同制定VMI协议

双方一起制定VMI协议，明确货物的所有权转移节点、付款条款和考核标准。

3. 信息共享

VMI项目成功的关键是合作双方分享真实的信息，包括促销计划、产品生命周期、需求预测、库存数据和货物在途信息等。

4. 具备专业的物流服务供应商

第三方的VMI仓库负责集中管理各个供应商的物料，通过规模效应来降低物流成本。合格的VMI仓库需要有高度信息化的仓库管理系统，为客户和供应商提供准确的库存信息和进出库记录。

物流服务供应商还可以为客户提供一些增值的服务，比如入库检验、更换产品包

装、更换入厂标签和回收空箱等。

5. 设定合理的MIN/MAX库存

VMI设定的库存目标既不能过高,也不能过低,需要有一个合理的MIN/MAX库存区间。

那如何设立合理的库存范围呢?

首先,是最低库存的设定,底线是必须保证客户生产不会中断,库存数量足够多到下一次补货的到达。

MIN库存数量=每天的平均需求量×安全时间(天)

安全时间的设定根据供应商的情况而定,交货质量越是稳定,运输时间越是短,时间可以设置得较短;反之安全时间就要设置得更长。安全时间应该包括以下这些方面。

(1)运输时间。从供应商工厂到VMI仓库的全部运输时间。

(2)VMI仓库作业时间。包括仓库入库、理货、出库的操作时间。

(3)缓冲时间。可以预留一些额外的时间作为缓冲,来应对可能出现的意外情况。

其次,是最高库存的设置,这方面需要考虑的主要是VMI仓库的存储能力,同时供应商也要考虑到库存越高,所需要承担的库存持有成本也越高。

总之,VMI不是单纯地转移库存资金压力的工具,而是有效缓解牛鞭效应的管理利器。VMI成功实施的关键是客户与供应商建立起长期信任的合作关系,共享真实的销售预测信息,建立合理的补货流程,培训员工共同有效地进行管理。

第四节 数字化采购

数字化采购是指通过应用人工智能、物联网、机器人流程自动化和云端协作网络等技术,打造可预测战略寻源、自动化采购执行与前瞻性供应商管理,从而实现降本增效,显著降低合规风险,将采购部门打造成企业新的价值创造中心。

一、可预测战略寻源

在战略寻源(即从寻源到合同)环节,数字化采购将完善历史支出知识库,实现供应商信息、价格和成本的完全可预测性,优化寻源战略并为决策制定提供预测和洞察,从而支持寻源部门达成透明协议,持续节约采购成本。如图8-12所示。

1. 支出分析

数字化采购将建立实时支出管理体系和支出知识库,应用预测分析技术,帮助企业预测采购需求和支出结构,进而定位关键支出,实现可持续降本战略。

(1)实时监控合同支出与执行,并应用认知计算和人工智能技术预测采购需求,自动生成寻源建议,帮助企业优化采购与生产管理效率。

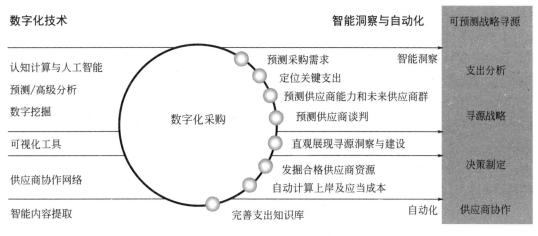

图 8-12 可预测战略寻源

（2）打造认知支出解决方案，借助强大的计算能力实时分类与管理 AP 系统的支出数据，同时结合预测分析技术，快速预测支出类别和结构，从而为企业定位关键支出，提供成本节省和风险降低的可行性洞察。

（3）应用智能内容提取技术，及时从合同中提取有价值的信息，例如价目清单和支付条款等，从而完善支出知识库，帮助实现广泛细致的支出分析。

2. 寻源战略

数字化采购将提供强大的协作网络，帮助企业发掘更多合格供应商资源，同时智能分析和预测供应商的可靠性和创新能力，并依据企业发展蓝图预测未来供应商群，逐步实现战略寻源转型。

（1）应用认知计算、人工智能和数据挖掘技术，结合第三方数据源，评估和预测备选供应商的可靠性和创新能力，并依据企业的中长期创新需求，预测与企业发展战略相契合的供应商群。

（2）借助领先的供应商协作平台，例如通过 Ariba 网络连接全球超过 250 万供应商，并根据不同商品的关税、运输及汇率等因素，自动计算所有原产地的上岸成本及应当成本，在全球市场中发现最优供应商。

（3）结合品类管理功能，根据不同品类的需求特点和技术含量等因素，分别制定差异化寻源策略和可复用标准流程。

3. 决策制定

数字化采购将应用智能分析技术，预测供应商对企业成本与风险的影响，为寻源提供可视化预测及业务洞察，从而提升供应链的整体透明度，帮助企业更加智能和迅速地制定寻源决策。

（1）应用认知计算和人工智能，基于供应商资质、历史绩效和发展规划等因素构建敏感性分析模型，从而更加准确地预测供应商对企业成本与风险的影响，帮助筛选优质的合作对象。

（2）借助高级的可视化管理仪表盘，直观展现寻源洞察与建议，简化领导层的决策制定过程,将寻源执行及决策周期缩短50%,从而大幅提高市场敏捷度,加速企业产品上市。

4. 供应商协作

数字化采购将智能预测供应商谈判的场景和结果,分析并推荐最优供应商和签约价格,同时自动执行供应商寻源任务,最终建立可预测的供应商协作模式。

(1)应用认知计算和人工智能技术,构建敏感性分析模型,预测谈判双方条件变化对签约价格及采购成本的影响,帮助谈判人员识别关键因素与节点,从而控制谈判风险并削减采购成本。

(2)在报价和竞标等环节,基于预设标准自动评估和推荐最优供应商,并基于商品数量和供应商折扣自动推荐最优签约价格,实现智能与高效的供应商选择及合同签订流程。

(3)基于最佳实践构建全球条款库,在合同签订环节自动识别合规且适用的条款,帮助企业提高合同签订效率,并确保合规性。

二、自动化采购执行

在采购执行(即从采购到付款)环节,数字化采购将提供自助式采购服务,自动感知物料需求并触发补货请购,基于规则自动分配审批任务和执行发票及付款流程,从而加速实现采购交易自动化,有效管控风险和确保合规性,大幅提升采购执行效率。如图8-13所示。

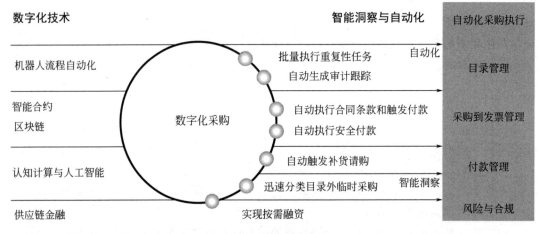

图8-13 自动化采购执行

1. 目录管理

数字化采购将通过目录化采购,构建基于品类的自动化采购流程,从而帮助企业加强全流程控制,实现差异化品类分析,并在复杂的支出类别中发现可持续的成本节省。

(1)结合最佳实践和企业采购品类自定义商品及服务编码,建立全品类目录化采购,能够快速将供应商产品纳入采购目录,从而持续控制采购种类,从根本上规范采购流程和控制采购风险。

(2)基于采购目录建立精细的品类管理模式,分别制定标准化采购流程和审批工作流,实现差异化品类分析,优化各采购品类的管理策略。

（3）应用认知计算和人工智能技术，迅速处理和分类目录外临时采购数据，充分挖掘所有品类的支出数据价值，交付全新的洞察与机遇。

2. 采购到发票管理

数字化采购通过批量执行重复性任务、自动触发请购及审批流程，实现核心的采购到发票管理活动的自动化和标准化，帮助企业全面提高采购效率，持续降低管理成本。

（1）应用机器人流程自动化技术，通过模式识别和学习逐步消除重复性手动操作，如发票匹配、预算审核等，从而降低采购资源负担，使员工专注于高附加值工作，为企业创造更大价值。

（2）应用认知计算和人工智能技术，实时感知物料需求，并自动触发补货请购，从而简化和智能化请购流程。

（3）结合最佳实践和企业现有流程部署审批工作流，能够自动分配各环节审批任务，大幅缩短审批周期，并确保审批人正确。

3. 付款管理

数字化采购能够应用智能合约技术自动触发付款流程，根据企业需求提供快捷的供应链金融功能，推动付款管理更加安全与高效，交付前所未有的付款管理方案。

（1）应用智能合约技术自动执行合同条款，精准触发合适的付款流程，从而消除手动验证；未来可以结合区块链分布式记账技术，在智能合约触发付款后，执行自动化安全付款。

（2）具备供应链金融功能，为企业提供安全智能的B2B支付，基于多个第三方融资来源实现灵活的按需融资，从而增加企业自由现金流，释放运营资本。

（3）结合动态折扣与供应链金融功能，自动管理提前付款折扣，最大限度享受供应商折扣，从而降低采购成本，实现更高收益率。

4. 风险与合规

数字化采购通过构建风险与合规管理生态系统和应用机器人流程自动化技术，将风险与采购管理无缝嵌入采购流程，从而自动监控各环节采购行为和生成审计跟踪，帮助企业快速洞察风险与机遇，有效控制采购风险。

（1）构建风险与合规管理生态系统，自动追踪各环节采购行为和监控异常情况，并通过高级可视化工具提供监控与分析结果，帮助决策制定者实时洞察采购风险与合规性。

（2）应用机器人流程自动化技术，自动化审计和跟踪部分管理活动，例如留存采购单据、自动组织审计文档等，从而简化基本流程，提升审计效率和准确性，预计可以将审计时间削减50%。

三、前瞻性供应商管理

数字化采购将应用众包、网络追踪和VR等技术，全面收集和捕捉供应商数据，构建全方位供应商生命周期管理体系，实现前瞻性风险规避与控制，从而提升供应商绩效与能力，支持采购运营持续优化。如图8-14所示。

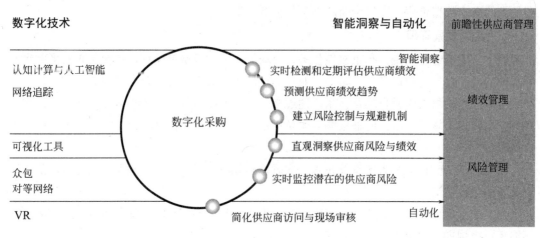

图 8-14 前瞻性供应商管理

1.绩效管理

数字化采购能够建立实时监测和定期评估机制,将数据转化为切实可行的洞察和预测,从而打造前瞻性绩效管理,逐步优化供应商资源。

(1)应用人工智能技术和高级可视化仪表盘,实时监测和定期评估供应商绩效,从而提供全面的绩效洞察和趋势预测,帮助企业识别优质供应商群体,并通过完善预警流程,及时淘汰不合格供应商,最终打造前瞻性供应商管理。

(2)未来可以应用 VR 或空间分析技术,通过生成虚拟场景完成供应商访问与现场审核,简化绩效管理流程;此外可以结合网络追踪技术,主动监测影响供应商行为与绩效的线上与线下活动。

2.风险管理

数字化采购将应用数据捕捉和采集技术,基于大数据进行前瞻性预测分析,实时洞察潜在的供应商风险,帮助企业建立先发制人的风险管理模式。

(1)结合第三方数据源集成整个供应价值链,建立供应商风险评估数据库。

(2)应用人工智能技术和高级可视化仪表盘,实时监测、识别与升级供应商风险,持续定位风险高发领域,建立前瞻性风险控制与规避机制。

(3)应用众包和对等网络技术,捕捉并处理多样化数据及公众情绪,监控影响供应商风险的趋势与事件,帮助实现广泛细致的风险洞察,降低整体供应链风险。

> **专家提示**
>
> 采购的未来已经呈现在我们眼前,数字化采购将助力企业快速实现业务价值,决胜数字时代。

拓展阅读

数字化采购开启价值增长新时代

随着互联网技术的飞速发展，数字化采购对于企业的意义越来越重大。然而，仍有许多首席采购官普遍存在两大疑问：第一，数字化的核心要素是什么？第二，如何打造适合自己的数字化采购转型方案？下面，将一一回答这些问题，尝试为首席采购官梳理数字化采购的价值结构，并提供一个通过数字化采购和高级分析技术创造最优价值的简单框架。

问题一：数字化采购的核心要素是什么？

麦肯锡认为，数字化采购是指"供应商和商业用户通过大数据高级分析、流程自动化和全新协作模型，提升采购职能效率，大幅降低成本，从而实现更快捷、更透明的可持续采购"。

数字化采购包含两大核心要素：识别和创造价值以及防止价值漏损。这两大核心要素分别对应四大类采购解决方案：支出可视化、协作型先进采购、采购支付以及绩效管理。

1. 核心要素之一——识别和创造价值

简而言之，识别和创造价值工具可为战略采购流程提供支持。进一步可分为能够实现支出可视化的工具和能够为协作型先进采购提供支持的工具。

(1) 支出可视化工具。该类工具具有先进的支出数据分析功能，并可自动生成采购结果。凭借具有人工智能和自我学习功能的算法技术，有些跨国企业和综合性企业已经实现了数据清理和分类的自动化。我们预计，如果增加数据来源，引入品类层级的基础性关键绩效指标（KPI），可进一步丰富目前市面已有解决方案的功能。新一代系统将有助于实现首席采购官梦寐以求的采购功能，即能够在预算和利润表中直接跟踪支出节省情况。

(2) 协作型数字化采购工具。该类工具作为平台主要整合各个采购职能的细分工具。品类战略端到端平台工具在采购各重要流程节点为品类经理提供指导。目前尽管有许多系统支持交易性采购流程，但很少能够生成综合性品类策略，或者识别降本杠杆。而品类战略端到端平台工具在创建品类策略过程中的每个步骤（如了解需求、分析市场、生成降本措施、衡量措施实施的效果等）自动提示与跨职能部门合作方召开相关里程碑会议，保存和跟踪所有讨论意见，直至各个步骤实施完毕。

其他协作型数字化采购工具还包括品类分析解决方案、白纸分析和应当成本分析、业务协作门户、供应商深度透视和电子化采购活动等。随着对复杂数据分析能力的持续提升，以及各数字平台的功能性和易用性的不断改善，这些工具将极大帮助企业识别采购可持续降本的机会，最终实现价值最大化。

2. 核心要素之二——防止价值漏损

防止价值漏损所需要的解决方案包括企业常用的ERP（企业资源计划）系统，以及管理采购支付流程（S2P：Source-to-Pay）的工具和绩效管理工具。

后者包括数字化的采购支付工作流程工具和自动化合规管理工具。对于许多企业，尤其是对跨国制造和服务企业而言，价值漏损仍然是有待解决的一个重要采购问题。高级合规管理功能对于数量大、金额高的外包合同尤其有效。

同时对于交易次数很多的采购，如果人工分析无法满足要求，高级分析解决方案还能够查看和识别不合规的情况。例如，交通、运输、包裹服务；维护、维修和运营（MRO）；租车或酒店支出。目前，这些领域中现有的单点解决方案将越来越多地整合成为综合性应用程序包，以解决供应商和采购方不合规的问题。

数字化绩效管理工具分为对外的供应商绩效评分卡和对内的采购组织绩效评分卡。供应商绩效评分卡系统可实时提供对供应商绩效、差距以及预期成本、质量或者交付时间等问题的洞察。与系统监控的自动化范围和服务水平相关联时，还能提供经过整合的索赔管理功能。当拥有了这些数字化信息后，品类经理就能够第一时间发现供应商出现的问题，更快采取行动并做出决策，同时系统还能提供相应工具帮助、鼓励或促使供应商做出改进。

采购组织绩效评分卡记录并衡量整个采购部门或单个采购品类的绩效。系统将记录战略采购团队的全部活动，并同时跟踪成本节省措施的落地实施。首席采购官可以通过这个系统，非常简洁且全面地监督和管理工作的进度和结果，也可以细致到审阅每位品类经理的绩效完成情况与业务水平。绩效管理工具还可以植入到其他工具中，比如品类战略采购工作流工具，从而实现对团队、品类以及个人绩效的实时管理。

问题二：如何打造适合自己的数字化采购方案？

在了解了什么是数字化采购后，首席采购官们面临的第二个问题便是如何选择最适合自己企业的数字化解决方案。不同解决方案对采购端到端的各个环节影响不同，有的增加效益，有的提升效率，有的可实现企业采购的可持续发展。最终的价值影响将因企业而异，具体取决于交易量、采购品类、企业人员的业务熟练程度以及其他现有流程。

企业应明确优先价值驱动因素，是想提高交易效率，通过敏锐洞察达到更好的谈判协商结果，还是改进预测功能降低采购风险。然后，以此为基础选择相应的工具。例如，对于物流、运输以及MRO方面支出很大的企业，采用针对特定品类更为复杂的优化模型和工具可能比较有利。对于采购大批量库存单位（SKU），而且不同SKU价格变动大，对合同条款差异甚大的企业而言，应考虑采用价值漏损自动化管理工具。

数字化采购不仅可识别降本机会，创造价值，防止价值漏损，还可以极大减少交易性采购所需的时间。那么，未来这些新工具是否会取代采购员或品类经理的采购工作？我们认为恰恰相反。企业现在就应着手储备相关人才，研究数字化采购解决方案的各项功能。只有不断试验并持续改进，首席采购官才能够确定哪种数字化采购解决方案有助于提升企业的价值创造能力。

第五节　采购云平台模式

一、采购云模式的概念

采购云模式就是利用大数据和云端的信息和数据共享，实现从寻源、合同、采购、供应商管理、付款的整个采购流程的自动化、便捷化，通过企业间采购与供应的直接交易和实时协作，打破传统采购的渠道逐级分层的采购模式。

二、采购云模式的优势

供应商由于缩短了销售环节，没有多层分销商从中营利，便能以低于传统销售渠道的价格进行售卖，大大降低采购成本；此外供应商还能通过云端的数据共享，了解采购商的采购需求和市场信息，从而避免产品供不应求或是供过于求。

一方面，云平台还提供给采购和供应所有价值链节点一个沟通交流平台，节点上的采购和供应企业在业务上有任何问题的时候，可以随时沟通，建立信任和长期的合作关系。供应商可以主动出击，把各个采购商聚集到平台上来，随时更新企业产品信息，让采购商随时掌握产品最新动态；另一方面，供应商根据对以往采购商在平台上的采购数据进行统计分析，得出产品未来的销售前景和预测，从而调整企业生产数量。依托大数据技术，使平台上所有企业的运营效率得到提升，并降低成本。

通过云端，采购商与供应商建立联系，实现网上自动采购交易，减少双方为交易投入的人力、物力和财力。云平台模式的出现，不仅改变了传统的采购和供应，而且让企业可以更高效地运营，实现快速转型，跟上时代的发展。

专家提示

利用采购云，企业可以建立更加高效、有效和有影响力的采购组织，选择优秀的供应商，实施策略并管理供应商风险，从而控制成本。

拓展阅读

SAP Ariba云采购

SAP Ariba拥有行业领先的云采购解决方案组合，在支持客户实现数字化转型、变革业务价值链的所有关键领域、全面管理总体支出方面具有独特的优势。在SAP Ariba的理念中，未来智慧采购是无缝集成的，涵盖从寻源、缔约到自动化采购执行、财务票据匹配的整个采购流程，不仅能获得成本的缩减，同时又能实现企业内部的协作与互联,最终推动运营效率的提升。

基于对客户需求的深入把握,华为率先应用了SAP Airba云采购解决方案。华为通过统一开放的云架构为客户提供可交付和可运营的公有云、混合云及私有云解决方案,并特别强调了解决方案的开放性、安全性、企业级性能和一站式特点;同时,华为也主张,云生态的构建要基于为客户创造价值的目的,每个云生态建设的参与者都应该具有自己独特的价值。在企业关键应用云化的趋势下,华为率先选择了SAP业务云化作为突破口,构建SAP应用云化解决方案。

SAP Ariba是全球企业采购业务的开展地。通过SAP Airba的业务网络和全面的寻源到支付款应用,买方可以高效地与数百万供应商建立智能连接,并建立一条动态、健康的供应链。卖方可以与有意愿购买的买方建立互利的联系,并有效管理销售周期和现金流。

在Ariba网络中,340万以上的关联企业进行着2.1万亿美元以上的交易。由于Ariba具备管理交易需要的一切,从采购、订单到发票、付款,还有专家帮助优化流程。供应商管理、战略寻源、供应链、采购、财务供应链的应用场景能够实现端到端的云采购,借助SAP Ariba云采购解决方案具有的独特优势,助力企业打造一条高效的供应链。

第九章
供应链之协同管理

情景导入

今天我想从 Seal 开始谈起。Seal，从字面上讲，就是"海豹"的意思。不知道大家知不知道美国的 Seal 海豹突击队。

Seal，是海 Sea，空 Air，陆 Land 的缩写合称，全称为美国海军精锐三栖作战部队，现役 Seal 大约有八千多人，都是经过最严格最艰苦军事训练后挑选出来的身体素质最佳、意志最坚强的精英作战人员。成为一个 Seal 是美国军人的最高荣誉。美国海豹突击队是最擅长协同作战的精英作战部队。苹果公司有不少这样的人，有前 Seal，前 CIA，前 FBI，还有前空军军官。我在苹果的原上司 Rick 先生就是前海豹突击队军官，他也是我人生的贵人，我永远祝福他。

苹果的精英文化和协同文化是不是由此而来，我不得而知。

大家知道，现代战争越来越趋向于"联合作战和跨域协同"作战，战争中"跨域协同"思想是指，在不同领域互补性地，而不是简单地叠加、运用多种能力，使各领域之间互补增效，在多个领域，包括海、陆、空、太空、数字网络等领域建立优势，获得完成任务所需要的行动自由，共同提高有效性，不仅要在单个作战领域，而且要在所有作战领域建立整体作战优势，扫清敌方阻碍，投放力量，维护国家主权利益。

军事家认为，任何一个军力兵种都不具备在战场所有空间有效打击敌人的手段和能力，只有相互支援、密切协调，才能使敌方即便能避开一种军力打击，也难逃其他军力的毁伤。

这里，我用下图例示范出现代战争与供应链管理之共同思想。

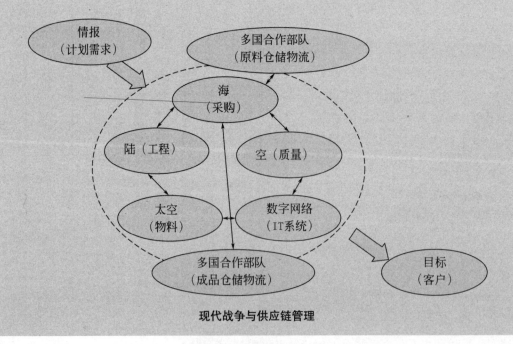

现代战争与供应链管理

> 今天的商场如战场，供应链管理也是如此。一个会打仗、打胜仗的队伍，必须与所有合作单元进行密切的、高度的协同，才能打赢一场又一场震惊世界的漂亮仗。
>
> 今天全球范围内企业间的竞争，就是供应链之战。
>
> 孤胆英雄成就不了大事，孤家寡人的企业也造就不了一个大产业，我们所有的企业都需要改变观念更新思维，建立协同作战的意识。未来是一个网络社会，不会协同的人必死无疑。
>
> 接下来我们就讲一讲供应链管理的协同。

第一节 供应链协同认识

供应链管理打破了企业的边界，将供应链上的各个信息孤岛连接在一起，形成完整的业务链，供应链协同则加强了企业间的合作关系，建立了企业间多赢的业务联盟，以共同追求利润的最大化。

一、供应链协同的概念

供应链协同是指供应链上分散在不同层次和价值增值环节，具有特定核心竞争优势的企业，通过公司协议或联合组织等方式结成一种网络式联合体。在这种联合体中，供应商、制造商、分销商、客户均以信息技术为基础，以文化价值观为纽带，从供应链的全局出发，企业之间相互协调、相互支持、共同发展，为实现同一目标而努力，实现"共赢"的局面。

一般来说，企业实现供应链协同可分为图9-1所示的四个步骤。其中，企业的内、外部供应链协同是其精髓所在。

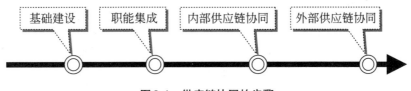

图9-1 供应链协同的步骤

二、供应链协同的层次

供应链协同管理，就是对供应链各节点企业之间的合作进行管理，以便使各企业进行的彼此协调和相互支持更加高效有序，提高供应链整体的竞争力。

供应链协同从管理层次的角度来看，包括图9-2所示的三个层次。

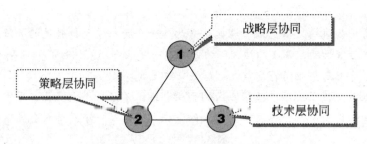

图9-2 供应链协同管理的三个层次

1. 战略层协同

战略层协同处于供应链协同的最高层次，它主要是从战略的高度，明确和强化供应链协同管理的思想，并进一步改进供应链协同管理的策略和方法，增强整条供应链的整体竞争能力，最优化解决供应链协同中的各类问题。战略层协同主要包括图9-3所示的内容。

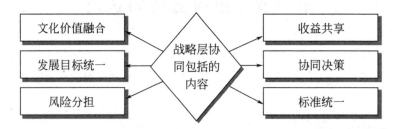

图9-3 战略层协同包括的内容

2. 策略层协同

策略层协同是供应链协同管理研究的中心问题，具体涉及图9-4所示的内容。

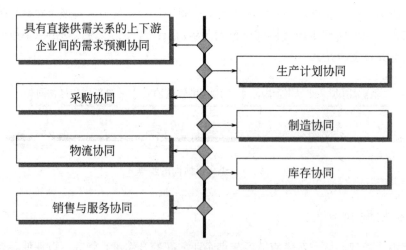

图9-4 策略层协同包括的内容

3. 技术层协同

技术层协同主要是指通过协同技术，为供应链节点企业提供实时交互的共享与沟通平台，其主要目的是实现供应链节点企业的同步运作与信息协同，同时增加端到端的透明度，提高决策的快速性和有效性。技术协同是供应链实现协同的基础和关键，它为战略协同和策略协同提供有力的支持。技术层协同的内容包括图9-5所示的内容。

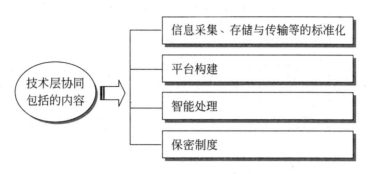

图9-5 技术层协同包括的内容

三、供应链协同的重要性

对于企业来说，大宗物品的分散采购缺乏规模效应，且采购流程和机构设置冗余，造成企业的采购成本和管理成本居高。分散采购意味着分散决策、分散供应，使得采购、仓储、配送等各物流职能之间无法达到一体化运作，产业链上各个业务板块之间以及业务板块内部也无法协同，造成资源分散浪费、决策不当、监督不力等问题。

虽然目前很多企业已经开始实施基于集中采购的物流一体化管理，希望通过集中采购机制解决一部分内部协同问题，但是往往无法达到理想的效果，在企业集团内部仍然存在采购成本在内的物流成本较高，子公司的需求无法满足等问题。

这些问题的出现，除了企业集团自身能力、资源以及体制等方面的原因外，没有解决供应链协同的问题，把采购、生产、仓储、配送等其他业务协同起来也是重要原因。

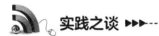

自从华为实施供应链协同管理以来，其库存和订单的准确率从96%提高到了99.5%。过去，华为使用的人工系统在信息流动上会出现滞后两天的问题；而现在，华为通过使用无线数据交互系统，只需1天即可完成使用。在供应链协同管理的模式下，华为不仅实现了高效率、低成本的运营目标，同时，还能为世界各地通信运营商及专业的网络拥有者提供更加先进的软硬件设备，以及一流的服务和有效的解决方案，从而大幅提升了品牌的全球影响力。

四、供应链协同的优势

传统的供应链管理存在着很多缺点，如市场反应能力迟钝、成员企业之间缺乏信赖、供应链失调等。然而，协作的管理模式则可以使整个供应链实现高效的客户反应。具体来说，供应链协同管理主要具有图9-6所示的四大优势。

优势一	由于供应链协同管理中广泛利用信息技术，采用科学的管理方法，因此可以有效地消除重复、不必要的浪费与不确定性，从而降低库存量，创造竞争的成本优势
优势二	供应链协同管理不再孤立地看待"链"上成员，而是把整个供应链看作是一个有机的整体，通过对其进行优化，可以保持对客户的快速反应，实现供需的良好互配
优势三	在供应链协同管理模式下，其各成员企业在信息共享的基础上，以提高整体供应链最优为目标，进行相互沟通后协同决策。通过建立成员企业之间的战略合作关系，可以创造竞争的整体优势
优势四	供应链协同关系的形成，不仅可以借助其他企业的核心竞争力来强化自身的核心竞争力，同时也将帮助自己的供应商和客户最大限度地提升他们的客户满意度，使整个供应链创造的价值最大化

图9-6　供应链协同管理的优势

面对全球经济的快速变化、网络通信技术的广泛普及，以及世界范围内竞争的不断加剧，供应链协同管理将呈现出全球化、多维网络化、智能化和敏捷化的发展趋势。这一发展趋势将具有极大的现实意义，具体表现如下。

（1）业务上，可使供应链在满足客户即时变动的需求过程中，更准确、更快速、更优质的做出响应。

（2）管理上，可使供应链的运作更具可见性、自我调整性。

（3）信息传递上，可以更准确、更实时、更具深度地方便管理者进行跨企业的运作，进而有助于大幅提升企业在消费者中的品牌认知度和美誉度。

拓展阅读

传统供应链管理的弊端

传统的供应链管理仅仅是一个横向的集成，供应链的各个节点（如供应商、制造商、分销商、零售商和客户）通过通信介质依次联系起来。这种供应链注重于内部联系，灵活性差，它仅限于点到点的集成。如果其中一个节点的作用出现无序或延迟对接，都会影响其他节点企业的价值创造活动，从而影响整个供应链的价值增值。

具体而言，其弊端表现在以下三个方面。

1. 市场变化能力迟钝

由于大多数传统企业没有使用互联网等先进技术。企业内部信息化程度很低，其内部的业务流程和信息传递方式远远不能适应信息化时代的要求，使得整个供应链无法对瞬息万变的市场需求作出快速反应。需求的不确定性增加和预测的准确度降低，不仅造成库存积压，增加库存成本，而且会因供货不及时而降低客户的满意度。

2. 各成员企业之间缺乏信赖

由于供应链的各参与成员是具有不同经济利益的实体，相互间存在着利益上的冲突，这种利益冲突常常会导致各成员间对抗行为的产生。而且，他们习惯于以自己的文化、组织、战略目标来理解和看待彼此间的合作关系，从而容易对对方企业的行为不理解或者不信任。另一方面，供应链各成员在参与合作中，担心将企业机密暴露给对方，往往会采取一系列保护和防范措施，有保留地进行合作，导致供应链各方信任与亲密程度降低，使供应链的效率受到极大的抑制。

3. 供应链失调

在传统的供应链管理中，如果供应链的每一个阶段只追求各自目标的最优化，而未考虑对整条供应链的影响，就会导致供应链失调。在供应链失调的情况下，由于各成员企业的信息不能共享，企业只能依据各自独立的预测和需求信息确定其运营策略，从而导致供应链"牛鞭效应"的产生，对供应链的整体效益将产生负面影响。

五、实现供应链协同的措施

对企业来说，应努力构建供应链协同管理模式，以增强自身的核心竞争力。具体措施如图9-7所示。

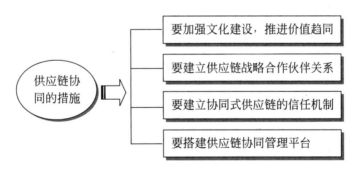

图9-7　供应链协同的措施

1. 要加强文化建设，推进价值趋同

由于供应链是通过供需关系建立起来的一种松散型网链结构，节点企业之间保持着较高的独立性，因此，彼此的文化观念和价值取向可能存在着较大差异。各企业要想在这样一个组织中实现协同管理，没有统一的价值取向和文化氛围是不可能的，这就需要在供应链节点企业之间形成一种共同的、彼此能够认同的价值取向和文化理念。

2. 要建立供应链战略合作伙伴关系

节点企业一旦加入某条供应链，它就成为该供应链中的重要一环，其行为就会影响到整条供应链及其他节点企业，同时也会相对稳定地处于这条供应链之中。因此，供应链节点企业之间的合作关系是一种非常重要的关系，具有关系全局的战略意义，这就需要在供应链企业之间，特别是关系密切、合作长远的企业之间逐步建立起全面的战略合作伙伴关系，以此达到协同的作用。

3. 要建立协同式供应链的信任机制

构建供应链协同管理模式，不仅要在上下游企业之间形成合作伙伴关系，还应该建立有效的信任机制，使供应链节点企业结成优势互补、资源共享、风险共担、盈利共享的利益共同体。建议企业采取图9-8所示的三种方式，将三者相互结合、实现互补，从而更好地实现协同式供应链的信任机制。

图9-8　实现协同式供应链信任机制的措施

没有信任，又何来协同？供应链协同的一个重要基础，就是相互信任、信息共享。

4. 要搭建供应链协同管理平台

随着供应链节点企业协同合作的不断深入，彼此之间的交流将会愈加频繁，流程相互渗透融合，大量的数据和信息都需要及时传播、交换共享，而供应链节点企业又是一个个相互独立的实体，空间上彼此分离，信息系统各自独立，这就需要企业利用先进的信息技术，开发出支持分布式协同运作的供应链集成化协同管理信息系统，搭建一个供应链协同管理平台，以实现供应链合作伙伴之间的数据和信息的及时交流与共享，从而增强企业与合作伙伴之间的信息系统的兼容性。

 拓展阅读

利用互联网+让供应链协同更高效

采购作为产业链重要的一环，对于一个企业来说，与销售的重要性不相上下。不管是从资源日益紧张的角度来看，还是从社会稳健发展的角度讲，采购的增收节支、降本增效都应是企业的发展大计。

那么，传统企业怎样利用互联网技术，突破现有的主流采购模式，提升供应链协同能力，有效降低公司的采购成本和事务性费用呢？可以从以下两个方面着手。

1. 借助有效的工具进行供应链管理

要运用互联网技术实现供应链协同，企业首要目标就是实现自身的"互联网+"。ERP系统算得上企业内部管理的核心，是流程、风险管控的利器，同时担负业务数据的采集和分析的重任。现在，大多数企业已经开始利用ERP系统对公司内部供应链进行管理，ERP系统将采购计划、采购过程变得可追踪，电子化替代线下纸质表单，对供应链采购业务进行优化管理，实现企业降本增效起到了非常重要的作用。

比如，台塑集团的台塑网建立了企业采购系统、供应链管理系统、工程发包系统以及开辟供货商订单融资，在ERP系统对物资进行标准化管理。通过将采购计划在ERP系统的录入，采购信息可以在台塑网直接展示，供应商可以随时上网作业，进行物资报价，报价单随即回转到ERP系统，同时采购后端的流程可在线上进行实时监控，包括货品监测结果、扫码入库的状态等，利用互联网技术实现了对供应链的高效管理。

2. 借助第三方电商平台促进供应链协同

ERP系统是对供应链进行管理的有效工具，但是它却是孤立的。台塑集团ERP系统物料需求计划在台塑网上实现了对注册供应商的"一对多"展示。那么，拥有独立ERP系统却没有开辟需求信息对外展示窗口的企业应该怎么做呢？

我们可以借助第三方的电商平台来实现。第三方的电商平台因为其独立性，聚集了行业内众多企业，这就为供应链协同提供了可能性。国内知名电商平台阿里巴巴、慧聪网现都可以实现这一点，在这样的电商平台上建立品牌联盟，集聚品牌资源，利用企业集采的规模效应去降低采购成本。但是，有ERP系统的企业大都在企业内部的ERP系统录入了信息，那么要建立供应链协同是不是还需要再次在电商平台进行信息录入呢？大部分第三方电商平台都需要这一步。铝行业第三方电商平台慧业网针对这个问题实现了铝行业各企业的ERP系统与慧业网的无缝对接，将ERP采购订单直接抛单至慧业网，免去了企业采购单重新录入的麻烦，同时利用第三方平台进行供应链协同的优势，为铝企实现了降本增效。

当然，应用互联网技术进行供应链协同，需要企业自身突破现成的供应链管理模式，在实现自身信息化的同时，勇于借助外部平台实现互助共赢；同时，第三方电商平台需探究更符合多方需求的协同模式，提升供应链服务，利用"互联网+"优化产业链各环节，为更多的企业创造价值。

第二节 供应链协同管理

供应链协同管理是供应链管理崭新的和最为现实的模式，已经受到企业界和理论界的广泛重视。供应链协同管理主要涉及图9-9所示的七个方面。

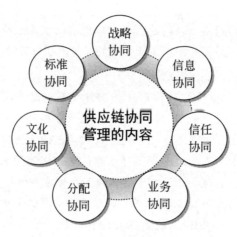

图9-9　供应链协同管理的内容

一、战略协同

供应链战略是用于指导整个供应链高效运作、增强供应链整体竞争能力并获得最大整体利益的原则和规范。一方面，供应链战略明确了供应链组建的目的及意义，供应链各成员企业在共同战略的指导下如何互相协作；另一方面，在共同目标的规划下，供应链战略成了各成员企业行为的基本规范。

一般而言，战略协同是对供应链管理中事关全局的重大核心问题的合作与协调，是实现供应链协同管理的重要基础。依据战略的选择过程，供应链战略协同主要体现在图9-10所示的三个层次。

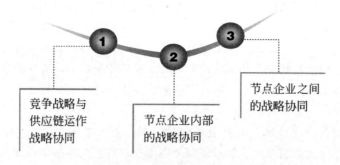

图9-10　供应链战略协同的层次

1.竞争战略与供应链运作战略协同

在这个层次上，战略协同是指企业的竞争战略与供应链运作战略所要体现的目标相同，也就是说，竞争战略所要实现的目标与供应链运作战略用来建立供应链能力目标之间的协调一致。

2.节点企业内部的战略协同

在企业内部整个供应链上，新产品研发、生产营运、市场营销、分销物流、客户服务等各个业务部门，还有很多的支持部门如财务、信息技术、人力资源等，彼此的战略具有适配性，能够协同一致。

3. 节点企业之间的战略协同

供应链的战略协同不仅仅局限于企业内部，而应突破企业边界，延伸到供应商和客户，甚至供应商的供应商和客户的客户，使得各个节点企业的职能性战略（如人力资源战略、营销战略、财务管理战略、运营战略等）与供应链战略保持一致。

二、信息协同

信息协同是供应链管理成功与否的关键因素之一。供应链各环节之间既分工又合作，既独立又融合，以保证整个链条的运行达到最佳状态，这种分工合作、独立与融合是基于供应链各节点企业的信息共享，否则各节点企业会成为彼此孤立的、残缺的片段。

供应链上的各个节点企业只有实现了高质量的信息传递和共享，才能使供应链成为真正意义上的为客户需求所驱动的供应链，保证客户需求信息在传递过程中不失真，不仅能够有效解决供应链中的"牛鞭效应"，委托、代理和欺骗等问题，提高供应链整体绩效，而且能够促进供应链企业建立长期稳定的合作伙伴关系。

一般来讲，信息共享的方法常见的有如图9-11所示两种。

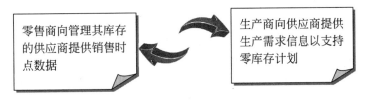

图9-11 信息共享的常见方法

随着因特网的出现，EDI在共同预测、计划和补货方面的应用使得信息沟通的程度大大增强了。

拓展阅读

什么是"牛鞭效应"

"牛鞭效应"是经济学上的一个术语，指供应链上的一种需求变异放大现象，是信息流从最终客户端向原始供应商端传递时，无法有效地实现信息共享，使得信息扭曲而逐级放大，导致了需求信息出现越来越大的波动，此信息扭曲的放大作用在图形上很像一个甩起的牛鞭，因此被形象地称为牛鞭效应。

"牛鞭效应"其实是在下游企业向上游企业传导信息的过程中发生信息失真，而这种失真被逐级放大的结果，从而波及企业的营销、物流、生产等领域。牛鞭效应成因于系统原因和管理原因，它们的共同作用提高了企业经营成本，对产品供应链造成消极影响，导致对市场变化的过激反应。当市场需求增加时，整个供应链的产能增加幅度超过市场需求增加幅度,超出部分则以库存形式积压在供应链不同节点。一旦需求放缓或负增长,大量资金和产品将以库存形式积压,整个供应链可能资金周转不良,严重影响供应链的良好运作,甚至导致企业倒闭,尤其是处于供应链末端的小企业。

鉴于牛鞭效应的重大影响,多年来学术界和工业界都在积极研究。根据斯坦福大学李效良教授及其同事的研究,牛鞭效应有以下四大成因。

1.多重需求预测

当处于不同供应链位置的企业预测需求时,都会包括一定的安全库存,以对付变化莫测的市场需求和供应商可能的供货中断。当供货周期长时,这种安全库存的数量将会非常显著。例如一美国计算机制造商预测到某型计算机的市场需求是10万台,但可能向中国的供应商下11万台的零件订单;同理,中国计算机零件供应商可能向其供应商定购12万台的原材料。以此类推,供应链各节点库存将逐级放大。

此外,有些预测方法也会系统地扭曲需求。拿移动平均法为例,前三个月的趋势是每月递增10%,那第四个月的预测也将在前三月的平均值上递增10%。但市场增长不是无限的,总有一天实际需求会降低,其间的差额就成了多余库存。如果供应链上各个企业采用同样的预测方法,并且根据上级客户的预测需求来更新预测,这种系统性的放大将会非常明显。

2.批量生产/订购

为了达到生产、运输上的规模效应,厂家往往批量生产或购货,以积压一定库存的代价换取较高的生产效率和较低成本。在市场需求减缓或产品升级换代时,代价往往巨大,导致库存积压,库存品过期,或二者兼具。例如笔者所管理的一家加工设备机箱的小供应商,直到宣布关门停业数月后还没有用掉生产积压下的数种机箱,主要是因为大批量生产。

3.价格浮动和促销

厂家为促销往往会推出各种促销措施,其结果是买方大批量买进而导致部分积压。这在零售业尤为显著,使市场需求更加不规则、人为加剧需求变化幅度,严重影响整个供应链的正常运作。研究表明,价格浮动和促销只能把未来的需求提前实现,到头来整个供应链中谁也无法从中获利。

4.非理性预期

如果某种产品的需求大于供给,且这种情况可能持续一段时间,厂家给供应商的订单可能大于其实际需求,以期供应商能多分配一些产品给它,但同时也传递虚假需求信息,导致供应商错误地解读市场需求,从而过量生产。随着市场供需渐趋平衡,有些订单会消失或被取消,导致供应商多余库存,也使供应商更难判断需求趋势。等到供应商搞清实际需求已经为时过晚,成为又一个"计划跟不上变化"。这种现象在2000年前后的电子行业得到充分体现,整条供应链都深受其害,积压了大量库存和生产能力。比如思科公司,由于2000年前后网络经济泡沫破灭,直接导致注销高达24亿美元的库存。

基于上述种种成因，除了批量生产与生产模式有关外，别的都可以通过整个供应链范围的信息共享和组织协调来解决。例如企业之间共享市场需求信息，避免多重预测，减少信息的人为扭曲；在价格政策上，制造商应该固定产品价格，放弃价格促销，并与零售商共同实行"天天低价"；在理性预期上，供应商在产品短缺时应以历史需求为基础分配产品，从而避免用户单位虚报需求。在生产方式上，供应商应采用精益生产，使达到最佳经济生产批量的数量减小，从而减少供应链库存，提高对市场需求变化的响应速度。

不论如何，因为供应链本身就有缺陷，只要有需求的变化和订货周期的存在，必然会引起需求预测的失效。供应链的层次越多，这种矛盾就越明显。但我们可以在管理上避免一些非理性的行为，比如为避免短缺而发出过大的订单从而误导了上游供货商，由此给供应链带来蝴蝶效应一样的灾难性后果。诸如此类一时兴起的举动只要尽量控制，就可以减轻"牛鞭效应"所带来的恶果。

三、信任协同

供应链各节点企业之间的合作关系是以信任为基础的，要实现供应链协同管理就必须加强信任协同。而在协同创新的供应链成员企业之间建立良好的信任关系，必须要按照一定的流程，遵循既定的模式来进行。具体来说，主要包括图9-12所示的五个阶段。

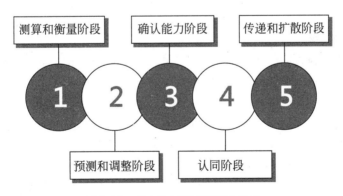

图9-12 建立信任关系的五个阶段

1. 测算和衡量阶段

在此阶段，影响供应链成员企业遵守协同创新共同准则的关键因素，就是成员企业相互间会对不信任行为及其回报进行测算和衡量，一旦测量结果表明采取败德行为的成员企业，其被其他成员企业发现而导致的机会成本明显高于回报时，成员企业就会倾向于遵守共同准则，这样便有助于在供应链成员企业间建立良好的信任关系。

2. 预测和调整阶段

在预测和调整阶段，开展协同创新的某一供应链成员企业（信任的一方）如果想要对其他成员企业（被信任的一方）未来的行为进行预测，则必须获得有关该企业过去行为的一些信息，否则就是凭空猜想，缺乏依据。对信任的一方来说，经过一次次的预测及验证，其准确预测被信任一方未来行为的能力就会不断得到提高。在此阶段，供应链成员企业在开展协同创新的过程中需要持续学习，并对成员企业相互间的行为进行及时总结与调整。

3. 确认能力阶段

开展协同创新的供应链成员企业在对彼此未来的行为作出预测之后，还需要进一步确认被信任的成员企业履行诺言的能力如何。在预测和调整阶段，信任方仅对被信任方未来可能采取的行为作出预测，而在确认能力阶段，信任方还必须对被信任方是否具有将潜在行为变成现实行为的能力进行确认。

> **专家提示**
>
> 这一阶段对于供应链成员企业来说非常重要，它是决定供应链成员企业间能否建立起良好信任关系的关键环节。

4. 认同阶段

在认同阶段，开展协同创新的供应链成员企业相互之间会向对方表达自己的想法和意愿，达成一些共识，为进一步培养相互信任关系打下坚实的基础。除此之外，供应链成员企业还非常注重加强沟通与交流，对开展协同创新所要实现的目标，对协同创新过程中所应遵守的标准及规范，以及对协同创新本身所具有的重要价值，通过有效地沟通与交流，取得一致认同。

5. 传递和扩散阶段

供应链成员企业在协同创新的过程中，如果某一成员企业充分信任另一成员企业，则这种信任感就会在全体成员企业间传递和扩散，这将有助于成员企业共同建立起良好的信任关系，为协同创新活动的开展提供重要的信任保障。从最初的测算和衡量，到最终的传递和扩散，供应链成员企业间的信任关系一步步从初级走向高级。在这一阶段，借助值得信任的第三方，再加上过去的一些成功经验，即使是两个素未谋面的成员企业，相互间也可以取得较高程度的信任。对于这种信任，人们习惯于将其称为"敏捷信任"。建立敏捷信任关系对供应链成员企业开展协同创新而言至关重要，毕竟，只有迅速地、较早地建立起良好的信任关系，才能切实保障供应链成员企业协同创新的有效运作，促进协同创新目标的顺利实现。

四、业务协同

所谓业务协同，就是在供应链各节点之间实现端到端的业务流程整合，使得各个合作环节的业务"对接"更加紧密，流程更加通畅，资源利用更加有效，以便快速响应客户的需求和市场机遇，应对外部的挑战。面对机会与挑战，企业期望真正做到"随需应变"。

在供应链管理环境下，利用业务协同平台既可帮助企业实现与供应链上供应商、客户之间，也可帮助企业实现不同部门、分支机构之间的业务协作和计划协调。

比如，通过集成CRM（客户关系管理）、信息系统、EDI通信等模块，实现数据的共享和基于工作流的信息传递，使得整个链上业务协调运作。

五、分配协同

供应链协同管理的成功实现必须以公平、合理的收益分配方案的制定为基础，因此分配协同问题在供应链协同管理中是一个非常关键的问题。供应链通过节点企业间的合作，在优化整体利益的基础上，可为企业带来高收益；但是各个节点企业之间客观地存在着种种利益冲突，这既有利益分配不均的问题，又有风险分担的问题。

因此，供应链各个节点应该建立起一系列的机制，真正实现供应链的利益共享、风险分担，保证供应链的顺利高效进行。实现供应链各节点企业的分配协同，就要坚持图9-13所示的分配原则，以保证供应链的稳定性，实现供应链收益的最大化。

图9-13　分配原则

在制定分配方案时，坚持"风险分担，收益共享"的原则，应充分考虑各节点企业所承担的风险大小，对承担风险大的节点企业应给予适当的风险补偿，以增强合作的积极性和稳定性。整个供应链联盟的分配应保证各成员企业的付出与收益相对称，付出大获得就多，反之就小。要避免根据节点企业规模的大小，而不是依据投入资源与贡献来确定收益的分配。

专家提示

收益分配是所有合作必须面对的重要问题，也是合作稳定存在的基础。

拓展阅读

Zara——协同供应链管理的典范

Zara，成立于1975年的一家西班牙公司，截至2018年1月底，全球有2251家门店，Zara隶属于Inditex——世界上最大的零售集团之一，Zara贡献了Inditex 66%的营收和70%的利润，以新产品快速上市、少量多样化的设计，获得竞争优势。

> Zara 的协同供应链管理是公司运营的核心竞争力。
>
> Zara 通过及时准确的销售信息，迅速反馈和调整来驱动整个供应链各环节协同，"快速"运作，增加预测的准确性，降低库存。围绕目标客户，所有供应链上的环节，包括产品上市前的销售预测、销售计划、产品推广计划、面辅料采购计划、生产计划（自制和外包）、配送计划、库存计划、要货和主动补货计划、促销计划等一起协同起来运作。
>
> 时尚服装业和消费电子行业一样，时间比成本更重要，一定要"快"。所以库存周转是致命的问题，用最快的速度满足市场需求，减少库存，是运营的关键。
>
> 让我们看一下 Zara 的供应链管理特点。
>
> （1）垂直一体化的供应链策略。从设计、生产、物流、分销、零售高度集成，以降低成本。紧盯市场趋势、销售状况和库存状态，由 700 多名西班牙设计师集中研发和选择新品。原物料就近采购，60% 的供应商靠近欧洲总部，缩短采购周期。
>
> 运用 FMS（Flexible Manufacturing Syste 敏捷制造系统）和 JIT（Just in Time 精益安排生产），2017 年，有 57% 的产品是在欧洲就近生产的，43% 远距离生产，这种安排便于快速反应，使得产能和市场趋势快速动态调整。
>
> （2）高效快速的物流运输。用汽运或空运，送到欧洲和世界各地的门店。
>
> 2～3 周可以完成从设计到门店的完整流程，而大多数公司是 2～3 个月。
>
> 低库存和快速的库存周期 ITO：库存只占销售额的 10%，且 95% 为成品。Zara 库存周转率 ITO 可以做到 12 轮，只有 30 天的库存时间，而同行平均 ITO 为 3～4 轮，库存时间为 3～4 个月。
>
> Zara 以最终用户为中心，缩短交期，在供应链各环节中压缩可以缩减的时间，清除瓶颈环节，减少或取消不能增值的活动，跨部门沟通、协同，快速反应满足市场需求，提升品牌价值和竞争力，为"快时尚"行业的供应链管理树立了一个良好的典范。

六、文化协同

企业文化是在团体成员长期的接触中形成的共同的价值观念和行为规范，其属于隐性范畴。文化协同，是指上下游节点企业间形成的意识形态的配合默契和习惯性的无缝连接，是供应链协同中最为重要的内容。

1. 文化协同管理的难点

在供应链管理中，各节点企业在成长发展过程中都形成了自身独特的企业文化，它具有相对稳定性和重要影响力。如何实现文化协同是供应链协同管理的一个重点，也是一个难点，要有效进行文化上的整合对供应链各企业来说都是极大的挑战。一方面，各节点企业应注重自身企业文化的建设，尽可能保持组织原有良好文化基本不变；另一方面，又要吸收合作伙伴企业的一些文化精髓，将其注入管理安践中去，有效实现企业文化的兼容与协同，创造出新的企业文化。

2. 文化协同管理的内容

供应链文化协同是以合作共赢为理念,以实现供应链整体最优和提供满意的客户服务为宗旨,以诚实守信为核心,强调利益共享、风险共担的一种联盟合作文化。

供应链文化包括图9-14所示的四项内容。

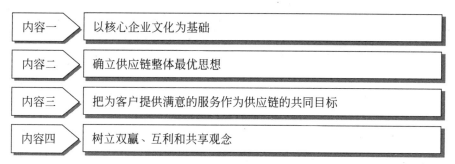

图9-14 供应链文化协同的内容

(1)以核心企业文化为基础。供应链文化的形成以供应链中核心企业的企业文化为基础,主要体现在核心企业的企业文化能够对非核心企业的文化产生辐射作用和品牌效应。这种融合文化会带有核心企业的企业文化的明显特色,并体现了核心企业的经营理念和管理思想。

(2)确立供应链整体最优思想。在供应链文化背景下,实现单个企业最优的前提是实现整个供应链的最优。所以,节点企业要遵从合作利益极大化,尤其是核心企业要着眼于长远利益,考虑到其他节点企业的利益,以此强化合作关系,营造良好的合作环境。

(3)把为客户提供满意的服务作为供应链的共同目标。这里指的客户包括供应链内部客户和供应链外部客户。外部客户满意是供应链管理追求的最终目标,而内部客户满意是外部客户满意的基础,外部客户满意又会促进内部客户满意。因此,供应链中各节点企业必须把为客户提供满意的产品和服务作为行动的指南,即要从客户的角度出发,分析、判断和调整各企业的生产经营活动。

(4)树立双赢、互利和共享观念。把紧密合作根植于"双赢、互利和共享"这一供应链中各方都认同的价值观上,建立互惠互利和优势互补的战略伙伴关系,形成具有很强竞争力的优势群体。在这种文化环境中,必须合理分配和共享供应链的资源。这里的资源,不仅仅指信息,还包括管理、技术和人力等方面的资源。

3. 文化协同管理的措施

供应链各成员企业可针对文化的整合采取如图9-15所示的一系列措施。

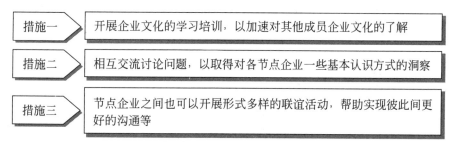

图9-15 文化协同管理的措施

实践之谈 ▶▶▶

苹果的供应链管理文化，用形而上学的语言就是——用先进的、进取的、激进的文化去影响并带动一个相对管理文化落后的公司，让供应商能够适应并配合苹果的文化，跟得上苹果的节奏和高标准的品质要求，从而伴随苹果业务的增长而成长。供应链上的每个环节都成功才能保证苹果的成功，反过来苹果的成功又给供应链上的所有供应商带来成长和学习的机会，并促进他们的成功。

七、标准协同

标准化是供应链管理高效运作的关键之一。供应链各个节点企业所采用的技术、绩效评价等都不尽相同。为了做好供应链协同管理，实现节点企业间标准的统一十分必要，主要包括图9-16所示的内容。

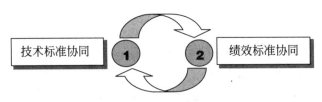

图9-16 供应链标准协同的内容

1. 技术标准协同

供应链协同管理的一个关键就是各节点企业的技术具有相互协调性和兼容性，而且计算机网络和信息集成技术的标准化与专业化，使各节点企业技术柔性的获得成为可能。供应链标准协同要求各节点企业必须要有基本的柔性技术作为支撑，如条码技术、物流标识技术、EDI和连续补充战略等，同时必须使这些技术在各企业实现同步化。否则不同的技术平台以及不相兼容的软件系统，会使整个供应链的运作陷入瘫痪。

2. 绩效标准协同

在供应链管理中，传统的企业绩效评价侧重于单一企业或单个职能部门的评价，不注重供应链整体绩效的衡量，以至于很难推动供应链的生产力发展。因此，建立供应链绩效评价标准显得尤为必要。这种标准应该能恰当地反映供应链整体运营状况以及上下节点企业之间的运营关系，而不是孤立地评价某一供应商的运营状况。如果通过某种绩效评价标准使各成员能为一个共同目标而齐心协力，这无疑会促进他们之间的合作与协调，提高供应链管理的效率。

 拓展阅读

采购和供应链协同管理带来的好处

常常会碰到一些企业家，当我跟他们聊专业的时候，他们常问的问题就是"我做采购和供应链协同管理"会带来什么好处？

简而言之，可以降低成本、提高效率、增加可视、实现共享。

协同意味着：快速响应，可以小批量多频次；透明管理，可视化协同计划；开放共享，优势互补，资源开放，信息和数据可以通过站点、网站、云等媒介进行共享。

具体一点来说就是以下几点。

（1）对采购全流程包括 Sourcing（寻源）、合同、认证审核、供应商现场、自助采购、下单、付款等进行采购分析，从而协同协商，实现可实施的合同，实现采购到付款的简便流程，并使供应商认证管理可视高效。

（2）对订单执行过程，如补足订单、产品配置、定价、订单承诺、出货、库存、协调订单履行、发票收货等数据信息进行分析，最大化提高客服水平，最小化订单交期，最小化物流成本和最小化供应风险。

（3）对供应链计划，FCST（需求预测）、安全库存、市场计划、元器件和物料计划、产能计划、供应计划进行统筹安排和计划，产生最佳的匹配结果。

（4）对制造流程、生产计划、供求平衡、工单、标准成本、工单成本等采集到的数据进行分析，评估绩效、协同供应链管理。

（5）降低库存成本，甚至实现零库存。从收料、物料转移、拣货出库、成本转移，对库存和成本全流程进行管理和分析，减少货损、损耗、呆置，通过即时补货提高现货率，提高库存周转率，减少仓库收货压力，最终降低物流和库存成本，提高仓库效率，实现仓库成本的可视化和准确度，精减物料物理流和财务流程。

（6）发展供应链金融。利用大数据技术对供应链不同节点的实时数据进行收集分析和处理，依靠风险控制变量，帮助企业盘活其流动资产从而解决其融资问题。

（7）对全球贸易进行合规管理。从产品分类、是否为受限组织、是否贸易控制、是否需要发放牌照许可、海关报关填单文件、审核分析绩效等方面开展全球贸易管理、贸易遵从、关务管理、全球贸易情报管理，增强进出口遵从管理，改善供应链可靠性，减少订单处理时间，降低落地成本。

（8）减少运输成本，从找运输商、安排运输计划、订仓、监控产品转移过程、稽核和付款等进行全流程数据分析，降低运输成本，改善供应链可视性，增强准时交付，提高物流效率。

（9）订单到现金的协同、实现订单渠道可视化，包括从 Web, Call center, Store, Partners, EDI/B2B, Mobile 等渠道迅速收到订单货款的过程。

以上就是对采购和供应链进行协同管理看得见、摸得着的好处。

附录
中英文对照表
（按字母排序）

附录　中英文对照表（按字母排序）

A

AVL：Approved Vendor List 入围或合格供应商名单

After-sale Service：售后服务

Assign AVL：指定合格供应商

AI：Artificial Intelligence 人工智能，它是研究、开发用于模拟、延伸和扩展人的智能的理论、方法、技术及应用系统的一门新的技术科学。

AGV：Automated Guided Vehicle 指装备有电磁或光学等自动导引装置，能够沿规定的导引路径行驶，具有安全保护以及各种移载功能的运输车，在工业应用中不需驾驶员的搬运车，以可充电蓄电池为其动力来源。

AQL：Acceptable Quality Limit 可以接受的品质限制，一种抽样参数，一般用于批量生产中，检验人员样本抽检并检验合格与否的参数。

ASN：Advanced Shipping Notice 预到货通知系统

B

B2B：企业与企业之间的电子商务平台

Buy/sell：先买后卖

Bug：系统漏洞或缺陷

Buy：采购

Buyer：买方，买家

Bargaining Power：议价权

BOM：Bill of Materials 物料清单

C

Call center：电话呼叫中心

Consign：送料

CSP：Customer Solution Procurement 客户解决方案采购，或特指（华为）工程采购

CEG：Commodity Expert Group（华为）采购专家团

CM：Category Management 品类管理

Consign：是指采购外包管理中的送料模式，是由品牌厂商购买物料送到 EMS 工厂加工，完成生产过程。

CEO/COO：首席执行官/首席营运官

COC：Code of Conduct 行为守则

CTB：Clear to Build 可以做成品的套料

Capacity Plan：产能规划

Check List：检查清单

CRM：Customer Relationship Management 客户关系管理

D

DVT：Design Verification Test 设计验证测试
Deliver：交付
Data：数据
Deep dive：深潜、深度挖掘
DRAM：Dynamic Random Access Memory 动态随机存取存储器，是一种半导体内存
Design house：设计工作室

E

EVT：Engineering Verification Test 工程验证测试
EOL：End of Life 产品生命周期结束
EDI：电子数据交换
EPM：Engineering Program Manager 工程项目经理
EHS：Enviroment Heath Safe 环境健康安全
EMS：Electronic Manufacturing Services 电子制造服务
EOQ：Economic Order Quantity 经济订货批量，是固定订货批量模型的一种
EDI：Electronic Data Interchange，电子数据交换
ERP：Enterprise Resource Planning，企业资源计划

F

Forecast：需求预测
FMS：Flexible Manufacturing System 敏捷制造系统

G

GPS：Global Position System 全球定位系统
GPRS：General Packet Radio Service 通用分组无线服务技术
GSM：Global Supply Manager 全球供应经理
Gap：差异
Golden line：样板线
GIS：Geographic Information Systems 地理信息系统
GTP：Goods to People 货到人的一种挑选拣货系统

H

Horizontal Integration：横向一体化
HRP：Hospital Resource Plan 医院资源计划

I

IP：Intellectual Property 知识产权
IQC：Incoming Quality Control 来料检验
IC：Integrated Circuit 集成电路
IOS：Input Output Shipment 投入产出和出货
ITO：Inventory Turnover 指库存周转率
ITS：Intelligent Traffic System 智能交通系统

In-cell 是指将触摸面板功能嵌入到液晶像素中的方法，即在显示屏内部嵌入触摸传感器功能，这样能使屏幕变得更加轻薄。

Imagination Tech，英国芯片设计商 Imagination Technologies 公司，曾经为苹果及其他手机公司生产配件。

ID：Industrial Design 工业设计
IPO：Initial Public Offerings 首次公开募股，是指一家企业或公司第一次将它的股份向公众出售，即首次公开发行
Inbound：入境入库
INFOR WMS：INFOR Warehouse Management System 特指华为内部使用的 INFOR 仓库管理系统

J

JIT：Just in Time 及时地，指精益生产模式
JDM：Joined Design Manufacturers 合作设计制造

K

Key Components：关键物料

L

Layout：布局
Labor Tracker：人力跟踪表
Last Buy：最后一次购买
Lead Time：交期

M

Make：制造
MP：Massive Product 量产、大批量生产
MPM：Material Program Manager 物料经理

MD：Mechanical Design 结构设计
MPS：Master Production Schedule 主生产计划
MRP：Material Requirement Planning 物料需求计划
MRO：Maintenance 维护、Repair 维修、Operation 运行
Mobile：手机移动

N

Nand Flash：一种闪存
NPI：New Product Introduction 新产品导入

O

OLED：Organic Light-Emitting Diode 有机发光二极管，一种显示技术
ODM：Original Design Manufacturers 原始设计制造
OPM：Operation Program Manager 生产运营经理
Outsourcing：生产外包
OEM：Original Equipment Manufacturers 原始设备制造
Outbound：出境出库
OK-WCS：Ok-warehouse Control System 好的仓库控制系统
On site：驻厂蹲点
OBA：Out of Box Audit 开箱检验，一种对产品出货品质检验和稽核的方法

P

PVT：Production Verification Test 生产验证测试
Planing：计划
P2P：Purchase to Pay 采购到付款
PEST：Politics、Economy、Society、Technology 政治、经济、社会、技术，一种分析宏观环境的分析方法
PQM：Production Quality Manager 生产品质经理
PD：Product Design 产品
PCBA：PCB 组装
POS：销售点
Partners：业务合作伙伴
Purge/Rework：清除或返工
Proto：指新产品开发时的原型设计
PO：Purchase Order 采购订单
PTL：Picking to Light 灯光指示拣选，一种电子标签拣货系统

PSN：Package Serial Number 包装序列号

Q

Quality：质量、品质
Quantity：数量
QBR：Quarterly Business Review 季度业务回顾

R

Return：退、换、修
Recovery Plan：（灾难）拯救或恢复方案
RFQ/RFP：Request for Quotation/Procurement 报价或采购问询
RoHS：Restriction of Hazardous Substances，全称《关于限制在电子电器设备中使用某些有害成分的指令》，是由欧盟立法制定的一项强制性标准
Rumors：小道消息，谣传
RF：射频技术
RFID：Radio Frequency Identification，射频识别

S

Sourcing：寻源
Supplier：供应商
Shortage：缺料，物料短缺
Simulation：模拟计算或仿真计算
SM：Supplier Management 供应商管理
SQA：Supplier Quality Assurance 供应商品质保证
Scrub：擦洗、清理
Simulation：模拟或仿真
Specific：具体的、特定的
SWOT：Strengths、Weaknesses、Opportunities、Threats 优势、劣势和机会、威胁
Single Source：独家供应
Strategic Parts：策略器件
SDM：Supplier Demand Manager 供应商计划经理
SQE：Supplier Quality Engineer 供应商品质工程师
SR：Social Responsibility 社会责任
Sorting Robot：分拣机器人
SKU：库存量单位
Store：实体门店

Shop Floor：一种生产线上的现场信息管理系统

SPC：Statistical Process Control 统计过程控制，是一种借助数理统计方法的过程控制工具

S2P：Source to Pay 从寻源到付款

T

Tim Cook：蒂姆·库克，苹果CEO

TPM：Technical Program Manager 技术经理

TCO：Total Cost of the Ownership 总体拥有成本

Turnkey：自行进料

V

VMI：Vendor Managed Inventory，供应商管理库存

VR：Virtual Reality 虚拟现实

VP：Vice President 副总裁

W

WM：Warehouse Management 仓库管理

Web：网站，网页

Wi-Fi：是一种允许电子设备连接到一个无线局域网（WLAN）的技术

参考文献

[1] 黄守道,金键,许凤. 关于对采购与供应链之间的关系分析[J]. 中国经贸,2013,14:29.

[2] 禚昌磊. 供应链管理的六大核心管理模块[EB/OL].[2014-08-02]. http://www.scm.org.cn/post/173.html.

[3] 崔文全. VMI模式在企业中的运用研究[J]. 郑州航空工业管理学院学报,2014(32)3,82～84.

[4] 卓弘毅. 供应商管理库存(VMI)正确的打开方式[EB/OL]. [2017-07-09]. http://www.sohu.com/a/155772276_168370.

[5] 吴先金,梁培植. 供应链协同机制设计探讨[J]. 中国市场,2008(6):126～128.

[6] 销拓科技.[经验]通过华为来看上下游企业间供应链协同建设的必要性[EB/OL]. [2017-07-19]. http://www.pmczy.com/thread-8523-1-1.html.

[7] 杨丽伟. 供应链企业协同创新的信任机制研究[EB/OL]. [2017-12-11]. http://www.caigaowang.com/view-21001.html.

[8] 教会学校.【案例】华为SSH自动物流中心:国内迄今为止最为尖端、先进的自动化物流系统[EB/OL]. [2018-01-31]. https://baijiahao.baidu.com/s?id=1591106465705289953&wfr=spider&for=pc.

[9] 国际电子商情mp. 一位采购部长降低采购成本的几点经验总结[EB/OL]. [2017-05-21]. http://www.sohu.com/a/142254999_505839.

[10] 慧聪芯城. 任正非:这是我对采购与供应链管理的要求[EB/OL]. [2017-10-13]. http://www.sohu.com/a/198074061_99938421.

[11] 慧聪芯城. 交期的秘密,85%的新采购都不知道![EB/OL]. [2017-11-10]. https://www.sohu.com/a/203687430_99938421.

[12] 采购与供应链专栏. 华为的最佳采购实践[EB/OL]. [2017-11-21]. http://www.sohu.com/a/205668588_653366.

[13] 任向竞,赵公民. 企业对供应商的社会责任管理[J]. 科学管理与创新,2010(09),146～147.

[14] 何兴平. iPhone制造外包模式下的苹果公司供应链管理研究[D/OL]. 天津:天津大学,2014:05[2015-12-15]. http://www.docin.com/p-1393383717.html.

[15] 汪鑫. 采购的未来——数字化颠覆传统采购模式[EB/OL]. [2017-10-31]. http://www.sohu.com/a/201442080_483389.

[16] 宋志浩, 梁乐华, 杨博. 麦肯锡:数字化采购开启价值增长新时代[EB/OL]. [2017-05-20]. http://www.sohu.com/a/142119667_483389.

[17] 华为SAP专刊. https://e.huawei.com/cn/publications/cn/ict_insights/201707260836/solution/201707261018

[18] 王楠. 京东建成全球首个全流程无人仓[EB/OL]. [2017-10-10]. http://tech.sina.com.cn/roll/2017-10-10/doc-ifymrcmm9850189.shtml.

后记

工作也二十多年了，一直有写写东西，做做笔记的习惯。我很庆幸自己有机会在世界最顶尖的高科技公司苹果、ABB以及中国最优秀的企业华为、联想工作过，把自己多年来对采购和供应链管理的一些心得整理成书。

我在苹果公司工作期间，接触了大量的中国供应商，这些供应商本身也都是中国的杰出企业，但与苹果合作期间，仍有一些问题，比如品质达不到苹果要求，工程能力和水平有差距，产能不足，劳工人力短缺，成本控制和库存不善管理，对供应商关系管理和激励无效等，苹果作为业界领袖，总是能够从它的战略高度，调集全世界的优秀资源在多个层面和角度去帮助和辅导供应商，将最新的技术应用到苹果产品中，帮助上游供应商解决问题，实现共赢和发展，当然苹果也获得了巨大商业成功和利润。鉴于此，我一直想将苹果的这一整套理论体系和方法论整理出来，分享并介绍给大量的中国企业，让所有中国企业能够享受到人类先进的知识和文明，促进中国社会生产力的进步，贡献自己的一点微薄力量。

我要感谢这么多年来所有支持我、爱护我、包容我的领导和朋友们，尤其要感谢华为前副总裁葛才丰先生，富士康FIH总经理王建贺先生，联想高级副总裁乔松先生，日月光集团环旭电子资深副总裁林大毅先生，还有我最亲密的战友、前苹果同事、前苹果采购运营高级运营管理经理朱瑾女士，给我了极大的支持和帮助，在我的写作过程中给予了无私的指点和帮助。

希望这本理论与实践并重的《采购与供应链管理：苹果、华为等供应链实践者》一书，能够给大家带来真正的帮助，那样我也将会获得极大的鼓励和成就感。

因为时间有限，书中的内容不免有欠妥之处，还请广大读者见谅，希望后续版本会越做越好。

2018年5月1日于深圳

辛童简介

辛童，毕业于香港理工大学工商管理学院，采购和供应链管理专家，在IT高科技领域供职于公司苹果、华为、ABB、联想等世界一流公司，从事采购和供应链管理工作20多年，出版了《中小企业采购管理实战全书》《中小企业供应商管理实战全书》等畅销书，从实践到理论，从基础到前沿，她的心得和分享完全不同于传统的学院派，也不同于市场上诸多抽象玄虚的理念宣导，秉承"授人以鱼不如授人以渔"的思想，她的分享更加侧重于方法论，带有极强的可操作和实战性。

辛童女士的原创专栏文章：

"微信公众号"：Tong供应链管理SCM

"今日头条公众号"：采购与供应链管理专家。

辛童女士的音频专辑：

喜马拉雅专辑：《听专家讲采购与供应链管理》

苹果播客Podcast：《听专家讲采购与供应链管理》。